© 2012 by Anders Winroth

THE CONVERSION OF SCANDINAVIA—VIKINGS, MERCHANTS, AND MISSIONARIES IN THE REMAKING OF NORTHERN EUROPE

Originally published by Yale University Press

本书参考美国耶鲁大学出版公司 2012 年版译出

The
Conversion
of
Scandinavia

斯堪的纳维亚的皈依

〔瑞典〕安德斯·温罗特 著

吴芬 译

商务印书馆
The Commercial Press

目录

作者致谢 …………………………………… 1
关于人名、地名翻译的说明 …………………… 4
地图 ………………………………………… 5
绪论：欧洲、斯堪的纳维亚以及吟唱诗人霍尔弗莱德 …… 7
第1章　生气勃勃的8世纪：斯堪的纳维亚成年了 …… 27
第2章　维京人来袭 ………………………… 49
第3章　礼物的威力 ………………………… 86
第4章　创建权力 …………………………… 106
第5章　威兰德，乌尔夫贝特（Ulfberht）以及其他工匠 …… 123
第6章　异国情调的诱惑 …………………… 147
第7章　商贸网络 …………………………… 162
第8章　皈依的故事 ………………………… 193
第9章　撰写皈依的故事 …………………… 228
第10章　基督教的礼物 …………………… 258
第11章　承蒙上帝之恩的国王们 …………… 269
第12章　欧洲史中的斯堪的纳维亚 ………… 297
参考文献 …………………………………… 309

作者致谢

本书耗时 10 年,在此过程中,我得到许多帮助,欣然在此致谢。

我要衷心感谢罗伯塔·弗兰克(Roberta Frank),我无论如何无法在此一一罗列她给予的帮助。她不断激发我的灵感,她的支持自始至终,尤其是在我们共同执教维京文化的课程的时期。还有其他一些同事,他们与我探讨早期中世纪,解答了具体问题;在本书写作的不同阶段,其中几位阅读并对一些章节作出评论,他们是杰西卡·艾里克森(Jessica Eriksson),保罗·弗里德曼(Paul Freedman),沃尔特·戈法特(Walter Goffart),艾里克·C. 尼布斯(Eric C. Knibbs),弗雷德·C. 罗宾逊(Fred C. Robinson)和南茜·威克(Nancy Wicker)。我感谢他们大家与我分享想法、洞见,还有他们的专长。匿名同行们为出版社审读此稿,提出了诸多极有价值的建议,我也对他们表示感激。书中的讹误和遗漏由我本人负责,这一点自然不言而喻。

我的代理人——加拉蒙代表公司(The Garamond Agency)的丽莎·亚当斯(Lisa Adams)协助我打磨本书的结构以及部分文字,她引领我走完了寻觅出版社的整个神奇过程。珍尼弗·班克斯(Jennifer Banks)是耶鲁大学出版社的我的责编,她从一开始就对这本书充满信心。她的编辑水平令人钦佩,以极高的效率令本书付梓。她的助手克里斯蒂娜·塔克(Christina Tucker)和皮亚里·巴塔查里亚(Piyali Bhattacharya)大力襄助,耐心解答了诸多具体问题,以精湛的职业能力推动了出版进程。安-玛丽·因博尔诺尼(Ann-Marie Imbornoni)的极其细致的书稿文字加工工作则体现了特别的支持和体谅。上述的宝贵支持和鼓励提升了本书的品质,我深深地感谢他们每一位。

在我完成书稿之际,我的助手丽塔·冯·魏森贝格(Marita von Weissenberg)屡创奇迹,她施展相关专长、组织才华和惯有的高昂情绪,使插图和地图得以齐备。

我的学生们最先听到本书中的各项研究和分析,他们是我的思想和观念的最佳评论者;同时,他们的想法也激励了我。他们兴致勃勃,颇有耐心,让我心生感谢。

这本书试图对多个领域的研究以及有时发表在鲜为人知的地方的成果进行综合,要完成这样一本书的必要条件是,能够方便地利用一个在书籍、期刊和电子资料的广度和深度方面处于世界级水准的研究性图书馆。对严肃、认真的人文研究而言,耶鲁大学图书馆便是理想之地,对它以及诸馆员我表示感谢,特别是苏珊·罗伯兹(Susanne Roberts)和艾米莉·霍宁(Emily Horning)二位,她们始终愉快相助,帮我找到所需的资料。我还感谢斯德哥尔摩的皇家瑞典图书馆——那里的斯堪的纳维亚方面的资料尤其丰富。他们除让我使用这些资料外,还提供我一处工作场所。

感谢那些向我提供插图的机构和个人,特别是福堡市海岛博物馆(Øhavsmuseet)的尼古拉·G. 拉尔森(Nicolai Garhøj Larsson),以及乌普萨拉大学的古斯塔夫博物馆的安尼卡·拉尔森(Annika Larsson),我在他们那里获益良多。

倘若没有充足的时间做研究,思考这一课题,起草和修改文稿,我不可能完成此书。我感谢芝加哥的麦克阿瑟基金会和耶鲁大学的资金支持。我也要感谢位于耶鲁大学的弗雷德里克·W. 希尔斯(Frederick W. Hilles)出版基金支付本书付印前期须准备的经费。

关于人名、地名翻译的说明

作为一个历史学家,我在使用人名和地名时注重的不是语言学层面的精确,而是在文本的可读性上尽力。我因此在文本中使用了现代的相应形式,尽量避免各类标记和不寻常的字母。古斯堪的纳维亚文中的 Austmaðr 因此变为现代瑞典语中的 Östman,Æthelred 变成 Ethelred,而 Hludowicus 则被直接称作虔诚的路易。关于名字的一致性,我费的工夫不多,于是没有使用 Óláfr, Olavus, Anlāf, Amlaí 以及其他一些语言学意义上的正确形式,而把它们写成 Olav Tryggvason 和 Olav Haraldsson(指具此名的挪威国王),Olof Eriksson(指具此名的瑞典国王)。当然,在资料引用的说明中,我保留了它们的恰当形式。

凡我知道存在现成的英语译文的材料,我在注释中都直接引用,为的是方便学生和其他希望阅读文献译文的读者。引用翻译的文献时,我一般都会标明;但有时也会对译文加以调整,甚至采用我本人的译文而不作特别的说明。

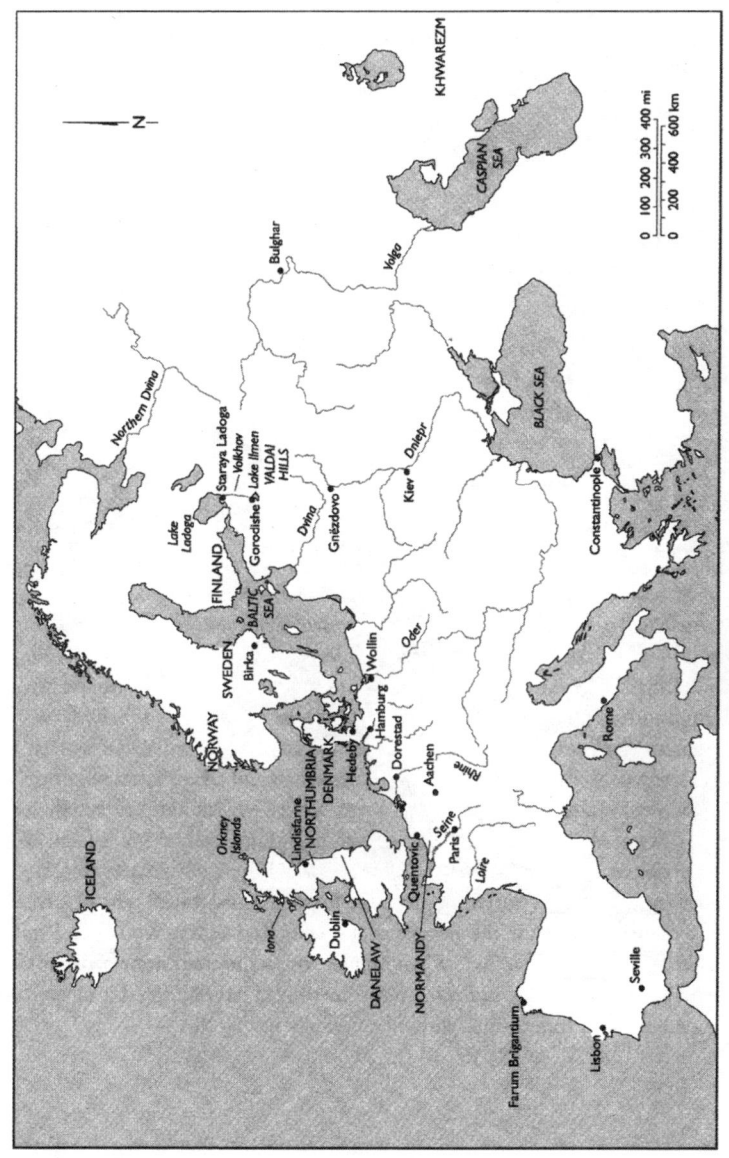

地图一. 中世纪早期的欧洲。比尔·纳尔逊（Bill Nelson）绘。

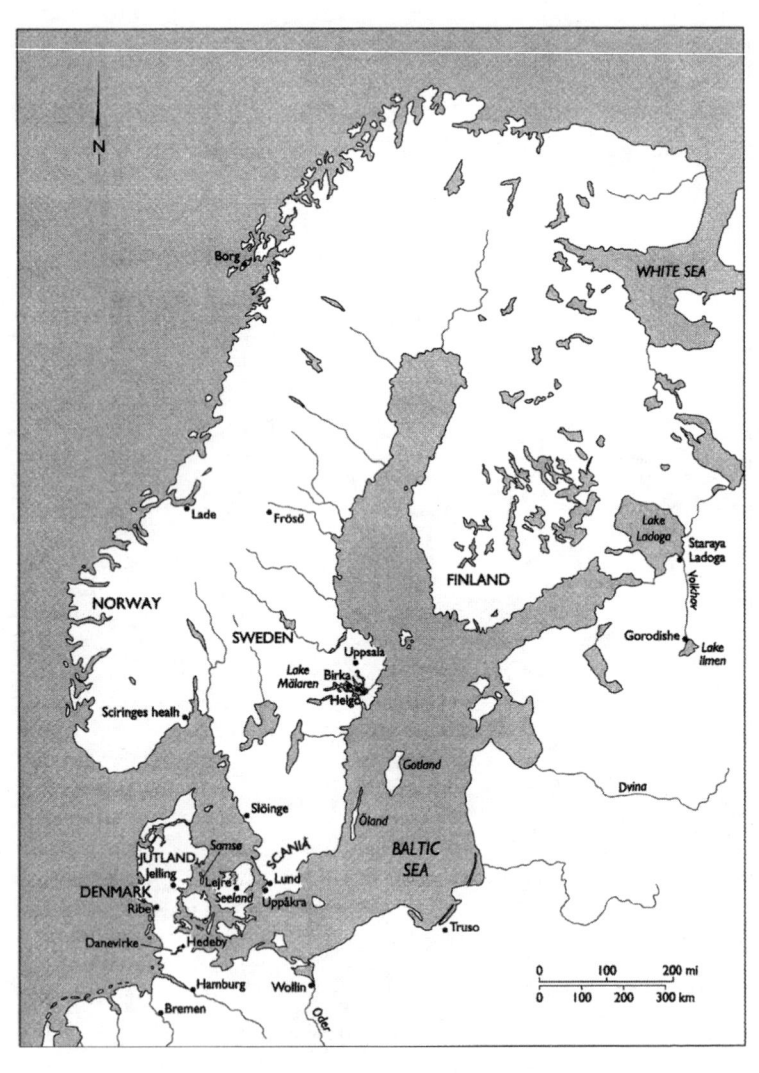

地图二. 中世纪早期的北欧。比尔·纳尔逊绘。

绪论：欧洲、斯堪的纳维亚以及吟唱诗人霍尔弗莱德

998年，一位雄心勃勃的冰岛年轻人踏上旅途，他登上一艘开往挪威的海船，以图在彼寻觅发迹的机会①。他与当时其他一些斯堪的纳维亚人不同：他不是驾船沿欧洲海岸和内河劫掠的维京人。这位冰岛人身怀一种重要的技艺，比勇猛善战更为宝贵：他会撰写一种称作"吟唱诗篇"的极其复杂、要求严格的诗歌，他正在寻觅一位能够欣赏这一才华、并出手慷慨的恩主。他尤其擅长一种名为"扈从之歌"（dróttkvætt）的君王体②，以话语精美、婉转曲折且用典丰富的

---

① 这里讲述的霍尔弗莱德的故事的依据是他本人的诗歌，而不是以他的名字为名的萨迦。基于其他吟唱诗人的诗歌提供的他们的生平情况，我填补了几个细节。他的诗歌由 Finnur Jónsson 编入 *Den norsk-islandske skjaldedigtning* (Copenhage, 1912), B:I, 147-163。它们大多（也包括关于霍尔弗莱德的萨迦）被翻译收入 Diana Whaley 的 *Sagas of Warrior-Poets*, World of the Sagas (London, 2002)。同时参见：Dag Strömbäck, *The Conversion of Iceland: A Survey*, trans. Peter G. Foote ([London], 1975); Phillip Pulsiano and Kirsten Wolf, eds., *Medieval Scandinavia: An Encyclopedia* (New York,1993), 263-264, s. v. "Hallfreðr Óttarson," by Folke Ström; Russell Poole, "The 'Conversion Verses' of Hallfreðr vandræðaskáld," *Maal og minne* (2002); Diana Whaley, "The 'Conversion Verses' in Hallfreðar saga：Authentic Voice of a Reluctant Christian?" in *Old Norse Myths, Literature and Society*, ed. Margaret Clunies Ross (2003); Angus A. Somerville and R. Andrew McDonald, *The Viking Age: A Reader* (Toronto, 2010), 408-409.

② 中古斯堪的纳维亚时期的一种头韵诗体，绝大多数为扬抑格，每节八行，每行六个音节。——译者注

诗行称颂、奉承君王。然而冰岛没有君王,与斯堪的纳维亚大陆的大头领和不列颠诸岛的斯堪的纳维亚郡主相比,冰岛势力最大的头领们的财富和势力均微不足道,造成此类诗歌只有有限的用武之地。

我们研究的这位年轻诗人——霍尔弗莱德·奥塔森(Hallfred Ottarson)①——把眼光投向了挪威权势最大的头领哈康·西古尔德松(Håkon Sigurdsson)②,他是拉德尔(Hlaðir,即今天的特隆赫姆市[Trondheim]③的一个郊区,在现代挪威语中叫拉德[Lade])的郡主。哈康属于拉德地区诸郡主中的一个显赫家族,他们自9世纪起便控制了特伦德拉格地区(Trøndelag)的特龙赫姆峡湾周边富饶的地带。他们还控制了该地带以北的哈罗格兰德(Hålogaland),一个盛产驯鹿、海象、鲸和北极熊的地方。驯鹿的角、海象的牙、拧成结实的船绳的鲸皮,还有雪白的熊皮都是欧洲市场上卖出高价的商品,引人垂涎。哈康能够搞到北极地带的珍稀物品,加上特伦德拉格地区的农业生产能力出奇地高(就该地的亚北极的纬度而言),哈康变得有钱有势。他的家族声称出自大神奥丁(Odin)④之

---

① 冰岛的宫廷诗人,生卒年大约为965—1007年;先后充当Sigurðarson, *Óláfr Tryggvason* 以及 Eiríkr Hákonarson 的宫廷诗人。——译者注

② 约生于937年,卒于995年;是975—995年挪威的实际统治者。——译者注

③ 特隆赫姆市位于下句中的特伦德拉格地区(Trøndelag),拉德位于该市的东部、中世纪的拉德农庄的位置;特伦德拉格位于挪威中部,在本书讨论的年代,这一地区由拉德的郡主统治,历代郡主中除本句提到的哈康·西古尔德松外,还有本书后文提到的埃里克·哈康松(Erik Håkonsson)和哈康·埃里克松(Håkon Eiriksson)。——译者注

④ 日耳曼语系的大多数神话、特别是北欧神话中的主神,执掌不同的职权时往往被冠以不同的名字;其责权包括战争、胜利、死亡,还有智慧、魔法、诗歌、预言等等,本书第90页提到的维多尔(意思是摧毁者——destroyer)即其中之一;关于北欧异教时期对他的献祭仪式,本书第273页提到不来梅的亚当描述的9年一次的献祭仪式;各种神话文本赋予他许多儿子,但最明确的只有三个,即本书第1章提到的掌管雷电、风暴等等的索尔,以及光明之神巴尔德尔(Baldr)和瓦利(Váli)。——译者注

子，这一点奠定了他们对其他挪威人的控制权。在挪威，拉德地区的郡主们有拥立国王的能耐，而哈康于986年摆脱了丹麦国王蓝牙哈拉尔（Harold Bluetooth）①或多或少仅限于名义的最高控制权，成为挪威事实上的国王，只是没有国王的名分而已。只有冰岛最雄心勃勃的诗人才会凑到哈康跟前，而霍尔弗莱德拥有的就是这份雄心。

霍尔弗莱德以高超的君王体诗行赞颂哈康，引他瞩目，以此拿到了该郡主手下扈从的位置。他投机成功：侍奉一个富有且慷慨的主子，效劳带来了酬报。哈康郡主赠他黄金、白银做的臂环②，为他和其他扈从提供大约以贵金属装饰的武器，吃穿全包，还提供娱乐活动。作为回报，霍尔弗莱德则应忠于哈康，以诗歌颂扬他，并为他而战。霍尔弗莱德不是为金钱而战的雇佣兵，他与哈康的关系更为复杂。从哈康手上得到的赠礼使霍尔弗莱德背负了以诗歌和骁勇奋战作为回报的义务。

霍尔弗莱德是哈康的人。但他是否选对了恩主？数年之后，一个闯劲十足的年轻郡主来到挪威，这位新人决意争夺哈康的统治地位。作为一个维京人，奥拉夫·特里格瓦松（Olav Tryggvason）③多年来在波罗的海和北海地区从事抢掠。他最凶猛的一次

---

① 约生于935年，卒于985或986年；丹麦王老高姆（Gorm the Old）的儿子、八字胡王斯文的父亲、克努特的祖父；958年左右成为丹麦国王，970年左右的数年间同时充当挪威国王。关于其绰号"蓝牙"的来由，历史上有几种不同的说法。——译者注

② 在本书讨论的早期中世纪，"ring"一词指"手臂上佩戴或套的环"，当时北欧尚未有手指佩戴的"戒指"；有的《贝奥武甫》中译本中用了"戒指"一词，本书作者Winroth对本人指出该译文不妥，应改为"臂环、臂钏"。——译者注

③ 生于960年间，卒于1000年；地方小国王Tryggvi Olafsson之子，后来的故事称他为挪威的第一个国王金发哈拉尔（Harald Fairhair，参见本书第97页注①）的重孙。——译者注

抢掠冒险是在994年,他伙同丹麦的八字胡王斯文(Svein Forkbeard)①,率领维京武士,以94艘船只组成的巨大船队在英格兰各处洗劫、抢掠,次次得手。只有伦敦的市民奋起抵抗,让这些斯堪的纳维亚人颇感惊诧。一位盎格鲁—撒克逊编年史家记述道:"[斯堪的纳维亚人]没有料到自己会在哪个城的居民手下遭此重创。"在伦敦受挫后,维京人转而攻打埃塞克斯、肯特、苏塞克斯和汉普郡。他们在这些地方"烧杀抢掠,竭尽劫掠之旅的破坏之能",英格兰国王埃塞尔雷德(Ethelred)②在绝望之中派出信使求和,他们这才罢手。为使求和的条件更符合维京人的心意,国王主动提出为了停战可以支付他们16000磅纯银③。奥拉夫和斯文接受了这一提议,收到银子后分给手下足够的份额,让他们满意。这样的做法使奥拉夫赢得了好名声:慷慨的头领,打仗运气好,而且善于募集资金。他本人也集聚了充足的白银,任何武士想要加入他的队伍,他都能源源不断向他们发放贵重的礼品。995年是他终结海盗生涯、建立一个更为持久的权力基地的年份,他拉起一支军队,向挪威名声最大、财富最旺的头领——拉德郡主哈康·西古尔德松发起攻势。

奥拉夫与哈康之间的争斗远非势均力敌。哈康富有,但不是

---

① 生年不详,卒于1014年;蓝牙哈拉尔之子,克努特一世/大帝之父;丹麦、英格兰以及挪威部分地区的国王。——译者注

② 约生于968年,卒于1016年;978—1013年及1014—1016年任英格兰国王。——译者注

③ *Anglo-Saxon Chronicle*, s. a. 994, in ed. Susan Irvine, MS E: *A Semi-Diplomatic Edition with Introduction and Indices*, vol. 7, *The Anglo-Saxon Chronicle: A Collaborative Edition*, ed. David Dumville and Simon Keynes (Cambridge, 2004), 61 – 62; trans. Michael Swanton, *The Anglo-Saxon Chronicle* (London, 1996), 126 – 129.

善抢会杀的海盗,他费心费力积累起来的财富出自特伦德拉格地区的农业、他对挪威沿海贸易的掌控、哈罗格兰德的萨米人(Sami of Hålogaland)①向他缴纳的贡金和贡品,以及其他此类相对有限的进账。奥拉夫则相反,作为海盗,搞一次凶猛的袭击,他就能在英格兰弄到大批的白银。依靠更雄厚的财力,奥拉夫得以聚集起一支极其庞大的军队,使哈康的军力相形见绌,绝无胜出的可能。

哈康意识到这一点,做出了不战的决定。他的手下弃他而去,投奔那最慷慨的头领——年轻、朝气勃勃的奥拉夫·特里格瓦松。"攒着黄金不放手的郡主没有朋友,在他的旗下,追随者屈指可数",这是下一代的诗人西格伐特·索达尔森(Sigvat Thordarson)②对类似情景的描绘。西格伐特用的是诗歌的夸张手法,他笔下的那位君主情急之下肯定发放散尽了自己所有的黄金。哈康·西古尔德松在995年的情况正是如此,他企图拉起一支能与奥拉夫的麾下拼搏的武士队伍,但财力不足,无法成为有效的竞争者。手下的武士离他而去,据说后来他被自己的奴隶杀死③。

---

① 萨米人是现代挪威北部、瑞典、芬兰、俄国的科拉半岛等地的原住民,属芬兰—乌戈尔族;哈罗格兰德是挪威最北部的省。——译者注
② 冰岛诗人,史上也称"Sigvat the Skald",生卒年代为995—1045年;先后充当过挪威国王奥拉夫二世、克努特一世等统治者的宫廷诗人,他的诗歌有约160首保存至今。——译者注
③ 哈康被自己的奴隶杀死的故事出自晚期的萨迦,很可能不可靠;see Oddr Snorrason, *Ólafs saga Tryggvasonar* 19/21, in ed. Ólafur Halldórsson, *Færeyinga saga: Ólafs saga Tryggvasonar eptir Odd munk Snorrason*, Íslenzk fornrit 25 (Reykjavik, 2006), 202; trans. Oddr Snorrason, *The Saga of Olaf Tryggvason*, trans. Theodore M. Andersson (Ithaca, N. Y., 2003), 71. 此萨迦保存于两部主要的手稿中,形式彼此有所不同。文本中各章节的编号不同,Ólafur将两种文本平行刊印,Stockhom文本位于页面上方,Arnemagnea文本位于下方。两种章节编号我均依据此规则加以标明,但这两种编号都不对应Andersson的译文(他的译文基于一个更早的版本)的章节编号。

在抛弃哈康、转而投奔胜利者奥拉夫·特里格瓦松旗下的人群中就有我们提到的雄心勃勃的诗人霍尔弗莱德。奥拉夫不久便得以自封为挪威国王，他行君主之道，给霍尔弗莱德丰厚的赏赐，有黄金，还有一柄做工精致的剑。不过，除去尽诗人唱颂歌的职责而外，伴随礼物而来的还有奥拉夫的一个额外条件。这位国王已经与英格兰国王埃塞尔雷德签订了和约，作为该和约的一部分，他已经接受基督教的洗礼，他也要求自己的麾下成为基督徒。正如埃塞尔雷德国王此前当上了奥拉夫的教父，在霍尔弗莱德受洗时，奥拉夫亲自充当他的教父。

改变宗教信仰意味着霍尔弗莱德拥有了与挪威和英格兰这两个国家的国王的新的亲属关系——一种教父与教子的关系带来的精神上的亲密感；尽管如此，对改变自己的宗教信仰，霍尔弗莱德却高兴不起来。他是个诗人。作为诗人，他需要异教神话中的意象：这些意象是他吟唱诗篇中的隐喻的素材。诗人需要借用神话进行表达，他们需要让听众明白，"安迪尔（Endill）的鳗鱼之域"就是指"海洋"，因为安迪尔是神话中的海王，而鳗鱼则生活在海里；又如，"胡留克（Hlokk）的（暴风雪）滑雪板"指的是"箭"，因为胡留克是大神奥丁手下称作瓦尔基里（valkyrie）的众侍女之一[①]，她的暴风雪就是一场战斗，战场上空，箭矢穿梭，很像滑雪板在雪中滑行。动听的隐喻有种神秘色彩，游吟诗歌由此产生的魅力需要

---

① 根据冰岛的中世纪文学作品诗体、散文体《埃达》（*Edda*），以及其他几部挪威、冰岛的诗作，主神奥丁有若干个称作瓦尔基里的侍女，在不同的作品中她们的形象和职责有所不同，如在战斗中决定哪些人被杀死、并引领他们来到奥丁接纳战死疆场的武士的宏伟大厅"瓦尔哈拉"（Valhalla）；或在战场上以身披天鹅羽衣或跨在战马上的女战士（常译为"女武神"）出现；这里引用的例子应该指后一种。——译者注

学识加上直觉才能领会。

霍尔弗莱德很有诗歌天赋,并熟知斯堪的纳维亚神话,凭借这些他安享舒适的生活。在一节著名的诗作中他这样表达自己对于改变宗教信仰的感受:

> 松恩(Sogn)①的主宰[奥拉夫·特里格伐松]下令
> 禁止行献祭之礼。
> 命运女神的诸多敕令我们遵循已久,
> 现在则必须摒弃。
> 所有的人都把奥丁的话
> 抛到九霄云外;此刻,我
> 被迫弃绝弗雷娅(Freya)②,
> 转向基督祈祷③。

霍尔弗莱德在别处说自己非常喜欢诗歌之神奥丁:奥丁的"优雅铸成了诗行",自己则向他"奉献了美好的祭品"(我们不妨把这一说法理解为"撰写出精美的诗歌"的隐喻)。倘若霍尔弗莱德不能再在诗歌里提及、影射这些古老的神灵,他肯定感到自己的整个生计受到威胁。不过,除此之外,他倒是很合时宜,以受洗时能有一位声名赫赫的国王为教父而自豪,在诗作中不止一次提到这个关系。

---

① 位于挪威西部;维京时期是一个小小的王国,重要的统治者包括本书第9页注③提到的金发哈拉尔。——译者注
② 北欧神话中与爱情、性、生育、战争、死亡等相关的女神,在现代斯堪的纳维亚文化中她的形象相当于罗马神话中的维纳斯。——译者注
③ Hallfreðr Óttárson, Lausavisa 19, ed. Finnur, *Skjaldedigtning*, B:1, 159; trans. Whaley, *Sagas of Warrior-Poets*, 85.

处境相似的其他人对于基督教的矛盾情绪不像霍尔弗莱德那样明显。比他晚一代的诗人西格伐特·索达尔森的女儿托娃（Tofa）受洗时的教父是国王，西格伐特宣称自己那天上午非常快乐。这一仪式在国王与诗人之间铸成了堪与血亲相比的坚实的纽带。从这一刻起，托娃·西格伐特之女（Tofa Sigvatsdottir）就有了两个父亲，西格伐特以及国王。充当其教父，给予他们声名卓著的新宗教——基督教，这就是诸如奥拉夫·特里格瓦松的国王们送给麾下的又一种礼物，这一礼物使他们乐于为其效劳。

霍尔弗莱德的故事引入了一个更为宏大的故事：斯堪的纳维亚加入欧洲并同时改变了欧洲。在公元1000年左右，斯堪的纳维亚与霍尔弗莱德一样、甚至比他更加乐意接受基督教。与此同时，北方的国王们也采用了欧洲模式的政府。在此前的二百年中，斯堪的纳维亚的商贸从业者已经大力推动了欧洲的商贸，例如，通过从新的来源引进流通性财富，特别是白银。在此后的几百年中，欧洲文明将要经历前所未有的增长和发展，这一扩张为欧洲世界在现代时期的优势地位奠定了基础；斯堪的纳维亚在此扩张中发挥了自己的作用。

霍尔弗莱德的故事有助于我们理解把斯堪的纳维亚地区带入欧洲文明的机制和历程，它说明了早期中世纪时期斯堪的纳维亚的政治社会的运行方式。哈康和奥拉夫这样的头领们争夺武士和诗人（诗人也是武士），他们争夺的途径是，借助赠送礼品、同堂宴饮以及共同的宗教礼仪经历等手段来打造与武士的亲密的私人关系。此类关系的本质在很大程度上说明，从8世纪至12世纪的早期中世纪，在斯堪的纳维亚地区内及其周边地带发生了什么样的事情，出现了什么样的变化。

这是斯堪的纳维亚历史上一个生气勃勃的时期。正是在这一时期，三个斯堪的纳维亚王国——丹麦、挪威和瑞典——不仅初次立国，而且还皈依了基督教。在早期中世纪的北欧，长途商贸经历了前所未有的增长，斯堪的纳维亚地区的装饰性艺术和高端的手工技艺在这一时期也有丰富多彩的发展。这些进程之间显然有些内在的联系，它们表现的是一个大格局中的不同方面。然而，历史学家通常将其彼此割裂。我们则对各方面之间的关联进行探究：该地区的基督教化、波罗的海周边地区蓬勃发展的贸易、王国的创立，以及维京人劫掠活动发源于此地等等。在这样的审视之下，早期斯堪的纳维亚便呈现出相当不同的历史的画面。不过，在讨论这一点之前，我们需要把视野扩展至整个欧洲。

斯堪的纳维亚成为主流欧洲文明的一部分的时间是在公元1000年左右。法兰克国王查理曼于公元800年加冕为皇帝时，基督教西欧的绝大部分处于他的统治之下，包括今天的法国，意大利北部，西班牙的东北部，以及德国的西部。南部意大利和伊比利亚半岛的诸多土地则在拜占庭和阿拉伯人的手中。英吉利诸岛信仰基督教，不受新加冕的皇帝的控制，而且分裂成多个小王国。查理曼的帝国以北和以东——包括德国的大部、东欧和斯堪的纳维亚——尚未基督教化，也不是组织成型的国家，而是外界所知甚少、并使人惧怕的未开发地区，被视为化外、蛮荒之地。

在公元800年之后的几个世纪中，西部的基督教文化地区——使用拉丁语的基督教世界——的面积至少翻倍，原因是欧洲的东部和北部的许多地方归属了这一范围，而且伊比利亚半岛也终于纳入其中。这一扩展意义重大：它使欧洲的人口达到了使欧洲文明实现巨大提升的关键规模，这一提升持续至今。在人口增加的基础上，中世纪盛期经历了诸多发展和进化，包括土地利用方式更为精细、商贸活动增多、治理方式改革、教育拓展以及军事创新等等；它们构成了现代西欧社会的历史背景。因此，欧洲在公元1000年前后几个世纪中经历的扩张不仅是现代早期的欧洲进入其他各大洲进行殖民扩张的先声，也是这一扩张能够得逞的先决条件。

学者们十分关注从占领伊比利亚半岛的阿拉伯人手中收复失地的运动。法兰克、日耳曼帝国向东扩张，直达今天的德国东部和波兰的肥沃平原，这也是学者们的一个关注点。欧洲疆域的此类扩展的主要途径是武力征服和农业殖民。学者们间或以欧洲扩张为大背景来审视斯堪的纳维亚纳入欧洲的历史，因此，阐释欧洲文明进一步拓展至北欧的现象时，他们往往运用欧洲大陆的理解模式，通常从征服和殖民的角度描绘北欧的"欧洲化"：这种"欧洲化"若非由统治者借助士兵和殖民者实现，那么至少也是教会派出传教士进行布道和劝说的结果。无论前者还是后者，斯堪的纳维亚人均被描绘为被动的接受者。

关于斯堪的纳维亚地区的基督教化和欧洲化，本书则提出一种不同的阐释。斯堪的纳维亚不同于欧洲诸多的其他地区，皈依基督教以及接受欧洲文化是其自身的抉择。这一结论敦请研究欧洲崛起的历史学家稍稍调整他们关于欧洲扩张的描述和解释，以期呈示维京时期——这是该时期通常但未必恰当的命名——的更为丰富、多彩的历史。维京海盗抢掠欧洲财富，但在斯堪的纳维亚接受欧洲的宗教、政治文化和经济体系的更为宽阔而且有趣得多的大故事中，这一行径仅仅构成一个侧面。本书因此要超越对早期中世纪的斯堪的纳维亚历史的两种定型的阐释：维京人的劫掠行为是重大的冒险活动；斯堪的纳维亚的基督教化和国家的形成是一种殖民过程。我的工作是综合维京人的劫掠行径、北欧的商贸活动、基督教化、国家的形成以及早期中世纪的斯堪的纳维亚历史中的其他方方面面,进行考察。这样做的成果是以一篇论文和一个新的模型阐释一个地区如何融入欧洲文化,这一新模型将会充实、丰富我们对欧洲中世纪历史的理解。

传统学术的观点的失误部分源于可资利用的文献的性质。公元750—1100年间的文字资料大多出自斯堪的纳维亚以外的地方,出自欧洲当时已经皈依基督教的地区。这些文献采用征服北部蛮荒地带的志得意满的欧洲人——尽管多半只是象征意义上的征服者——的视角,它们的故事讲述基督教欧洲如何把基督教和文明带给未开化的蛮族,后者被描绘为欧洲教化影响的受惠者。在公元800年前,对8世纪早期的丹麦国王昂涅图斯(Ongendus)①的描绘是他"比石头还硬",导致传教士威利布罗德(Willibrord)②的布道未能对他产生影响③。相反,根据同时代的日耳曼撰史者科维的威德金特(Widukind of Corvey)④的叙述,丹麦国王蓝牙哈拉

---

① 丹麦国王,710年左右在位;是当时文献中提到的第一个丹麦国王。——译者注

② 约658年生于诺森布里亚,卒于739年;其传教活动的地域包括爱尔兰、弗里斯兰、丹麦等,去世后被尊为圣徒。——译者注

③ Alcuin, *Vita Willibrordi* 9, in Carolus de Smedt, Franciscus van Ortroy, Hippolytus Delahaye, Albertus Poncelet, and Paulus Peeters, eds., *Acta sanctorum*, Novembris 3 (Brussels, 1910), 441; ed. W. Levison, MGH SS rer. Merov. 7. 123 – 124; trans. Charles H. Talbot, *The Anglo-Saxon Missionaries in Germany; being the Lives of SS. Willibrord, Boniface, Sturm, Leoba, and Lebuin, together with the Hodoeporicon of St. Willibald and a selection from the correspondence of St. Boniface* (New York, 1954), 9. Cf. also Alcuin's versified *Vita metrica* of Willibrord, c. 7.

④ 约925年出生,卒于973年后,萨克森人;根据名字,他可能是本书第31页注①提到的萨克森人头领威德金特的后代;他撰写了三卷的《萨克森人英雄事迹》,是10世纪奥托王朝时期日耳曼历史的重要编年史。——译者注

尔(Harald Bluetooth)"反应快",在960年代皈依了基督教①。描述他皈依的动词使用了被动语态(conversus),这个用法颇具代表性:文明欧洲的代表——统治者和传教士——是行动的施行者。撰史者不来梅的亚当(Adam of Bremen)②于1070年代开始写一本书,其特点就是采用这一视角,叙述"最虔诚的神父们〔指汉堡—不来梅历任的大主教〕的事迹,教会因其得到提升,基督教得以在异教徒中得到传播"③。

亚当对自己著述的这一定位表现了当时的一种寻常之见:基督徒根据基督对使徒的指示,把上帝的福音带给蒙昧之中的异教徒们:"所以你们要去,使万民作我的门徒,奉父子圣灵的名,给他们施洗。"(《马太福音》28∶19)亚当讲述这一点所用的文字其实司空见惯,是从教皇大格里高利(604年去世)的一本书中抄来的,并非他本人创造④。

在当时的文献中几乎从来听不到北欧居民的声音。北欧地区内部的文字资料数量很少,彼此之间的年代间隔大,而且多数是如

---

① Widukind, *Res gestae Saxonicae* 3.65, ed. Paul Hirsch and Hans-Eberhard Lohmann, *Die Sachsengeschichte des Widukind von Corvey*, MGH SS rer. Germ. (Hanover, 1935), 140-141.

② 生活于11世纪后半叶,1066或1067年应不来梅大主教之邀参与教区工作;日耳曼编年史撰写者,最重要的著作是本页注③中提到的《汉堡教会的主教事迹》。——译者注

③ Adam of Bremen, *Gesta Hammaburgensis ecclesiae pontificum*, praefatio, in *Hamburgische Kirchengeschichte*, ed. Bernhard Schmeidler, MGH SS rer. Germ. (Hanover 1917), 2; trans. Adam of Bremen, *History of the Archbishops of Hamburg-Bremen*, trans. with an introduction and notes by Francis J. Tschan, with a new introduction and selected bibliography by Timothy Reuter, Records of Western Civilization (New York, 2002), 4.

④ Gregory I, *Moralia super Iob* 29.13.

尼文的碑刻①和吟唱诗歌，往往行文简洁，多用典故，意思晦涩。北欧的叙述文本——如萨迦(sagas)和编年史之类——直至12世纪才出现，对我们了解之前几个世纪的事件并无切实的帮助。这些文本的作者关注的不一定是记录历史事实，他们更喜欢以自己创造性的想象力建构好听的故事。另一方面，考古资料数量巨大，而且还在不断增加，但是要在置入阐释的语境后它们才会透露信息。考古发掘用的铲子不同于萨迦和编年史，正如民谚所言，它不会撒谎，然而在现代阐释者让它张口之前，它一直沉默不语②。

读者将在本书中再次听到北欧人的声音。我们将听到他们在如尼碑文中以及在诗歌里说了些什么。我们从这些证据里找到提示或线索，不仅能更准确地理解欧洲大陆的文字资料，而且也能更好地认识北欧丰富的考古资料。

对多个学科而言——如考古学、历史学、钱币学、语文学以及宗教研究，早期中世纪的斯堪的纳维亚地区是一个生气勃勃的研究领域。关于这一领域的研究状况，近年出版了一部综述，它共计700多页，重量超过两公斤，收入了大约80位专家的成果③。这些学者以及不计其数的其他人取得了辉煌的成果，没有他们的成就，我决不可能写出这本书。我讲述的故事、考察的大多数具体细节，

---

① 在拉丁字母传入前，日耳曼语系的诸种语言使用如尼字母书写，最早的如尼文刻文出现在公元150年左右。随着欧洲的基督教化，如尼字母逐渐被拉丁字母取代：这一转变在中欧始于公元700年前后，在斯堪的纳维亚则晚了数百年，而且存在如尼字母在北欧一直沿用至20世纪初的少数情况；更多的信息见本书第45页。——译者注

② Cf. Philip Grierson, "Commerce in the Dark Ages: A Critique of the Evidence," *Transactions of the Royal Historical Society*, Fifth Series 9 (1959), 129.

③ Stefan Brink, ed., in collaboration with Neil Price, *The Viking World*, Routledge Worlds (London, 2008).

专家和非专家读者肯定会一望而知。但是,我希望他们能认可一点,即,本书总体上采用了一种新的途径探讨问题,阐释也是新的。我尽力综合现有的研究成果,并把它放入关于欧洲历史的更宏大的叙事和对其的理解之中。能够利用这一令人兴奋的领域里同行们的研究专长和成果,我心怀感激。

斯堪的纳维亚发出的多种声音告诉我们,欧洲文明延伸到这里并非因为欧洲列强有此意愿,并且通过传教士和军队达到目的;而是因为北方的强人认为欧洲文明对自己最为有利。他们利用基督教推进自身的近期政治利益。因此,北方的基督教化和欧洲化并非征服和殖民的历程,也不是一则劝说和布道的故事;实情是,北方人自觉自愿——甚至热切地——接受了欧洲文明。北部地区以自觉自愿的方式融入欧洲,而且因为自愿融入,它变成欧洲不可或缺的组成部分。

萨克森人——一个生活在今天的德国的民族——的情况相反,启发我们对问题的理解。查理曼皇帝打败他们,"以铁打的武器为喉舌进行布道",他们便全体受洗入教了。皇帝以铁打的武器为喉舌进行布道的具体形式是长达30年之久的血腥战争,在此过程中,他曾一次便处决数千名战俘。萨克森尼(紧邻莱茵河东岸的地带)接着纳入了法兰克帝国,当地人落入法兰克管理者的掌控之中,异教成为非法,异教徒若有反抗即面临处死的威胁。一些萨克森人被迫迁移至法兰克的中心地带,以便融入新环境。若要活命,他们必须顺从、当基督徒,此外别无选择。

凭借武力征服以及随之而来的外族占领迫使当地人皈依基督教,这一模式在斯堪的纳维亚诸国并不适用,就此而言,对波兰或以基辅为中心的罗斯国也不适用。一些斯堪的纳维亚人——如丹麦人——当然处于强大的基督徒邻国的压力之下,他们可能害怕这些邻国效仿查理曼起兵入侵。然而这一压力本身无法充分说明他们为什么接受基督教。例如,对基辅罗斯人而言,信奉伊斯兰教的保加尔人(Bulghars)近邻,尤其是哈扎尔犹太人(Jewish Khazars)①构成的威胁大于遥远的基督教拜占庭和日耳曼帝国;倘若来自邻人的压力能够说明他们皈依的原因,那么他们应该变成穆斯林或犹太教徒。但罗斯人却选择了接受拜占庭的基督教,从而与该帝国缔结了商贸关系。挪威或瑞典在11世纪初接受基督教时均未受到境外基督徒的任何重大威胁。接受一种新的宗教是这些异教徒刻意做出的抉择,因为他们可以利用这一宗教获利;他们的皈依并非被征服,或受到被征服的威胁或笼统的外来政治压力的结果。

不过,现代学者虽然大多并不接受"征服与殖民"的理解模式,他们似乎认为北欧的基督教化理应是几代传教士坚持不懈努力的结果。传教士们英勇布道、为人施洗,尽管在"异教反抗"之时遭受暂时的挫折,但最终获得成功。传教士布道,异教徒或被说服接受洗礼,或产生逆反——往往伴以暴力。根据前面引述的基督的话,以及关于皈依的早期叙述中对该引言的阐释,情况就"应该"如此。让异教徒皈依基督教的责任落在那些已经是基督徒的人的肩

---

① 保加尔人是生活于中亚草原的半游牧突厥民族,其中一支——伏尔加保加尔人——于922年立伊斯兰教为国教;哈扎尔人是分布在欧亚草原西部的半游牧突厥民族,中世纪时控制了丝绸之路的西端,在中国与中东、欧洲罗斯的商贸活动中起了重要作用;哈扎尔国在7至10世纪之间称雄于欧亚大片地带,人口由20多个不同族裔组成,多种信仰在此角逐,有一段时期,权贵似乎都皈依了犹太教。——译者注

上。这些人有时感到责任重大,正如教宗帕斯加尔(Paschal I)①在一封写于822年末或823年初的信中所言:"有些生活在北方的人对上帝尚一无所知,也未在洗礼的水中获得重生,他们生活在死亡的阴影之中,不崇拜造物主,却盲目地侍奉那被造的。既然了解这一情况,我们便决定……把这位极受尊敬的兄弟、主教助理和朋友、神圣的兰斯大教堂的大主教埃博(Ebo)②派遣到那些地区,向他们揭示那唯一的真理。"③

中世纪一些很有意思的教士撰写过北方皈依基督教的情况,汉堡大主教里姆伯特(Rimbert)④即为其中之一。倘若他的文字可信,那么我们得知,埃博与上述教宗的看法一致。里姆伯特于870年代写道:"埃博本人受到上帝之灵的激励,心中充满了让异教徒——特别是丹麦人——皈依的强烈愿望。他以前在〔查理曼,还有他的儿子路易的〕宫廷里经常见到丹麦人,看到他们被魔鬼的奸计引上了歧路,他悲伤不已。他渴望通过牺牲自身以及自己拥有的一切,以促使他们得救。"⑤

---

① 生年不详,卒于824年,罗马人;817—824年任教皇。——译者注
② 其名也拼作Ebbo;大约775年以农奴身份生于查理曼皇家领地,卒于851年;在宫廷接受教育;816—835年及840—841年任兰斯大主教;是基督教传播北欧过程中的重要人物,本书多个章节均有涉及。——译者注
③ E 2553; *Regesta pontificum Romanorum*: Germania pontificia 6 (Göttingen, 1981), 24 n. 6; ed. Karolus Hampe, MGH Epp. 5 (Berlin, 1899), 68 – 70 n. 11.
④ 830年生于弗兰德斯,888年卒于不来梅;865年起至离世任汉堡-不来梅大主教;至今在弗里斯兰被尊为圣徒。——译者注
⑤ Rimbert, *Vita Anskarii* 13, ed. G. Waitz, *Vita Anskarii auctore Rimberto: Accedit Vita Rimberti*, MGH SS rer. Germ. (Hanover, 1884), 35; trans. Rimbert, *Anskar, the Apostle of the North 801 – 865*, trans. Charles H. Robinson, Lives of Early and Mediæval Missionaries (〔London〕, 1921), 54. Robinson's translation partially reprinted with revisions in Somerville and McDonald, *Viking Age*, 42 – 74.

此类文本以及其他类似文本的数量不小,其内容都是皈依工作者的愿望与责任。他们被称作"上帝的战士(athleta Dei)"[①],而可能皈依的人则被勾画成值得怜悯的一张张白纸,基督教善举的被动接受者,与18—19世纪的西方人对自己国家的政府和公司统治下的殖民地,以及自己的教会传教地区的原住民的描绘很相似。实际上,我们无法不感到,现代学者对中世纪斯堪的纳维亚皈依基督教的解释仍然受到19世纪关于基督教传教活动的看法的影响。

我们可以采用另一种方式讲述斯堪的纳维亚地区的皈依故事,即不是先看已经确立的叙事资料,而是从书面和考古文献中抽取个案,在这样获取的信息、知识的基础上建构我们自己的故事。斯堪的纳维亚皈依基督教的历程便因此呈现出一种颇为不同的面貌:我们见到的是基督教在数个世纪中缓慢、零散、逐渐地被吸收,而不是中世纪叙事者笔下的情景——传教士在短期内取得了使大家完全皈依的成就。我因此把视角从传教士以及襄助他们的征服者转移到基督教的接受者身上,我提出的问题是,蓝牙哈拉尔和奥拉夫·特里格瓦松这样的斯堪的纳维亚头领们能从皈依基督教上获取什么样的好处?我们更应该在那些选择皈依和继续留在基督教内的人的身上寻找基督教胜出的原因,而不能仅仅着眼于那些想要别人皈依的人。

我提出的观点是,北欧的政治领袖们的计谋是推动斯堪的纳维亚皈依基督教的强大力量。到8世纪之际,那里已经有了势力雄厚的头领,他们奢侈、豪华的墓葬以及居所——包括宴饮大

---

① For Rimbert's use of the expression with regard to Ansgar, see *Vita Anskarii* 3, ed. Waitz, 21; trans. Robinson, 30.

厅——的考古遗迹就是证据。不过,头领们的势力基本限于当地;此外,不断有人出手争夺这种势力,它并非一劳永逸地攥在某头领手中。竞争者时时刻刻准备着利用对方的任何弱点,急不可耐。攫取权力不难,而丢失权力的情况同样也会轻易发生。要夺取、保存、并扩张权势,一个头领需要以武力为后盾,武士必不可少。头领们个个需要能随时听命开战的武士。有抱负的头领培植忠实追随自己的武士,有了他们,就可以控制不断扩充的人口。为了赢得并保持武士们的忠诚,头领颇费心思,这也是引起头领之间频繁的——若非接连不断的——冲突、征战的原因[1]。

在没有强制性的国家权力可资利用的时代,头领们无法使用强力,而是需要劝服武士们追随自己。一个获胜的头领有能力以战利品犒赏麾下,因此总能网罗到追随者。得胜等于得到更多的战利品,更多的战利品意味着可以给更多的人发放更多的礼品,而有了更多的人则可以打出更多的胜仗。这一基本的等式或关系决定了早期中世纪的斯堪的纳维亚演绎出什么样的历史。野心勃勃的头领们竭力增强自己在等式中的分量,特别是通过增加分发给手下武士的礼物(在其心目中)的价值。我不是说斯堪的纳维亚地区的头领身边的扈从们都是单纯的雇佣兵,只为金钱打仗。实际情况是,头领们借助礼物把武士们纳入一种礼物与回馈的交互式关系网中,一个从头领处得到馈赠的武士在道义上有责任以忠诚、

---

[1] C. Patrick Wormald, "Viking Studies: Whence and Whither?" in *The Vikings*, ed. R. T. Farrell (London, 1980), 146; Jørgen Jensen, *The Prehistory of Denmark* (London, 1982), 255 – 274; Chris Wickham, *Framing the Early Middle Ages: Europe and the Mediterranean, 400 – 800* (Oxford, 2005), 364 – 376. 罗马帝国的势力崩溃之时,英格兰可能发生过什么样的情况? Wickham 依据翔实的资料做出的推测颇具启迪(330 – 331)。

英勇奋战回报头领,由此展现自己英勇的品质、男子汉的价值;而头领则尽力在扈从心中激发这种光荣的责任感。

头领们需要合适的物品用作礼物,他们采用各式策略多多发放。诸如奥拉夫·特里格瓦松这样的头领驾船到欧洲,以海盗抢掠的行径攫取更多的战利品。有的头领则通过更为精细、复杂的劝说工作,细化、完善分享战利品、贡品和抢掠之物的简单过程。许多头领雇用工匠把战利品加工成精美的工艺品,使其价值延续更长。维京时期,工艺、商贸中心在斯堪的纳维亚地区四处涌现,头领们便这样以同样的"成本"得到了更多的礼品——而且往往是更具吸引力的礼品——去发放给麾下。11

新奇的物品稀少,因而享有声誉,具有特别的价值。有的头领便雇用能够搞到新奇物品的商人。任何小头领都有能力邀请他人来吃烤猪,以牛角为杯畅饮蜂蜜酒。然而只有区区几位财大气粗的才可能用罕见的玻璃器皿递上法国的葡萄酒,并提供新奇的核桃甜点。本地的工匠制作漂亮的饰针、抢眼的衣衫,但是只有真正人脉宽广、实力雄厚的头领才自己佩戴或馈赠他人镶嵌着来自印度的光玉髓珠的珠宝,身着以豪华的中国丝绸或孔雀翎毛为装饰的衣服。斯堪的纳维亚的头领们参与商贸、组织安排手艺人的原因就在于此。他们把北方的物产卖到南方,诸如北极熊和黑狐的毛皮、驯鹿角,以及海象牙,卖出好价钱;然后进口斯堪的纳维亚地区稀有、因此富有吸引力的东西。野心特别大的头领涉及的范围则更广:他们买入罗斯北部出产的更加华贵的毛皮,把四处抢掠时抓到的人口当奴隶卖出,再从阿拉伯和拜占庭商人光顾的市场上弄到难以想象的金银财富带回老家。

头领们还有一种途径进一步增强自己与追随者以及追随者彼

此之间的纽带：运用宗教和准宗教的礼仪打造紧密如家庭纽带的社会关系。在前基督教时期的斯堪的纳维亚地区，与歃血为盟的习俗以及武士之间的友谊一样，献祭时众人共餐的仪式起的就是这个作用。有抱负的头领们不满足于本土的传统，正如他们进口了新奇的商品，他们也引进了基督教这一最具吸引力的外来宗教。基督教声誉卓著，英格兰的国王，还有拜占庭和法兰克帝国的皇帝——当时欧洲最有权势的人——信仰的就是这个宗教，它于是成了北欧的头领眼中一种特别有利的宗教，在自己的追随者中进行推广。

在向麾下分发礼品的竞争中，有的头领更为成功。结果，几位成功者创建了自己稳固的王国，可以传递给子孙，这就是丹麦、挪威和瑞典王国的历史发端。这一发端即本书论述的终结，而论述的中心则是此前维京时期变化多端的形势，这种变化与混乱催生了欧洲史上一些最有意思的事件。

第1章 生气勃勃的8世纪：斯堪的纳维亚成年了

来自北方"天涯海角"的异教徒于780年代前后突然在欧洲舞台上亮相：胡子拉碴，举止粗野，而且，更严重的是，他们不信基督教。远在维京人开始抢掠前，在欧洲的几个权力和文化中心，北方的异教徒已经是那里的统治者和知识者的一块心病，是需要谨慎议论的一个话题。特别是丹麦人，他们是法兰克国王查理曼担忧的一个政治问题。然后，793年维京时期正式拉开帷幕，各类斯堪的纳维亚人很快就变成威胁所有地区的安全问题。

当8世纪末之时，查理曼的宫廷是西欧的政治和知识中心。"表情愉快的"国王在此统治着他那幅员日益宽广的王国，而西欧知识最多、智慧最高的人则在这里教育国王，培养法兰克精英的子弟。国王特别喜欢搬迁，宫廷便跟着他四处挪动。宫廷学校最终落户于亚琛新近翻建的王宫，这是一个重要的知识生成之源。但那里却又氛围轻松，在一定程度上容许古怪、想入非非的东西，查理曼国王本人也在此与众人一起娱乐心智。教师与学生彼此写信，在信中卖弄自己的修辞、诗歌技巧，互相之间的竞争颇为激烈。查理曼把饱学之士引进宫廷，其中两位意大利人特别擅长以古典韵律撰写拉丁文诗歌，他们以调皮的唱和自娱自乐，也让国王、宫廷和学校开心。比萨的彼得(Peter of Pisa)①是查理曼本人的拉丁文教师,他也替国王捉刀撰写拉丁文诗歌②。

查理曼、彼得合作在一封以诗体写给助祭保罗(Paul the Deacon)③的信中说:"你到底情愿在疲惫时躺在荒蛮的地牢里,被沉重的铁镣压垮,还是希望认真考虑一下那傲慢、浮夸的西格弗里德(Sigifrit)④的面目——他那邪恶的权杖如今统治着一个瘟疫肆虐的王国。你还从来没有回答我的问题。"⑤西格弗里德是丹麦人的国王,在彼得于780年代写这封信之时⑥,查理曼刚刚发现西格弗

---

① 生卒年为744—799年,意大利语言学家、诗人、神职人员;776年被召到宫廷服务;同时召入的还有助祭保罗及阿尔昆。——译者注

② Einhard, *Vita Karoli magni* 25, ed. G Waitz, *Einhardi Vita Karoli magni*, MGH SS rer. Germ. (6th ed.; Hanover, 1911), 30; trans. Paul Edward Dutton, *Carolingian Civilization: A Reader* (Peterborough, Ont., 1993), 37. About poetry at the Frankish court, see Peter Godman, *Poets and Emperors: Frankish Politics and Carolingian Poetry* (Oxford, 1987).

③ 约生于720年代,卒于799年;本笃会修士,撰史人,主要史著为6卷伦巴第史。——译者注

④ 名字也拼作Sigfred,生卒年不详;可能是丹麦史上第二位国王,即位时间不晚于770年代,终于800年左右;他被推断为本书"绪论"中提到的第一位丹麦国王昂涅图斯的儿子(见本书第17页注①)。——译者注

⑤ MGH Poetae 1, ed. Ernst Dümmler (Berlin, 1881), 50-51; Karl Neff, *Die Gedichte des Paulus Diaconus: Kritische und erklärende Ausgabe*, Quellen und Untersuchungen zur lateinischen Philologie des Mittelalters 3:2 (Munich, 1908), 98-100. About this poetic exchange, see Godman, *Poets and Emperors*, 54-55; Eric Christiansen, *The Norsemen in the Viking Age*, Peoples of Europe (Oxford, 2002), 118.

⑥ 780年代助祭保罗居留于查理曼的宫廷,这些诗歌肯定写于该时期,但准确的年份尚有争议。Walter Goffart,在 *The Narrators of Barbarian History (A. D. 550-800): Jordanes, Gregory of Tours, Bede, and Paul the Deacon*, (2d ed., Publications in Medieval Studies [Notre Dame, Ind., 2005], 341-342)中把保罗在宫廷居留的年代定在781—784年,或785年;这一观点比较合理。Neff则认为它们写于783年,see Neff, *Gedichte des Paulus Diaconus*, 102.

里德是自己的敌人。彼得以查理曼的口吻,用话激保罗前去丹麦给西格弗里德施洗礼:"他若看到你,就会让你无计可施,还把你杀掉"。

以为一个意大利的教师——无论他有何等了不起的学问——就能让丹麦人的王皈依基督教,还为他施洗礼,这个念头在比萨的彼得眼中简直荒谬得可笑。保罗敏锐地看出笑点所在,调动自己的学养进行响应,数次引述、搬出奥维德、维吉尔、佩尔西乌斯以及其他古典拉丁语诗人,进一步恶言辱骂西格弗里德。

保罗回应彼得说:"倘若我不幸见到西格弗里德的那张蛮子面孔,我觉得自己起不了什么作用,因为他那未受过教育的心灵里没有拉丁语汇,而他的语言我也完全不懂。我把他看做一头猩猩,要不就是浑身长着硬毛的野人。……尽管长着胡子,而且不加修剪,他替小公羊制定规矩、统领众山羊的时候举止很像一只公山羊,"但他还是害怕查理曼的武器。保罗此言的意思是,查理曼将动用武力来挫败西格弗里德的锐气,然而由于语言障碍,他本人的基督教说教却不会有效果。西格弗里德在战败之后则会变得非常温顺,愿意接受洗礼。"否则,他便会被双手反缚于背后带到我们面前,到此时,他信仰的奥丁和索尔(Thor)①都救不了他。"②保罗认为,头号异教徒西格弗里德顽固之极,只有武力征服才可能让他——并从他扩展至他的臣民——皈依基督教。为把西格弗里德及其臣民变成基督徒,他建议采用当时查理曼用在萨克森人身上的手段。

---

① 北欧神话中主神奥丁的儿子,掌管雷电、风暴等,详见本书第 8 页注④。——译者注

② MGH Poetae 1.52–53; Neff, *Gedichte des Paulus Diaconus*, 101–105.

在查理曼手下的文化人里,为丹麦人皈依的问题操心的不止彼得和保罗两位。二人的同事阿尔昆(Alcuin)①——他也是查理曼的老师——于789年问一个在萨克森尼任修道院院长的朋友,是否有望使丹麦人皈依②。阿尔昆提问的方式让人觉得他并不指望得到一个"是"的回答。而该院长(我们不知道他究竟是谁)的回答没有保存下来。

彼得、保罗和阿尔昆在780年间为丹麦国王西格弗里德和他顽固的异教徒立场担忧,也对此开过玩笑,我们对这一点并不感到意外。当其时,查理曼正跨过莱茵河向东扩展法兰克王国,丹麦人已经成为法兰克王国首领们手上棘手的政治问题。查理曼在773年决定要征服萨克森人,他当年夏天进行的第一次战役堪称成功。然而,萨克森人不服输的劲头异常强烈,他们顽强抵抗,法兰克人花了30年的工夫,经过多次血腥的夏季战役才最后征服他们。每年夏天他们都认输,被施洗礼,交来人质,保证当查理曼的忠实臣民;但只要一有机会他们就又操起武器再战。

---

① 约732年生于英吉利的约克郡,804年卒于现代法国的图尔;集诗人、教育者、教士于一身,应查理曼之邀来到其宫廷,是加洛林文艺复兴时期最重要的学者;他著述颇丰,艾因哈德(Einhard)在《查理曼传》中称他为"世上第一饱学之士"。——译者注

② *Alcuini sive Albini epistolae* 6, ed. Ernst Dümmler, MGH Epp. 4 (Berlin 1895), 31. 比较 Altfrid 关于其叔/伯父、Münster 的第一任主教 Liudger(卒于805年)的生平叙述;据说 Liudger 希望去斯堪的纳维亚人那里教他们信仰基督教,查理曼不让他实现这一愿望。该生平撰写年代晚于825年,甚至可能在 Altfrid 于839年当上主教之后。Liudger 可能确实表达过让斯堪的纳维亚人皈依的愿望,但当时教会在北方的传教活动也有可能激发出这一故事;*Altfridi Vita sancti Liudgeri* 1. 30, ed. Wilhelm Diekamp, *Die Vitae sancti Liudgeri*, Die Geschichtsquellen des Bisthums Münster 4 (Münster, 1881), 36. About the date, see Diekamp, *Die Vitae sancti Liudgeri*, xx.

丹麦人生活在萨克森人的地盘以北,他们是法兰克人潜在的盟友,但实际态度却带有很强的敌意。776年查理曼第三次进犯萨克森尼得手后,萨克森人最重要的头领威德金特(Widukind)[1]逃到法兰克军队追不到的丹麦,脱离了国王的掌控。他于778年卷土重来,鼓动萨克森人再次对查理曼"造反"。法兰克人又把萨克森人镇压下去,威德金特则再度逃亡,不过文献没有说明他逃亡何处。在查理曼在东部边界搞的政治游戏中,丹麦人至少已经成为一个玩家,查理曼现在不得不对他们多加留意。

事实也的确如此,查理曼不久便着手处理与西格弗里德国王的外交关系。782年,一个名叫海尔夫丹(Halvdan,这个斯堪的纳维亚名字出自拉丁语的"Halptani")的人率领的代表团在查理曼王国的一个显要人物的会议上现身[2]。从这一事件开始,文献便不时提及双方互派的使团。与丹麦统治者保持联系成为法兰克统治者的重要工作,我们还不妨假定,对丹麦人而言,与欧洲最强大的统治者保持接触也至关重要。

斯堪的纳维亚人以前只是窝藏过一个查理曼眼里危险的叛乱分子,但他们很快就以更引人注目的方式向世人展示自己的存在。

---

[1] 萨克森人的头领,关于其生平的记载很少;《皇家法兰克编年史》提到,在777—785年的萨克森战争时期他是法兰克国王查理曼的主要对抗者,战败后,他皈依基督教,受洗时,查理曼充当其教父;诸多传说把他描绘为圣徒式的人物;他可能是本书多次提及的科维的威德金特的先人(见本书第18页注[1])。——译者注

[2] Annales regni Francorum, s. a. 782, ed. Fridericus Kurze, Annales regni Francorum inde ab a. 741 usque ad a. 829, qui dicuntur Annales Laurissenses maiores et Einhardi, MGH SS rer. Germ. (Hanover, 1895), 60; trans. Bernhard W. Scholz and Barbara Rogers, Carolingian Chronicles: Royal Frankish Annals and Nithard's Histories (Ann Arbor, 1970), 59.

793年维京人攻打英吉利东北部林迪斯法尔纳岛(Lindisfarne)上一个没有设防的修道院,"维京时期"就此拉开帷幕。阿尔昆做出双重反应。首先,他给修道院的首领希格波德(Higbald)主教[①]写了一封慰问信[②],此信侧重从神学和末世论的角度探讨维京人进攻意味着什么,有什么样的影响(比如这是否说明基督徒"犯下了什么大罪"),他于是把进攻者简称为"异教徒",而不是"丹麦人"或"北方人",然而,我们并无理由认为他不知道这些进攻者来自何方。事实上,阿尔昆在另一封信里提到"圣库斯伯特(St. Cuthbert)[③]位于(林迪斯法尔纳)的教堂"的不幸遭遇时,他引用了先知耶利米的一句话:"必有灾祸从北方发出"[④]。

其次,阿尔昆为同一个收信人又写了一篇安慰的文字——一首120个对句的拉丁语挽歌,他在文中尽力说清事件的来龙去脉:"那天,唉,从那遥远的地方来了一个异教徒匪帮,他们飞快地下船,踏上了我们的土地,抢走了我们崇敬的父辈坟墓中的珍宝,玷污了献给上帝的庙堂。"为缓解灾难对人的打击,阿尔昆把洗劫林迪斯法尔纳与耶路撒冷的神庙先后毁于巴比伦人和罗马人之手相提并论,使用了"金色罗马""遭到野蛮劫掠"后的废墟以及旧世纪的过失等说法。他指出,林迪斯法尔纳的修士们应该"祈求上帝的

---

① 出生年份及生平均不详,卒于802年或803年;自780年起任林迪斯法尔纳主教直至去世;他在与阿尔昆的通信中详细描述了793年维京人进攻的情况。——译者注

② *Alcuini sive Albini epistolae* 20, ed. Dümmler, 56–58.

③ 生卒年为约634—687年,林迪斯法尔纳修道院的修士,后成为其住持,以及教区的主教。——译者注

④ *Alcuini sive Albini epistolae* 19, ed. Dümmler, 55. Jeremiah 1:14.

仁慈和宽恕,而不是责怪上帝、感到绝望,这样上帝就会解除我们的苦难"。[1]

793年后,凶险的斯堪的纳维亚人开始在欧洲西北地区四处抢掠,勒索贡品。这些人及其所谓的顽固的异教信仰让欧洲人浮想联翩。正是基于这样的背景,阿尔昆把一则关于丹麦人如何死心眼儿的趣闻塞进他在796年或其后不久撰写的圣威利布罗德的传记中。威利布罗德的重要性在于他于714年之前在弗里斯兰地区传教,阿尔昆称,威利布罗德一路艰辛来到丹麦,发现那里的国王奥叶杜斯"简直比野兽还野蛮,而且比任何石头都硬"[2]。按阿尔昆的叙述,威利布罗德对皈依的要求毫无变通的余地,丹麦人虽然接待殷勤,但结果毋庸说明——他此行毫无建树。我们在阿尔昆笔下的故事中看到了彼得和保罗——他的同事兼朋友——用韵文写的书信中表达的同样看法:丹麦人笃信异教冥顽不化,因此向他们讲道或想把他们转变为基督徒完全徒劳无功。阿尔昆撰写此书之际正是法兰克帝国征服萨克森尼、使该地皈依基督教之时,彼得、保罗和阿尔昆正在试图影响查理曼,让他用同样的办法对付丹麦人。因此,我们没有理由推测,阿尔昆笔下的威利布罗德邂逅昂涅杜斯的情形是对历史事实的叙述。他只是在评论当时的政治形势。

古英语诗歌《贝奥武甫》和《远行客》中把昂涅图斯王称作瑞典人的王奥根提欧(Ongentheow)。我们从其他文献获知,阿尔昆(可能因为年轻时代在英吉利度过)知道"一些异教徒的诗歌",以及诗

---

[1] Peter Godman, ed. and trans., *Poetry of the Carolingian Renaissance* (Norman, Okla., 1985), 126-139.

[2] Alcuin, *Vita Willibrordi* 9. For references, see Introduction, n. 5.

歌里提到的人物的名字。他在一封信中提到《贝奥武甫》中也出现的人物英格德(Ingeld)①。阿尔昆希望在书里放入一个关于威利布罗德和一个丹麦国王的故事,这时他便需要给笔下的国王起个名字。他在自己了解的故事和诗歌中找到了这个名字,把它拉丁化为奥涅杜斯(Ongendus)。不止一个文献中提到了该国王,但这一事实并不意味阿尔昆叙述的就是实情。

彼得、保罗和阿尔昆对丹麦人的威胁有所了解,但是从其文字中并看不出他们对斯堪的纳维亚的北部地带的具体地理情况有任何了解。然而,到了820年代,查理曼的另一个廷臣艾因哈德(Einhard)②为其故去的主公撰写的一部著名的传记显示,他对欧洲北部的描述能力超过了之前的任何人。在提到波罗的海的作者中,他的描述第一次让人认出这是波罗的海:"一个从东延伸到西方大洋的海湾,无人知晓它有多长,但宽度决不超过100英里,而且在许多地方还更为狭窄。沿海居住着许多部族:我们称作北方人的丹麦人和瑞典人住在北部以及邻近的岛上,而南部沿岸的居民则是斯拉夫人、伊斯替(Aisti)人③,以及其他各种部族。"④

---

① *Alcuini sive Albini epistolae* 124, ed. Dümmler, 183; *Beowulf*, line 2064, ed. R. D. Fulk, Robert E. Bjork, and John D. Niles, *Klaeber's Beowulf and the Fight at Finnsburg* (Toronto, 2008), 70; trans. R. M. Liuzza, *Beowulf: A New Verse Translation*, Broadview literary texts (Peterborough, Ont., 2000), 116; John D. Niles, Tom Christensen, and Marijane Osborn, eds., *Beowulf and Lejre*, Medieval and Renaissance Texts and Studies 323 (Tempe, Ariz., 2007), 237; RGA 22.104 – 105, s. v. "Ongendus," by Roberta Frank.

② 770年左右生于今天的德国,卒于840年;法兰克撰史者、宫廷学者,其著作提供了关于查理曼及其帝国的宝贵信息。——译者注

③ 也拼作Aestii or Aests,古代波罗的海沿岸居民,可能分布在今天的加里宁格勒一带;首次提及该族群是古罗马历史学家塔西佗的《日耳曼尼亚志》。——译者注

④ Einhard, *Vita Karoli Magni*, 12, ed. Waitz, 15.

在艾因哈德写书的年代,加洛林王朝的文化之辈以及国王们已经不再拿丹麦人那骇人的异教开玩笑,他们开始认真考虑在丹麦寻找同盟者,以及可能转变信仰、被拉入基督教的人。他们知道的情况也更多,因为萨克森人在二三十年前已经被驯服,他们中很多人已在法兰克帝国各处定居,肯定带来了关于其北方邻居的地理信息。哈拉尔(Harald)[1],一个自称为丹麦国王的人于826年现身于虔诚的路易(Louis the Pious)——查理曼的儿子及继承者[2]——的宫廷,在美因兹城外靠近英格尔海姆(Ingelheim)[3]的帝国宫殿的圣阿尔班大教堂,他与家人以及所有的下属一起接受洗礼,场面奢华、壮观[4]。这是一大胜利:丹麦人的王归顺了基督,他洗礼中的教父则是法兰克的皇帝。路易以为丹麦人从此就是盟友了,然而,很不幸,他错判了形势。实际情况是,丹麦不欢迎哈拉尔回去,而且,尽管他的教父派来了援军,他也未能打回老家。哈拉尔靠帝国豢养终其一生。虔诚的路易去世后,加洛林帝国被其3

---

[1] 哈拉尔是数个国王和小统治者的名字;本句的哈拉尔是Harald 'Klak' Halfdansson,其生卒年可能是785—852年,他的父亲是谁也无定论;于812—814年及819—827年为日德兰(可能还有丹麦的其他地区)的国王;根据《皇家法兰克编年史》,他与法兰克皇帝虔诚的路易结盟,后者于815年助他起兵欲夺回王权,又于823年为他调停权力纠纷;827年再度失权后,哈拉尔虽然仍有一定的地方势力,但再无力问鼎王位,法兰克统治者也对他失去了兴趣。——译者注

[2] 生卒年为778—840年;其父查理曼于814年去世后,他继位成为法兰克帝国皇帝,833—834年被兰斯大主教埃博惩罚短暂去职;他去世后,他的三个儿子(秃头查理、日耳曼的路易和罗塔尔一世)通过843年签订的凡尔登条约瓜分帝国,法国、德国和意大利雏形初现。——译者注

[3] 位于今天德国的美因兹—宾根地区、莱茵河的西岸,查理曼大帝在此建造了帝国的宫殿,840年虔诚的路易在此去世,帝国议会两次在此举行。——译者注

[4] Johann Friedrich Böhmer, Engelbert Mühlbacher, and Johann Lechner, *Die Regesten des Kaiserreichs unter den Karolingern, 751–1918*, 2d ed., Regesta imperii (Innsbruck, 1908), no. 829d.

个儿子瓜分,哈拉尔甚至还应其中一个儿子之请,在另一个儿子的领土上搞过袭击①。

然而,第一个有组织的传教团也是在820年代去往斯堪的纳维亚,先到丹麦,然后在820年代末也到了瑞典。兰斯大主教埃博于823年首次去往丹麦;过了几年,他的助手安斯加(Ansgar)②去往瑞典。看起来,北方的异教已不再无法渗透。③

法兰克人的利益范围拓展至自己疆域外的东北地带,加上斯堪的纳维亚的海盗们进犯西欧,欧洲人心目中的斯堪的纳维亚变成一个更为清晰、有形的存在。在公元800年之前,查理曼的廷臣们对北方的地理情况只有一些模糊的概念,而艾因哈德对波罗的海的描绘却能让人认出他在说什么地方。不过,在威德金特于776年逃亡到丹麦人那里之前,斯堪的纳维亚也并非完全不为人知。自古希腊人以来,博学的地理学家们在著作中模糊地提及斯堪的纳维亚,而且用从商人和士兵那里听来的东西充实自己的相关知识。例如,历史学家约尔丹内斯(Jordanes)④——其写作的时间是550年代,地点是君士坦丁堡——知道瑞典人"拥有上佳的马匹……,[而且]通过无数其他民族的人把蓝水貂毛皮贩运到此进

---

① Horst Zettel, *Das Bild der Normannen und der Normanneneinfälle in westfränkischen, ostfränkischen und angelsächsischen Quellen des 8. bis 11. Jahrhunderts* (München, 1977), 285; Janet Nelson, "The Frankish Empire," in *The Oxford Illustrated History of the Vikings*, ed. Peter Sawyer (Oxford, 1997), 22–24.

② 生卒年为801—865年;出生于亚眠附近的一个贵族家庭,受到良好的教育;他积极参与北欧的传教活动,被誉为"北方的使徒";831年被任命为汉堡—不来梅大主教;本书多个章节涉及他的生平、宗教活动。——译者注

③ 见本书第8章。

④ 其名也拼作Jordanis,6世纪罗马的公职人员,后转向历史写作;作品有《罗马史》(佚失)、《哥特人事略》(*The Origin and Deeds of the Getae/Goths*),后者的价值在于它是那个时期唯一留存下来的关于哥特人的资料,此外,该书还提供了斯拉夫人的早期历史和风俗方面的信息。——译者注

行交易"。他还能说出几个生活在斯堪的纳维亚的"民族"的名字①。尽管如此,斯堪的纳维亚却是在8世纪末才进入欧洲历史以及欧洲人的意识的。那么,是什么样的原因让这一变化发生在这一特定的年代?

一个答案是,法兰克王国向东北方向扩张,致使该地区、特别是丹麦与欧洲的"文明"国家有了更多的接触。然而,这一答案并不全面,甚至也没有涉及最重要的方面。斯堪的纳维亚在欧洲舞台上亮相的最重要的原因应该在斯堪的纳维亚内部寻求:当8世纪之时,那个地方的情况正在发生重要的变化。这些变化将在其后几个世纪中持续下去,最终导致斯堪的纳维亚的几个王国的诞生。这些王国接受了基督教——虽然助祭保罗和阿尔昆对此持怀疑态度。作为基督教国度,这些王国与其他欧洲中世纪王国地位相当,尽管可能在一定程度上还有些古怪、陌生,但已经不是查理曼的廷臣想象中的完全不同、可怖的化外之域了。

如果说欧洲人在8世纪末转变态度,开始认真看待斯堪的纳维亚,那么,这个世纪也是斯堪的纳维亚内部情况变化的一个分水岭。本书研究的是斯堪的纳维亚社会发生的根本性转变,转变的过程延续很久,其开端就在这个时期。本章的以下部分将首先对斯堪的纳维亚地区8世纪时的权力结构做一个概述,为后面的章

---

① Jordanes, *Getica* 3.21, ed. Theodor Mommsen, *Jordanis Romana et Getica*, MGH Auctores antiquissimi 5 (Berlin, 1882), 59; trans. Charles C. Mierow, *Jordanes, The Origin and Deeds of the Goths, in English Version* (Princeton, 1908), 7. Lauritz Weibull, "Upptäckten av den skandinaviska Norden," *Scandia* 7 (1934), repr. in Lauritz Weibull, *Nordisk historia: Forskningar och undersökningar* (Lund, 1948), 1.71-126.

节对转变的描述打下一个基础①。然后,我将着重提出一些变化——这些变化预示,维京时期的斯堪的纳维亚将经历更加根本性的转变。

在8世纪的斯堪的纳维亚地区,大殿(或大厅)在权力布局中的作用令人瞩目②。这些大殿——说得更确切一点——这些大殿的建筑废墟的作用是向我们提供早期中世纪权力的一种形象。建造大厅的传统始于4世纪左右,肯定是模仿——至少是些微地模仿——古罗马官员接见客人的柱廊大厅。所谓的大殿是大体量的建筑,内部宽敞,顶棚很高,而且内部起支撑作用的柱子很少(见图1和图2)。大厅正中或靠近正中设有火炉,但并非用于烹饪,也不是工艺品,而是为室内提供光和热。大殿真正的中心是头领的装饰豪华的高椅③。他坐在高椅上,俯视宾客和随从,带领他们大吃大喝,饮蜂蜜酒,举行献祭仪式。而当战火燃起,献祭仪式就在殿外露天举行。产生群体凝聚力的人际关系正是在这里得到彰显和维系。

考古学家在斯堪的纳维亚的大殿废墟里找到了当时最奢侈的用品的证据。其中最豪华的物件是玻璃制作的成套饮酒器皿,足够六七个人使用。至少在四个不同的大殿里都发现了这样的饮酒

---

① 关于丹麦的形成,Wickham 的 *Framing the Early Middle Ages*, 364-376, 提出了一个观点。

② Frands Herschend, *Livet i hallen: Tre fallstudier i den yngre järnålderns aristokrati*, Occasional Papers in Archaeology (Uppsala), 14 (Uppsala, 1997); RGA 13. 414-425, s. v. "Halle," by F. Herschend; Stig Welinder, *Sveriges historia: 13000 f. Kr. -600 e. Kr.*, Norstedts Sveriges historia (Stockholm, 2009), 410-428.

③ KLNM 7. 289-294, s. v. "Högsäte," by Wilhelm Holmqvist, Hilmar Stigum, and E. A. Virtanen.

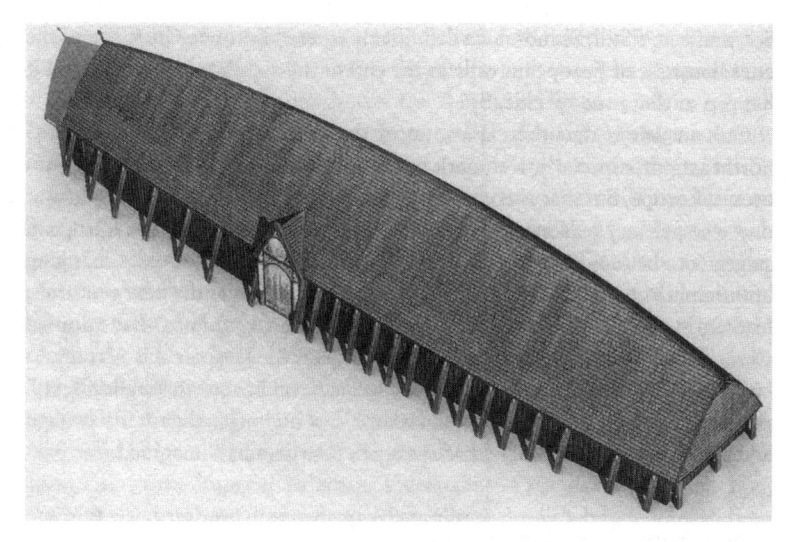

图1. 在欧洲北半部已经发现的早期中世纪大殿中，勒伊莱（Lejre）的这一座最大。头领在宽敞的大厅里借助盛宴、畅饮蜂蜜酒和葡萄酒、赠送礼品以及举行宗教仪式维系与手下武士的关系。对大殿遗址的考古发现提供了该建筑物的有力证据，在此基础上，由电脑做成这幅精细的复原图。原建筑物上起装饰作用的细部肯定寿命短暂，图中的细部是在把握相关情况的基础上创作而成。由 Nicolai Garhøj Larsen，EyeCadcher Media 及罗斯基勒博物馆提供。

器皿[①]，而在其他的大殿废墟中找到了单件的玻璃器皿。在早期中世纪，斯堪的纳维亚地区并不生产玻璃，需要花重金从法兰克帝国、甚至更远的地方进口。早期中世纪的诗篇《贝奥武甫》显示，在大殿里举行的仪式中，饮酒是重要的组成部分。《贝奥武甫》中这样描述国王荷罗斯加的大殿希奥罗特中的情形：

---

① RGA 13.419: Dejbjerg, Dankirke, Helgö, and Borg.

> [荷罗斯加的王后薇尔皙欧]四处走动
> 从珍贵的杯中向武士们——无论年少或年高——
> 斟上一份酒;最后这位佩戴臂章、
> 心地高贵的王后,手持斟满
> 的酒杯,来到贝奥武甫面前。①

那个酒杯之所以宝贵并不在于它的制作材料宝贵,或里面盛的酒水,而在于它与头领的声望及权力的关联。头领的声望和权力集中体现在大殿上,而且特别是在那把高椅上。难怪口喷烈焰的巨兽践踏国土时,贝奥武甫伤心的不是有人丧命,而是大殿和他的高椅被毁。怪兽降临,生灵无一幸免:

> 恐怖降临,贝奥武甫迅疾接到消息,
> 他的家,最华美的建筑,
> 还有耶阿特人赠送的宝座(高椅),
> 已在滚滚烈焰中焚毁。在头领经受的
> 痛苦中,这是最大的悲哀。②

---

① 由于英语诗篇《贝奥武甫》采用了(或想象出)一种不列颠诸岛和斯堪的纳维亚地区共有的武士文化,我认为可以用这部作品说明早期中世纪北欧地区对包括礼品馈赠、头领、珍奇物品以及忠诚等等的看法和态度。关于这部作品的确切年代虽然长期存在争论,但从这一视角进行审视,这一问题并不重要;see Roberta Frank, "A Scandal in Toronto: The Dating of 'Beowulf' a Quarter Century On," *Speculum* 82 (2007), and Fulk, Bjork, and Niles, *Klaeber's Beowulf*, clxiii – clxxx.

② *Beowulf*, lines 2315 and 2324 – 2328, ed. Fulk, Bjork, and Niles, 80; trans. Liuzza, 124.

每个头领都有一个大殿,考古学家发现的所有大殿都是头领的权势的证据。考古学家发现了许多8世纪时使用的大殿,因此可以肯定当时有不少头领颇有权有势。①

图 2. 倾斜的木柱支撑屋顶,由于这一结构,勒伊莱的大殿的室内空间开放、宽敞,起支撑作用的立柱寥寥无几。由 Nicolai Garhøj Larsen, EyeCadcher Media 及罗斯基勒博物馆提供。

在斯堪的纳维亚半岛西南部的哈兰(Halland)地区、位于今天的瑞典境内的名为斯留英格(Slöinge)的地方有一座大殿,坐落在

---

① 在早期中世纪的斯堪的纳维亚,权力掌握在诸多头领手中的观点常见于各类文献,如 Mats Burström, *Arkeologisk samhällsavgränsning: En studie av vikingatida samhäll sterritorier i Smålands inland*, Stockholm Studies in Archaeology 9 (Stockholm, 1991)。

苏塞昂河(Suseån)附近的山脊上,是8世纪的大殿的实例[①]。710年左右,一个头领建造了一座新的大殿,几乎长达30米,最宽处有8.5米。这座大殿坐落之处以前有过其他的大型建筑。根据考古学家发现的残迹判断,有资源、有能耐的头领们在5世纪、6世纪就在斯留英格安家了。

20　　在大殿所在地发现的许多玻璃碎片表明,住在斯留英格的头领们能够搞到巨大的财富和丰富的资源。考古学家发掘出至少24个各色玻璃器皿的碎片。应该说这是个很大的数字,特别是考虑到他们只对该定居点进行了部分发掘。考古学家也找到57片带有人像的金箔(见图3),其中有些人物好像是在相互拥抱、甚至在接吻。这些金箔多数是在一根支撑屋顶的柱子旁边找到的——这种地方往往能发现此类形象。在斯堪的纳维亚,类似的金箔形象出现在40来个考古地点——一般都是与大殿和其他高档场所相关的地方。金箔的功能究竟是什么?关于这个问题有很多争论,但学者们大多认为它们用于宗教场合。在斯留英格发现的东西充分说明,该地的大殿里住着一个权势很大的人物。

21　　从挪威北部的罗弗敦群岛(Lofoten)的博尔格(Borg),到瑞典东部的老乌普萨拉(Gamla Uppsala),再到日德兰半岛南部的丹克

[①] 由于任何中世纪文献中都未提及这个大殿,人们便以其所在地的现代地名命名它。关于哪里可能提到这一大殿,见 Lars Lönnroth, "Hövdingahallen i fornnordisk myt och saga: Ett mentalitetshistoriskt bidrag till förståelsen av Slöingefyndet," in "... gick Grendel att söka det höga huset ...": Arkeologiska källor till aristokratiska miljöer i Skandinavien under yngre järnålder, ed. Johan Callmer and Erik Rosengren (Halmstad, 1997). 关于插图1和2的说明, see Nicolai Garhøj Larsen, "Virtual Reconstruction: The Viking Hall at Lejre," in Beowulf and Lejre, ed. Niles, Christensen, and Osborn.

图 3. 位于斯留英格的一个大殿中的一片薄金箔;金箔显现出人形,但无法确认这些人形是谁,或者金箔的用途;不过大多数学者认为它们带有某种宗教含义。图片摄影:Gnnel Jansson,由斯德哥尔摩的国家博物馆提供。

尔克(Dankirke)分布着许多类似的 8 世纪大殿,斯留英格的这一座只是其中之一。每座大殿都是一个权力中心,一个强势人物及其追随者的活动中心。斯堪的纳维亚地区一共发掘出大概 30 至 40 座公元 1000 年间建起的大殿[①]。一个头领邀请其手下来享用盛

---

① Welinder, *Sveriges historia*, 426.

宴、畅饮蜂蜜酒之时,他有多大的实力也就一清二楚了。忠诚于他的人会应召而至,他们的忠诚度则随着大殿宴饮的喧嚣声而增强。我们不妨想象,顶级的除外,所有头领的势力基本上都局限于当地。然而,我们必须记住,头领控制的不是地盘,而是人;哪里的居民听他的召唤,哪里就是他的势力范围。有的人可能从比较远的地方赶来,而近处的人也有可能因为这样那样的原因不愿过来跟头领喝蜂蜜酒。

不难设想,拥有大殿的各头领们彼此之间怀有戒心,有时结为盟友,有时彼此闹翻打起仗来,有时则讲和或至少达成一种尴尬的休战协定。把你不喜欢的头领的大殿放火烧掉是对他的一种重大打击,贝奥武甫发现自己的大殿被焚毁后的反应就是一例。考古学家还真的发现,众多被焚毁的大殿有时——但不总是——事后又在原址重建。在斯堪尼亚(Scania)的乌普克拉(Uppåkra)①,先后建于同一地点的几个大殿都烧毁了,公元400年左右烧毁的一个大殿里有3个成年人被烧死。当然,大殿着火的原因很多,并非都与战争和战败有关。但是有些大殿里的玻璃器皿被毁的方式似乎带有仪式化的意味,说明这是仇恨之举②。《贝奥武甫》颂扬丹麦人的事迹以及荷罗斯加国王的神话型的祖先,他们攻下了许多大殿,下面的诗行描绘了大殿内部的一个最显眼的特征——即"长凳",宴饮时头领的追随者坐的长凳:

齐尔德·谢冯(Scyld Scefing)常常从许多

---

① 斯堪尼亚位于瑞典南端,包括斯堪的纳维亚半岛的南端及其周边的一些小岛;乌普克拉则是斯堪尼亚地区的隆德市以南5公里处的一个村庄。——译者注

② RGA 13.420. Frands Herschend, "Hus på Helgö," *Fornvännen* 90 (1995): 227; Welinder, *Sveriges historia*, 426.

部落和敌人的军队手里夺来长凳,
往郡主们的心里扎入恐惧①。

8世纪之前,大殿分布很广,而到了8世纪,建造大殿以及相关的权力争斗的形势变得更为激烈。不过,以目前的研究状况而论,这样的论点主要出自于印象,而不是坚实的证据。我通过探讨大殿想证明的主要观点是,在8世纪的斯堪的纳维亚地区,许多人都拥有权力,即使——如果与后来的国王们相比——只是一点小权力。一般而言,我们可以认为,那些有权有势的人物为了一点权力便相互争斗,下面几章将讨论支撑这一看法的证据。

年代晚些的中世纪撰写者想象斯堪的纳维亚的历史时,他们一般都把自己所处时期的政治形势——三个斯堪的纳维亚王国分别由自己的一个国王统治——投射到之前的时期,他们就这样想象出早期中世纪的"民族的"国王。然而我们必须留心,不能接受他们的看法。早期中世纪的斯堪的纳维亚地区的权力呈碎片状;而本书希望讲述的故事的一部分正是这类政权巩固、整合成大家熟悉的3个中世纪王国的情况。

8世纪充满活力,适合充当我们的故事的起点。此前的语言形态——即原初斯堪的纳维亚语——在8世纪左右演变成古斯堪的纳维亚语;而且,也正是在这一时期,16个一套的如尼字母取代了原初斯堪的纳维亚如尼文的24个字母②。语言上的这些重大变化

---

① *Beowulf*, lines 4-6, ed. Fulk, Bjork, and Niles, 3; trans. Liuzza, 53.
② Sven B. F. Jansson, *Runes in Sweden* ([Stockholm], 1987), 25-26; Else Roesdahl, *The Vikings*, 2d ed. (London, 1998), 48; Lars Magnar Enoksen, *Runor: Historia, tydning, tolkning* (Lund, 1998), 66.

说明那里的社会发生了重大的变化,此类变化在考古发现的事实中也有显现。

有权有势的人在8世纪搞起大型建筑,显示他们有能力命令多人干活;不仅于此,这也说明他们能够运用已有的势力进一步扩大自己的权势。在早期中世纪的斯堪的纳维亚,最大的建筑工程是叫做丹麦边墙(Danevirke)的系列防御工事。这座巨大的土墙高两米,以木材加固,并配有壕沟,沿日德兰半岛与大陆的交接处延伸七公里。其西侧有一条沼泽型的河流,给进攻者造成不易跨越的障碍;而其东端位于——或靠近——波罗的海的一个名叫施莱湾(Schlei)的狭长海湾的上端。修建土墙使用的木材至少部分来自737年砍伐的树木。决定建墙的那个人可能想增强对来自南部的攻击势力的防卫能力,虽然此类建筑只能展示建造者的能耐,在军事上却没有多大的实际用途。该建造者也有可能把土墙用作早期中世纪征收税费的关卡:对陆路商贸征收税费的结果是,原本就有权势的头领通过控制丹麦边墙变得更为强大①。

在比建土墙略早的726年,在日德兰半岛以东的萨姆斯小岛(Samsø)上修建了一条横贯该岛的运河,从岛上可以看见所有航行在通向波罗的海的两条最佳航道上的船只(即通过丹麦的两个海

---

① Jensen, *The Prehistory of Denmark*, 265 - 266; Peter Sawyer, ed., *The Oxford Illustrated History of the Vikings*(Oxford, 1997), 5; Paolo Squatriti, "Digging Ditches in Early Medieval Europe," *Past and Present*(2002); Wickham, *Framing the Early Middle Ages*, 366; RGA 5. 236 - 243, s. v. "Danewerk," by H. H. Andersen; Pulsiano and Wolf, eds., *Medieval Scandinavia*, 120 - 121. 在734年弗里斯兰人的一次反叛后,法兰克王国的行政长官锤子查理彻底击败他们;这一事件或许使730年代成为构筑类似丹麦边墙的防御体系的恰当时机。Pierre Riché, *The Carolingians*: *A Family who Forged Europe*, trans. Michael Idomir Allen, Middle Ages Series (Philadelphia, 1993), 40.

峡,大贝尔特海峡和小贝尔特海峡)。借助这条运河可以迅捷地拦截沿上述任一航道驶入或驶出波罗的海的任何船只,因此,谁控制了萨姆斯岛上的运河,谁就可以向过往船只征收税费,或者干脆不准其通过。当年修建丹麦边墙和萨姆斯岛上的运河应该使用了大量人力,费了许多时日。调动了这么多工时,其建造者确实势力强大,而这两项工程又可能让他们变得更为强大。这两项工程有可能由同一个人安排上马,此人的势力因此可能从日德兰半岛的南部一直延伸至丹麦诸岛以北的海路。不过还有一种可能的情况,即看到一个头领开凿萨姆斯岛上的运河,另一个头领产生的反应就是建起丹麦边墙。

上述分析也适用于8世纪早期丹麦的另一项建设工程——日德兰半岛的西南岸边的里伯城(Ribe)。该城最初修建的时间在704年到710年左右,城里工匠熙来攘往,有鞋匠、陶工和珠宝匠,他们生产头领们可能需要的东西。在里伯城兴建之前的数个世纪里,工匠们在紧贴该地南侧的丹克尔克[①]的大殿里干活。丹克尔克与瑞典东部的海尔戈岛(Helgö)上的大殿建筑群类似,工匠们在里面生产头领们用得上的东西,到8世纪初这种情况已经持续了几个世纪。海尔戈岛上和丹克尔克的头领们有工匠就近替他们干活,而里伯城的兴建(究竟由丹克尔克的头领或他的一个竞争者?)却标志着一种新的开端。里伯是一个专用的地块,它不再是有工匠干活的大殿,而是一座专门为工匠(有可能也为商人)建起的城镇。这种情况预示将要出现的形势:在此后的百年中,工匠不再在

[①] 新石器时代就是一个居民点;在公元700年前它是丹麦的一个重要商贸城镇。——译者注

海尔戈干活,而在附近的另一个岛上的比尔卡城(Birka)却出现了为数众多的工匠。与里伯城的情况相仿,比尔卡没有规划成围绕大殿铺开的城镇。在环波罗的海和北海以及其他的便利地带涌现出工匠和商人的其他聚居之地。此类城镇涌现之时,大殿遭遇到相反的命运:随着一个个被焚毁,它们的数量越来越少。海尔戈的大殿在800年左右被毁①,斯留英格的那一座则消失于在9或10世纪的某个时间点。在斯堪的纳维亚,几百年间,数量过剩的领主盘踞在自家大殿中,他们最终被几个自称为国王的最强势分子取代。

8世纪时斯堪的纳维亚地区的勃勃生机催生了这一变迁。众所周知,维京人的劫掠行径始于790年左右,差不多与此同时,法兰克人则高度警惕丹麦人动向;这两个情况均由斯堪的纳维亚的大形势造成。然而,8世纪仅仅是这些变迁、发展的起始阶段,真正的大发展将出现在其后的几百年间。

---

① Herschend, "Hus på Helgö."

第 2 章 维京人来袭

"主啊,野蛮的斯堪的纳维亚人毁坏了我们的家园,把我们从他们手中解救出来吧。他们勒死老人、青年和纯洁的少年。求主把祸害我们的邪恶统统驱走。"①9 世纪时法兰克帝国的居民如是祈祷,这一祷文促成了早期中世纪斯堪的纳维亚人的恶名——嗜血、残暴的海盗。"维京"在大众文化中成为与疯狂的暴力相连的词语。然而,维京人感兴趣的其实不是暴力和破坏本身,他们的目的是获取财富,因为财富能给他们的头领带来慷慨的声誉,吸引武士们投奔其麾下。维京人在一切可能的地方、动用一切可能的手段搜寻财富,目的是用于政治需要。

维京人在 793 年进行的一次侵袭第一次在欧洲人的脑海里留下经久不灭的印象。如《盎格鲁—撒克逊编年史》②所述,事发之前

---

① Ninth-century antiphonal in the Bibliothèque Nationale de France, ed. Léopold Delisle, *Littérature latine & histoire du moyen âge*, Comité des travaux historiques et scientifiques: Section d'histoire et de philologie Instructions aux correspondants (Paris, 1890), 17; 这里的引文是 Frank Birkebæk, *Vikingetiden i Danmark* ([Copenhagen?], 2003), 123. 中抄本的照相版的译文。

② 古英语撰写的盎格鲁—撒克逊编年史集结;最早撰于 9 世纪晚期阿尔弗雷德大帝时期,诸多的抄本分藏于英吉利各地的修道院,独立续编,有 9 个抄本保存至今;虽然里面的记录质量不均,它是英国历史上盎格鲁—撒克逊时期最重要的资料来源,加上比德的《英吉利教会史》,为后人提供了从罗马占领到诺曼人征服之间的一些历史面貌;此外,它体现了古英语到早期中古英语的变迁,并具有一定的文学价值。——译者注

顺理成章地出现了吓人的征兆：

> 793年，诺森比亚到处出现吓人的征兆，人们惊恐万分：巨大的闪电划破天空，人们看见火龙在空中飞行。紧跟这些征兆的是一场大饥荒；再过了一段日子，就在当年的1月（是6月的误写）8日，异教徒来袭，烧杀抢掠，林迪斯法尔纳岛上的教堂被毁，惨不忍睹。①

林迪斯法尔纳位于英吉利北部，是典型的受爱尔兰影响的修道院之一，插图精美的林迪斯法尔纳豪华版福音书最初就收藏于此，今天则位列大英图书馆最宝贵的藏品。该修道院位于诺森伯兰郡沿海的一个潮汐岛上显著的位置。著名的学者阿尔昆生长于诺森伯兰，他自愿背井离乡来到查理曼的宫廷。当听说这一灾难，他给林迪斯法尔纳的社群首领希格波德主教去信安慰道：

> 你们每日的悲苦使我忧伤，因为异教徒们亵渎了上帝的圣殿，使圣徒〔指众修士〕血溅圣坛，毁掉了我们的希望之宫，践踏圣徒的躯体，"仿佛他们是街上的污物"。我的心只能在基督的圣坛前呼喊："哦，主啊，别让你的子民遭罪了，你赐予我们的不要给那些异教徒，以免他们说，'基督徒的上帝何

---

① *Anglo-Saxon Chronicle*, s. a. 793, ms E, ed. Irvine, 42; trans. Swanton, 55 and 57. 1月份从海上攻入的可能性不大，而且拉丁文的 *Annals of Lindisfarne* 中的日期是6月8日，抄写员很容易把6月（June）误看为1月（January）；见 *Annales Lindisfarnenses et Dunelmenses*, s. a. 793, ed. G. H. Pertz, MGH SS 19（Hanover 1866），505.

在?'"倘若圣库思伯特(St. Cuthbert)和这么多圣徒都不护卫他们自己的圣所,那么不列颠的教堂还有什么信心?此次灾难是大难的开端,还是此地居民所犯罪孽的结果?它并非出自偶然,而是某种大罪的征兆。①

阿尔昆的文字体现了一个早期中世纪教士的一些情感,他的语言精致,辞藻华美,充满了《圣经》引语和典故。此外他以末世论的眼光审视斯堪的纳维亚人的侵袭,把维京人视为上帝对世人罪恶的惩罚。阿尔昆在思忖对林迪斯法尔纳的劫掠是否为"大难的开端"的时候,他其实并未预感到维京时期正在开启。他想知道的是,诺森伯兰的灾难是否如先知所言预示着大难,是在为世界末日做好准备。正如大多数中世纪的基督徒,阿尔昆深信基督的二次降临已为时不远。

林迪斯法尔纳遭到劫掠,世界末日并未尾随而至,然而在此后的几个世纪中,不列颠诸岛和欧洲大陆均遭到多次劫掠,其中有些甚至比林迪斯法尔纳之难更为惨痛。然而,这些侵袭的进展却很慢。在793年的林迪斯法尔纳之劫后的几十年间,侵袭主要发生在不列颠诸岛的北部,而且是规模小、彼此无关的孤立事件。维京人集中抢修道院——一般而言,修道院没有设防,容易得手。796年,他们抢劫了著名的神学家比德的位于杰罗(Jarrow)的古老修道

---

① *Alcuini sive Albini epistolae* 20, ed. Dümmler, 56–58; trans. Dutton, *Carolingian Civilization*, 109–110. 阿尔昆借用了《圣经》语言,例如《以赛亚书》5:25,《约珥书》2:17; See also Zettel, *Bild der Normannen*, 195–196.

院（坐落在泰恩河畔，在林迪斯法尔纳往南一段距离）；①而在苏格兰西海岸外的艾奥那岛（Iona）上那个声名显赫、资产富裕的修道院则于795年、802年以及805年反复被袭，②最后一次有68个修士被"异教徒"——即维京人——杀害。院长和幸存的修士都感到已经受够了，于是在807年把修道院和圣科伦巴（St. Columba）③的圣骨、遗物从艾奥那岛搬到了爱尔兰的凯尔斯（Kells）④。维京人抢了就跑的小规模袭击持续不断。例如，他们在821年从爱尔兰的霍斯（Howth）抢走大批妇女（可能打算卖作奴隶）；到了824年又跑到同样坐落在爱尔兰的班戈（Bangor），把圣康高（St. Comgall）⑤的遗骨从圣物箱里"抖落"出来。⑥对抢掠者而言，圣物箱显然比里面的圣徒的遗骨要值钱得多，虽然圣物遭到的大不敬更让编年史作者生气。不过，守卫者不时也能击退维京人，例如，两股

---

① *Anglo-Saxon Chronicle*, s. a. 796, ms E, ed. Irvine, 42; trans. Swanton, 57.

② Seán Mac Airt, ed. and trans., *The Annals of Inisfallen MS. Rawlinson B503* (Dublin, 1951), 118 - 119; Seán Mac Airt and Gearóid Mac Niocaill, eds. and trans., *The Annals of Ulster (to A. D. 1131)* ([Dublin], 1983), 258 - 259 and 262 - 263. See also Donnchadh Ó Corráin, "Ireland, Wales, Man, and the Hebrides," in *The Oxford Illustrated History of the Vikings*, ed. Sawyer; Donnchadh Ó Corráin, "The Vikings & Ireland," Corpus of Electronic Texts (CELT), ([c. 1991]), http://www.ucc.ie/celt/General%20Vikings%20in%20Ireland.pdf.

③ 生卒年为521—597年，爱尔兰人，修道院住持；多年在今天的苏格兰传播基督教，是爱尔兰和苏格兰的重要圣徒。——译者注

④ Mac Airt and Mac Niocaill, eds. and trans., *Annals of Ulster*, 262 - 263.

⑤ 生卒年为约516—602年；创建班戈修道院（位于今天的北爱尔兰），并任住持；与圣科伦巴关系密切，但无法确认二人是否为师徒关系。——译者注

⑥ Mac Airt and Mac Niocaill, eds. and trans., *Annals of Ulster*, 276 - 277 and 280 - 281.

"异教徒"于812年在爱尔兰被"歼灭"。① 史料中关于9世纪头30年中维京人的抢掠活动的记载甚少,更让法兰克皇帝及其编年史撰写人担忧的是与丹麦的国王们的外交关系。斯堪的纳维亚人在810年对低地国家的弗里斯兰进行了一次重大袭击:他们蹂躏弗里西亚群岛,强迫被征服之地缴纳100磅银子的贡赋。不过这是历史记载中830年前欧洲遭受的唯一一次重大侵袭。②

自830年代开始,形势剧变:斯堪的纳维亚人的来犯变得经常化,团伙越来越大,沿欧洲海岸的侵袭面日广,而且渐次闯入内地。例如,在834—837年,他们每年攻打(属于加洛林王朝的)弗里斯兰地带的商贸城多雷斯塔德(Dorestad),838年的一场风暴则阻挡了当年的侵袭③。教士普鲁登蒂乌斯(Prudentius)④于837年从亚琛的帝国宫廷的角度审视形势,以一种听天由命的心态指出:"此刻,斯堪的纳维亚人正采用其惯用的奇袭手法进攻弗里斯兰"。⑤在一个中世纪观察者的眼中,斯堪的纳维亚人的袭击已不完全是出乎意料之事。到840年代,他们驾船远达伊比利亚半岛实施抢掠;再过20年,西班牙、意大利以及非洲的地中海沿岸地带便都遭到了斯堪的纳维亚人的光顾。自840年代起,他们开始住在欧洲

---

① Mac Airt and Mac Niocaill, eds. and trans., *Annals of Ulster*, 268 – 269.

② *Annales regni Francorum*, s. a. 810, ed. Kurze, 181; trans. Scholz and Rogers, 91 – 92.

③ *Annales Bertiniani*, s. a. 834 – 838, ed. G. Waitz, MGH SS rer. Germ. (Hanover, 1883), 9 – 15; trans. Janet Nelson, *The Annals of St-Bertin*, Ninth-Century Histories 1 (Manchester, 1991), 30 – 39.

④ 即特鲁瓦的普鲁登蒂乌斯(Prudentius of Troyes),生于西班牙,861年卒于法国的特鲁瓦;任特鲁瓦主教,为法兰克编年史《圣伯廷编年史》(*Annals of St. Bertin*)续写了835—861年西法兰克帝国的可靠历史。——译者注

⑤ *Annales Bertiniani*, s. a. 837, ed. Waitz, 13; trans. Nelson, 37.

带防御设施的营地过冬，不再携带战利品回斯堪的纳维亚的老家。这一安排便于他们来年继续抢掠，也预示了其后将要出现的情况。斯堪的纳维亚人最终永久居留在欧洲更南的地带，再也不回到自己的北方故乡（见第4章）。

基于当时欧洲各地的教士记录的逐年大事概述（"编年史"），我们有办法列出整个维京时期的维京人来来去去的行踪。这样的记述会成为一连串的日期、或多或少晦涩不清或不起眼的地名及文献，严格而详尽，最终却相当乏味。我们不采用这种方式，而是从840年代的中期选取几年作为实例，呈现一幅体现维京人在欧洲造成的破坏的真实质朴的图景。到840年代中期，虔诚的路易的3个儿子在手足相残的争斗中已经达成一种古怪的和平，各人都稳稳地安坐在各自的国土上。阿拉伯人统治着伊比利亚半岛的许多地方，基督教国王们只是在半岛北部占了上风。不列颠诸岛此时分裂成诸多小王国，这是早期中世纪该地的常规状态。在此背景下，维京人的各色团伙于844—845年在西欧各地几乎均有现身。

在爱尔兰，维京人最早出现在西北部，到845年他们已经势力可观。他们掳走阿尔马（Armagh）的大修道院的住持福兰南（Forannán），及其下属和修院里的圣物。住持于第二年安然回到修道院，同时带回了圣帕特里克的遗物。虽然文献简略，关于放他回来的原因只字未提，这一回归肯定是交付了大笔赎金。洗劫杜纳梅斯（Dunamase）的很可能是另一股维京人，他们杀害了特里格拉斯（Terryglass）[①]的修道院住持艾德（Aed）和基尔代尔郡（Kildare）

---

① 特里格拉斯是爱尔兰的蒂珀雷里郡的一个村庄，这里的6世纪建起的修道院成为学术中心。——译者注

的修道院院长(Ceiternach),"以及其他多人"。《阿尔斯特编年史》(*The Annals of Ulster*)[1]也记载了845年维京人在爱尔兰的两个地方安营扎寨。一地是香农河畔的洛赫雷湖(Lough Ree)(他们以此为基地打劫康瑙特[Connaught]和米斯[Meath][2],焚毁了数个修道院),另一地在克拉恩安多尔(Cluain Andobuir)[3]。爱尔兰人进行反击,并取得一些胜利。大国王尼尔(Niall mac Áeda)[4]"在马格埃塔(Mag Ítha)一战击溃了异教徒",而迈尔塞克内尔(Maelsechnaill)[5]则抓获了维京人的首领Tuirgéis——这个名字在斯堪的纳维亚语中肯定是Thorgils,从而向大国王的地位又迈进了一步。维京首领被侮辱性地装入一个袋子,袋子的口被缝上、扔入奥韦尔(Owel)湖中,他溺水身亡[6]。维京人于840年代在苏格兰可能干成了什么样的事情?我们对此一无所知,因为根本没有任何文献保留

---

[1] 记述中世纪爱尔兰事件的编年史(从公元431年到1540年),以爱尔兰语写就,部分条目为拉丁语;从起始到1489年的部分于15世纪在爱尔兰的阿尔斯特省由Ruaidhri Ö Luinín编纂,之后的部分由他人添加;早期的内容采用了已有的编年史,晚近的则依据回忆和口述史。——译者注

[2] 康瑙特位于爱尔兰西部的康瑙特省,米斯则位于中东部的伦斯特省,曾经是大国王的所在地。——译者注

[3] 位于今天的奥法利郡的Killeigh村。——译者注

[4] 卒于846年;被称作Niall of the Callan,以区别于他的同名的孙子;他与爱尔兰的其他国王交战,845年打败劫掠爱尔兰的维京人(即此处提到的马格埃塔一战);次年溺毙于河中。——译者注

[5] 在《乌尔斯特编年史》中被称作"整个爱尔兰的国王",卒于862年;他于大国王尼尔死后成为国王,在位期间不断与爱尔兰的其他统治者以及维京人和外来的盖尔人作战。——译者注

[6] Mac Airt and Mac Niocaill, eds. and trans., *Annals of Ulster*, 302–305. See also Gwyn Jones, *A History of the Vikings* (London, 1968), 204–206; Alfred P. Smyth, *Scandinavian Kings in the British Isles*, *850–880*, Oxford Historical Monographs (Oxford, 1977), 127; and Ó Corráin, "Ireland, Wales, Man, and the Hebrides," 88.

至今来告知我们①。关于840年代中期的情况,英吉利的文献也缄默不语,因为《盎格鲁—撒克逊编年史》放入845年中的事件实际上发生在848年、即维京人遭到惨败的年份。来自萨默赛特和多塞特的一拨人由两位郡长和舍伯恩(Sherborne)②的主教带领,"在帕雷特河(Parret)的入海口与丹麦的进犯之师鏖战,杀敌无数,赢得胜利"③。《圣伯廷编年史》(*The Annals of Saint Bertin*)在844年一栏中记载的是,维京人对不列颠岛发起一场重大攻势。"一场持续3天的战斗结束,斯堪的纳维亚人胜出,他们四处洗劫、抢掠、杀戮,在各地肆意妄为"④。此处描述的维京人的胜利肯定是《盎格鲁—撒克逊编年史》记入840年的事件,而这一事件实际上发生在843年。⑤

我们虽然对844年或845年的英吉利和苏格兰所知有限,但对欧洲大陆的了解却比较多。"就在当年(845年),不信基督的人(维京人)从各处侵犯基督教地区",曾经在亚琛为法兰克皇帝虔诚的路易管理过图书的编年史作者格瓦德(Gerward)如是说⑥。一支

---

① B. E. Crawford, *Scandinavian Scotland*, Studies in the Early History of Britain ([Leicester], 1987), 40.

② 位于格罗斯特郡,8世纪末一座修道院在此地建起。——译者注

③ *Anglo-Saxon Chronicle*, s. a. 845, ms E, ed. Irvine, 46; trans. Swanton, 64-65.

④ *Annales Bertiniani*, s. a. 844, ed. Waitz, 31; trans. Nelson, 59.

⑤ *Anglo-Saxon Chronicle*, s. a. 840, ms E, ed. Irvine, 46; trans. Swanton, 64-65.

⑥ *Annales Xantenses*, s. a. 845, ed. B. de Simson, MGH SS rer. Germ. (Hanover, 1909), 14; trans. Dutton, *Carolingian Civilization*, 391. About Gerward, see Heinz Löwe, "Studien zu den Annales Xantenses," *Deutsche Archiv für Erforschung des Mittelalters* 8 (1951).

庞大的舰队进攻并摧毁了那"名为汉堡"的要塞——包括后来封圣的安斯加新建的教堂。海盗们"占领该城,大肆抢掠。……他们傍晚到达,当晚及第二天白天和夜里都在那里,烧光、毁掉所有一切,最后才离开。……城里的教堂……还有修道院被焚为灰烬。……教堂举行仪式的用品以及(安斯加)所有的珍藏品和其他的所有物均在敌人侵袭之时毁于抢劫和大火。"安斯加本人得以带着他最珍视的东西——教堂的圣物——逃出一命,只是把大氅丢了①。

维京人也继续往西进攻。格沃德称,弗里斯兰人杀掉了12000多个进犯的维京人,而在高卢则有600人被杀②。这些数字肯定是被夸大了,而且带有象征意义;格瓦德的编年史中类似的说法还有:朗纳尔(Ragnar)③在3月份率领120艘船沿塞纳河溯流而上直至巴黎。西法兰克人的国王派出军队堵截,维京人则沿着塞纳河两岸向前推进。朗纳尔径直向较弱的一部发起进攻,打败守军,抓获了111个俘虏(无疑又是一个带象征意义的数字)。朗纳尔在塞

---

① *Annales Fuldenses*, s. a. 845, ed. Fridericus Kurze, *Annales Fuldenses sive Annales Regni Francorum orientalis*, MGH SS rer. Germ. (Hanover, 1891), 35; trans. Timothy Reuter, *The Annals of Fulda*, Ninth-Century Histories 2 (Manchester, 1992), 23; *Annales Bertiniani*, s. a. 845, ed. Waitz, 32; trans. Nelson, 61; Rimbert, *Vita Anskarii* 16, ed. Waitz 37-38; trans. Robinson, 57-58. See also Hartmut Harthausen, *Die Normanneneinfälle im Elb-und Wesermündungsgebiet mit besonderer Berücksichtigung der Schlacht von 880*, Quellen und Darstellungen zur Geschichte Niedersachsens 68 (Hildesheim, 1966), 10-27; Walther Vogel, *Die Normannen und das fränkische Reich bis zur Gründung der Normandie (799-911)*, Heidelberger Abhandlungen zur mittleren und neueren Geschichte 14 (Heidelberg, 1906), 101-103.

② *Annales Xantenses*, s. a. 845.

③ 提到他的生平和事迹的有《盎格鲁—撒克逊编年史》以及几篇萨迦和诗歌,其中多少是史实、多少是传说无法确定;他是进犯英格兰和法兰克王国的灾星;在现代,他成为大众娱乐中的一个角色,如电影、电视系列片和一些电子游戏。——译者注

纳河中的一个岛上把俘虏吊死,让河对岸尚未被击败的那支军队看得一清二楚。朗纳尔以这种刻意设计的心理战打破了法兰克军队残余的抵抗,他的麾下进而抢劫了紧贴巴黎城、富裕的圣日耳曼修道院。国王秃头查理与维京人谈判条件,同意向朗纳尔支付7000磅银子,以此说服他带其维京帮伙撤走①。

维京人的确放弃了对巴黎和塞纳河谷的骚扰,但是他们往南"烧杀抢掠,彻底破坏了所有的沿海地带"。不过,有两位编年史家告诉我们,上帝为信奉他的子民报仇,他让维京人"眼睛瞎掉或精神错乱,结果只有少数几个得以逃脱,回去向其他维京人讲述了上帝的威力"。②这些陈述的来源看来并非各不相干,它们很可能都包含一种虔诚的主观愿望。

另一股维京人来到更南部的阿奎丹,于844年沿加龙河(Garonne)上溯,畅行无阻,在往图鲁斯的途中造成严重破坏。看来,他们中有一些人觉得打劫所获不够丰厚,于是便折转身来驶向伊比利亚半岛③,在那里落下一个"异教徒,而且太过残暴"的名声。阿斯图里亚斯的国王拉米罗(Ramiro)一世④击败了他们,战场就在

---

① *Annales Bertiniani*, s. a. 845, ed. Waitz, 32; trans. Nelson, 60 – 61; C. Smedt, ed., "Translatio sancti Germani Parisiensis secundum primaevam narrationem," Analecta Bollandiana 2 (1883). See also Vogel, *Normannen und das fränkische Reich*, 104 – 113; Einar Joranson, *The Danegeld in France* (Rock Island, Ill., 1923), 26 – 38; Simon Coupland, "The Frankish Tribute Payments to the Vikings and Their Consequences," *Francia* 26 (1999).

② Annales Bertiniani, s. a. 845; Annales Xantenses, s. a. 845; trans. Dutton, Carolingian Civilization, 391 – 392.

③ *Annales Bertiniani*, s. a. 844, ed. Waitz, 32; trans. Nelson, 60. See also Vogel, *Normannen und das fränkische Reich*, 116 – 117.

④ 生于790年左右,卒于850年;除迎战维京人外,他也与伊比利亚的穆斯林王国打过仗。——译者注

建于2世纪、迄今依然屹立的灯塔附近——当时它叫"布里甘希亚之灯塔"("Farum Brigantium")[1]，今天则被称作赫拉克勒斯之塔。"他杀死他们许多人，并放火烧了他们的船只"，据说烧了60条船。幸存的维京人继续向西、南方向驶去，于844年8月20日攻打里斯本，接着在11月11日攻打塞维利亚。他们在两地"抢夺战利品，以剑和火杀死许多（穆斯林）迦勒底人"。阿拉伯文献明言，塞维利亚在强攻之下陷落，但是又称，当年晚些时候维京人被击败，其中许多被吊死。[2]

正如我们所见，844—845年，几股不同的斯堪的纳维亚劫掠团伙活跃于从汉堡到塞维利亚的西欧沿海以及沿河地区。其中有几股——诸如那些攻打汉堡、巴黎和塞维利亚的——肯定人多势众。此后的几代维京人帮伙的规模变得更大，他们采用类似的方式继续侵袭，把范围向南扩展至地中海。

斯堪的纳维亚人也在汉堡以北、以东的地带抢掠，甚至还在老家斯堪的纳维亚地区抢掠。这一点容易被遗忘，因为那里的受害者与西欧人不同，极少留下文字记述。在传教士安斯加于850年

---

[1] 灯塔位于今天西班牙的加利西亚地区的科伦纳市。——译者注

[2] Yves Bonnaz, *Chroniques Asturiennes* (*fin IXe siècle*)(Paris, 1987), 53–54 and 204–207; Justo Perez de Urbel and Atilano Gonzales Ruiz-Zorrilla, eds., *Historia Silense*, Consejo superior de investigaciones cientificas, Escuela de estudios medievales: Textos 30 (Madrid, 1959), 143; Juan Gil Fernández, José L. Moralejo, and Juan Ignacio Ruiz de la Peña, *Crónicas asturianas*: *Crónica de Alfonso III* (*Rotense* y "*A Sebastián*"): *Crónica albeldense* (y "*profética*"), Publicaciones del Departamento de Historia Medieval / Universidad de Oviedo 11 (Oviedo, 1985), 142, 143, and 262; Jón Stefánsson, "The Vikings in Spain: From Arabic (Moorish) and Spanish Sources," *Saga-Book of the Viking Club* 6 (1908–1909); Roger Collins, *Early Medieval Spain: Unity in Diversity*, 400–1000, 2 ed. (New York, 1995), 193.

左右造访瑞典东部的比尔卡城不久,瑞典人就洗劫了波罗的海另一端的"阿普利亚城(Apulia)"①,该城的居民新近刚刚击败过一伙丹麦人。②

在位于今天的瑞典最南端的维斯特拉斯特鲁(Västra Strö)有一块如尼文石碑,为纪念"在一次远征北方的维京行动中死去的欧苏尔(Ozzur)"而竖立。③"维京"一词在此碑文中用作动词性名词,意思是"袭击,劫掠",由此可见,欧苏尔参加了一次以抢劫为目的的北征,我们不妨猜测抢劫地是瑞典或挪威的一个其他什么地方。

大举进犯英格兰

844—845年间的抢劫行径出自几拨人数不少但独立行动的维京人团伙之手。然而,在其后几十年间,不时出现行动协调的大规模团队。王国若遭到他们的攻击,便有可能风雨飘摇、甚至倾覆。

在《盎格鲁—撒克逊编年史》对865年的记载中,我们第一次听说到关于"大军"(micil here)或甚至"异教徒大军"(mycel

---

① 位于今天的拉脱维亚境内,不是意大利南部有与之同名的地区。

② Rimbert, *Vita Anskarii*, c. 30, ed. Waitz, 60 – 63; trans. Robinson, 96 – 100. 同时参阅 RGA 1. 375 – 376, s. v. "Apoule," by W. Holmqvist; Anders Ekenberg et al., *Boken om Ansgar*(Stockholm, 1986), 106; 该文将 Angsgar 第 2 次造访 Birka 的年代定在"849 年至 854 年之间的某个时段,而且很可能在 Ebo 于 851 年去世之后"(103 页)。

③ DR 334, ed. Erik Moltke and Lis Jacobsen, *Danmarks runeindskrifter* (Copenhagen, 1941 – 1942), 379 – 381; "Samnordisk runtextdatabas," (2009), Uppsala universitet, http://www.nordiska.uu.se/forskn/samnord.htm.

hæðen here)的事情。这支队伍肯定拥有千百艘船只以及千万名武士,他们在未来的30年中聚集不散,在英吉利和法兰克王国制造战祸,直至896年分崩瓦解。① 英吉利在865年有四个分割开的王国,而这支大军将导致那里的政治及人口版图发生巨变。"大军"摧毁了四个王国中的三个:诺森比亚、东英吉利以及麦西亚(Mercia)这三个王国分别于867年、869年和874年坍塌,仅有阿尔弗莱德大王(Alfred the Great)②治下的威塞克斯王国挺过战祸,而且只是勉强挺过。斯堪的纳维亚人起先在征服的国度里任用傀儡国王,但是不久就自己登台、直接统治了。

一个当上国王的维京人叫格思鲁姆(Guthrum)③。他以东英吉利为自己的权力根据地,与仅存的盎格鲁—撒克逊王国——阿尔弗莱德国王治下的威塞克斯——作战。到878年,二位国王同意议和;和约的内容包括格思鲁姆接受洗礼,并由阿尔弗莱德充当其教父④。他在洗礼中接受了新的名字埃塞斯坦(Athelstan)——一个体面、古老的盎格鲁—撒克逊王室之名。有一份和平条约保留至

---

① 关于船只和武士的数量,见 Zettel, Bild der Normannen, 234 - 236 and 243 - 246; Simon Keynes, "The Vikings in England, c. 790 - 1016," in *The Oxford Illustrated History of the Vikings*, ed. Sawyer, 54.

② 生卒年为847(9?)—899年,其中871—899年为威塞克斯国王;他抵抗维京人,挫败了后者的征服计划;提倡文化和教育,推进司法,进行军事、防御改革;是英国历史上唯一被加上"大王"称号的国王。——译者注

③ 卒于890年左右;丹麦法区的维京人的王。878年皈依基督教;带领丹麦人进犯盎格鲁—撒克逊人的英格兰,攻打威塞克斯的阿尔弗莱德大王,880—890年当上东盎格利亚的国王。——译者注

④ Arnold Angenendt, *Kaiserherrschaft und Königstaufe*: *Kaiser, Könige und Päpste als geistliche Patrone in der abendländischen Missionsgeschichte*, Arbeiten zur Frühmittelalterforschung 15 (Berlin, 1984), 267 - 269.

今，它可能出自上述事件，但更可能晚于该事件。条约对阿尔弗莱德和格思鲁姆的疆域之间的边界做了规定①，该边界或多或少与英格兰东部实施丹麦法的地区的边界相符——该地区有许多斯堪的纳维亚人定居，由斯堪的纳维亚的国王统治。使用古斯堪的纳维亚语的北方人曾涌入此地，今天那里的诸多地名以及居民的基因构成更是该迁徙的见证②。

"大军"在30来年的时间里人马聚集，袭击、推翻一个个王国。我们很难想象，从这支队伍拉起到它溃散，许多人自始至终都身在其中。在早期中世纪，武士的寿命预期不可能这么长，我们因此肯定，在敛聚到让自己心满意足的战利品后，许多人便回了老家，或者在新家定居下来。"大军"肯定不断地吸纳斯堪的纳维亚青年以补充各级人员，而且有可能也吸纳想入这一行的非斯堪的纳维亚人③。

"大军"溃散之后，抢掠行径却未停止。在896年间，武士们成群结队地离去，"有的去了东英格兰，有的去了诺森比亚。至于那

---

① Michael Swanton, *Anglo-Saxon Prose*, The Everyman Library (London, 1993), 6–7. *Anglo-Saxon Chronicle*, s. a. 875, 878, and 890, in ed. Janet M. Bately, *MS A*, vol. 3, *The Anglo-Saxon Chronicle: A Collaborative Edition*, ed. David Dumville and Simon Keynes (Cambridge, 1986), 49, 50–51, and 54; ms E, ed. Irvine, 50–51 and 53; trans. Swanton, 76–77 and 82–83.

② RGA 5.227–236, s. v. "Danelag," by H. Beck and H. R. Loyn; Jones, *A History of the Vikings*, 421–424; Keynes, "The Vikings in England, c. 790–1016," 63–69; S. S. Mastana and R. J. Sokol, "Genetic Variation in the East Midlands," *Annals of Human Biology* 25 (1998). 感谢耶鲁大学图书馆的Diana Quinones和Harvey Cushing/John Hay Whitney Medical Library的Mary Angelotti，感谢他们为我提供Mastana和Sokol的文章的复印件。

③ Christiansen, *Norsemen in the Viking Age*, 3–4.

些没有钱、没有财产的则弄来船只,走海路往南来到塞纳河。"①我们知道那些在洪德乌斯(Hundeus,或拼写为Huncdeus)的带领下渡海来到欧洲大陆的维京人在塞纳河流域抢掠,一路抢到其支流瓦兹河(Oise)流域;可以设想,去到东英格兰和诺森比亚的维京人就在那里定居下来。该地的加洛林王朝国王糊涂的查理(Charles the Simple)②不顾兰斯大主教富尔科(Fulco)的强烈劝阻,与洪德乌斯结盟,力图从非加洛林家族的篡权者奥多(Odo)③手中夺回他父兄的法兰克王国。很可能基于查理与维京人之间的协议,洪德乌斯接受了洗礼,而且由国王担任其教父④。关于洪德乌斯的情况,文献没有提供更多的信息。898年奥多去世时,查理夺回了属于自己的王国。

---

① *Anglo-Saxon Chronicle*, s. a. 896, ms A, ed. Bately, 59; trans. Swanton, 89. 我不像Swanton那样把*feohlease*一词译为"without money",而是译为"without money or property";比较Janet Nelson的"England and the Continent in the Ninth Century: II, The Vikings and Others," *Transactions of the Royal Historical Society*, Fifth Series 13 (2003),她的译文是"moneyless"。这里的要点是,未能攫取足够财富、得以安顿下来的武士前往法国碰运气。

② 生卒年为879—929年;加洛林王朝的一员,当过西法兰克王国和洛林王国的国王;他在与诸贵族的权力争斗中失利,被监禁,在监禁中去世。——译者注

③ 生卒年为约852—898年;罗伯特家族的一员,维京人围攻巴黎时,他反击有功,被选为西法兰克的国王;此后除继续打维京人外,也陷入权力争斗。——译者注

④ *Annales Vedastini*, s. a. 896 - 897, ed. B. de Simson, 78. Flodard of Rheims 的 *Historia ecclesiae Remensis* 4.5, ed. Flodoard von Rheims, *Die Geschichte der Rheimser Kirche*, ed. Martina Stratmann, MGH SS 36 (Hanover, 1998), 384 - 385 中部分引用了Fulco致Charles的信。同时参阅Vogel, *Normannen und das fränkische Reich*, 373 - 378; Gerhard Schneider, *Erzbischof Fulco von Reims (883 - 900) und das Frankenreich*, Münchener Beiträge zur Mediävistik und Renaissance-Forschung 14 (München, 1973); Zettel, *Bild der Normannen*, 270 - 279; Angenendt, *Kaiserherrschaft und Königstaufe*, 262 - 263.

根据文献判断，在不同的时期，北欧人的抢掠活动似乎瞄准了不列颠诸岛以及欧洲大陆。按《盎格鲁—撒克逊编年史》的说法，在10世纪的大部分年代英格兰的形势都相对平静，直至980年左右抢掠的势力才又卷土重来①。起先，还是小规模的，然而打劫的团伙逐渐发展成令人生畏的武士队伍。在991—1016年，英格兰遭受了数起大规模的侵袭。

入侵者起初满足于索要数量适宜的大笔贡金，在英格兰这被称作丹麦金。991年的来犯之旅由丹麦国王八字胡王斯文和挪威未来的国王奥拉夫·特里格瓦松率领，于991年8月10日或11日在莫顿之战中击败英格兰的军队，拿到了10000磅银子的贡金。之后，维京人纠集起新的队伍（很可能包含前次的一些老兵），数次打回英格兰索要更多的丹麦金——994年要了16000磅，1002年要了24000磅，1007年要了36000磅，1012年要了48000磅。此类劫掠行径在1013年八字胡王斯文入侵时达到高峰：国王埃塞尔雷德被迫逃至妻子在诺曼底的娘家，而斯文则被承认为英格兰国王。不久，斯文于1014年去世，但他的儿子克努特（Cnut/ Canute）②组织起新的一场入侵，于1017年当上英格兰国王，并于次年勒索到最后也是最大一笔丹麦金——共计82500磅银子——用作自己军

---

① Keynes, "The Vikings in England, c. 790 – 1016," 73 – 76.
② 生于985年或995年，1035年卒于今天英国的沙夫茨伯里，被称作克努特大帝；他是蓝牙哈拉尔的孙子、八字胡王斯文（见本书第10页注①）的儿子，依次于1016年、1018年及1028年取得英格兰、丹麦、挪威的王位，并控制了瑞典的部分地区；他善待作为历史记录者的基督教会，这与他留下英明、成功的国王的历史形象不无关系。——译者注

队的酬金①。1018年他的哥哥哈拉尔(Harald)②去世,克努特当上了丹麦国王,并在1035年离世前把自己的势力拓展至挪威和瑞典③。

克努特的成功导致他人纷纷模仿。挪威国王哈拉尔·哈尔德拉德(Harald Hardrada)④于1066年出征进犯英格兰,然而他被击败,9月25日在斯坦福德桥之战中被杀。此后不到一个月,轮到盎格鲁—撒克逊之旅在黑斯廷斯之战中被诺曼人威廉公爵——后来被称作"征服者"——统帅的军队击溃。

对于维京时期,哈拉尔的斯坦福德桥之败是合适的、也是惯用的终结点。当然,斯堪的纳维亚人继续侵袭、抢掠,不过针对西欧的行动越来越少,那里的各个王国已经组织得非常完善,防卫充分

---

① RGA 5.225 - 227, s. v. "Danegeld," by H. Beck and H. R. Loyn; M. K. Lawson, "The Collection of Danegeld and Heregeld in the Reigns of Aethelred II and Cnut," *English Historical Review* 99 (1984); Keynes, "The Vikings in England, c. 790 - 1016," 74 - 76.

② 即Harald II of Danmark,八字胡王斯文的大儿子,卒于1018年;1014—1018年为丹麦国王,去世后王位由克努特继承。——译者注

③ Peter Sawyer, *Da Danmark blev Danmark: fra ca. år 700 til ca. 1050*, trans. Marie Hvidt, vol. 3, Gyldendal-Politikens Danmarkshistorie (Copenhagen, 1988), 267 -277; Carl Löfving, *Gothia som dansk/engelskt skattland: Ett exempel på heterarki omkring år 1000*, new ed., GOTARC, series B: Gothenburg archaeological theses 16 (Göteborg, 2001); Timothy Bolton, *The Empire of Cnut the Great: Conquest and the Consolidation of Power in Northern Europe in the Early Eleventh Century*, The Northern World: North Europe and the Baltic c. 400 - 1700 A.D: Peoples, Economies and Cultures (Leiden, 2009).

④ 约生于1015年,卒于1066年,奥拉夫·哈拉尔松(Olaf Haraldsson)的同母异父的弟弟;其绰号Hardrada的意思是"严酷的统治者";1046—1066年为挪威国王(哈拉尔三世),此前,曾被放逐到基辅罗斯和拜占庭十数年;善作诗,多才多艺。——译者注

有效,已经不再是出手便有斩获的地方。克努特国王的侄孙们——即国王斯文·艾斯特里德森(Svein Estridssen)[1]的儿子们——于1069年试图与盎格鲁—撒克逊的王位觊觎者埃德加·埃瑟林(Edgar Ætheling)[2]联手进犯英格兰。他们攻下了约克,在洗劫那里的城堡后被迫撤退[3]。然而,来自斯堪的纳维亚的侵袭者总体上已经把精力转向别处,例如丹麦的东部,波罗的海沿岸地区。10世纪维京人打劫的目标和方式与12世纪瑞典人打劫芬兰的情况——或就此而论跟"异教徒"于1188年侵袭瑞典的事件——鲜有差别[4]。仅仅是出于习惯,我们把10世纪的战祸称作"维京人的劫掠",而因视角的不同,发生在12世纪的侵袭有的(如瑞典人打到芬兰)被叫作"十字军征战",有的(如异教徒打到瑞典)则被视为"海盗袭击"[5]。

---

[1] 约生于1019年,卒于1074年或1076年,其母为八字胡王斯文的女儿、克努特大帝的姐妹;自1047年至去世为丹麦国王;他往往被视为丹麦维京时期最后的、也是中世纪的第一个国王,他与教会紧密合作,巩固了王权。——译者注

[2] 生卒年为约1051—1126年;出身西撒克逊的王室,数次涉入权位之争,但成果均不理想。——译者注

[3] *Anglo-Saxon Chronicle*, s. a. 1069, in ed. G. P. Cubbin, *MS D*, vol. 6, *The Anglo-Saxon Chronicle: A Collaborative Edition*, ed. by David Dumville and Simon Keynes (Cambridge, 1991), 84 (s. a. 1068); ms E, ed. Irvine, 88; trans. Swanton, 202 - 204. See also Ole Fenger, "*Kirker reses alle vegne*": *1050 - 1250*, Gyldendal og Politikens Danmarkshistorie (Copenhagen, 1989), 48.

[4] Claes Annerstedt, ed., *Scriptores rerum Suecicarum medii aevi* 3 (Uppsala, 1871 - 1876), 98.

[5] Thomas Lindkvist, "Med Sankt Erik konung mot hedningar och schismatiker. Korståg och korstågsideologi i svensk medeltida östpolitik," in *Väst möter öst. Norden och Ryssland genom tiderna*, ed. Max Engman (Stockholm, 1996).

维京人的成就

我们也许会视维京人为不败之师,然而他们的队伍却并非只打胜仗。有时候的结果是,自然条件起了压倒性的作用,就像838那年,"丹麦海盗驾船驶离家乡,但是海上突然出现剧烈的风暴,海盗们都被淹身亡,鲜有生还者。"①其他几次侵袭时,预期中的抢掠对象奋起自卫。851年驾船350艘、攻打坎特伯雷和伦敦的武士们成功得手,迫使麦西亚国王贝奥赫特伍尔夫(Beorhtwulf)②及其军队逃窜他乡。维京人接下来渡过泰晤士河往南挺进至萨里郡,但在这里他们打得就不那么顺手了:"艾特尔伍尔夫(Aethelwulf)国王③及其子艾特尔鲍尔德(Aethelbald)带领西撒克逊的军队在奥克菲尔德(Oak Field)进行抵抗,并夺取胜利;他们杀戮来犯的异教徒人数之多,我们以前闻所未闻。"④

不过,文献中更经常提到的是维京人取胜、得逞,他们通过侵袭、抢掠或是以恫吓的手段攫取贡品、贡金,迫使欧洲诸首领拿出大量贵重物品,用于打发那些本想来袭的抢掠者。990年代早期,

---

① *Annales Bertiniani*, s. a. 838, ed. Waitz, 15; trans. Nelson, 39.

② 根据推算,他卒于852年;自839年或840年至852年为英格兰的麦西亚王国的国王,在维京人侵犯之前,他的统治堪称顺利。——译者注

③ 此名的字面意思是"高贵的狼";卒于858年,自839年起为西撒克逊国王,其征战的对手大多是维京人;他也是虔诚的基督徒,远途跋涉到罗马朝圣;但他的儿子艾特尔鲍尔德(卒于860年)趁机联合郡长和主教反叛,他把西部国土交给儿子,自己统治东部直至去世。——译者注

④ *Anglo-Saxon Chronicle*, s. a. 851, ms A, ed. Bately, 44; ms E, ed. Irvine, 46; trans. Swanton, 64-65.

挪威的维京头领奥拉夫·特里格瓦松在英格兰南部的一系列作为就很典型："今年[即991年]，奥拉夫率领93艘船只来到福克斯通（Folkestone），四处抢掠，然后从那里跑到桑威奇（Sandwich），再进而打到伊普斯维奇（Ipswich），一路横行来到莫尔登（Maldon）。郡长比尔茨诺斯（Ealdorman Byrhtnoth）①领军抵抗，他们杀死郡长，占领了杀戮之地，到后来[994年]与当地人言和。"②

作为和平协议的一部分，奥拉夫将得到10000磅银子。英格兰人抵抗过，但是维京人击败了郡长手下的军队。这段历史成为一首著名的盎格鲁—撒克逊诗歌的题材，它歌颂郡长及其部下在失败之际表现的悲壮的大无畏精神，自然也很著名。

那么，维京人为什么会这样连连得手，不仅在990年代，而且在该时期的多数年代？③

从他们的人数看，原因并不明显。"大军"的人数固然成千上万，但是大多数侵袭行动出自顶多数百人的较小团伙之手。欧洲的皇帝、国王们有能力派出人数更多的军队，对查理曼的军队规模的保守估计是5000名左右的武士。

此外，与其受害者相比，维京人的武器在任何方面都没有明显的优势④。斯堪的纳维亚的战斧、矛和箭颇具杀伤力，但是维京人却垂涎法兰克人的作战用剑——它们因工艺精湛而享誉整个欧洲，其声名甚至传到巴格达。对于此类剑，斯堪的纳维亚的武士们

---

① 生卒年为956—991年；10世纪间埃塞克斯的一个郡主，991年维京人入侵，莫尔登一战，他是盎格鲁—撒克逊人的首领。——译者注
② *Anglo-Saxon Chronicle*, s. a. 993, ms A, ed. Bately, 79; trans. Swanton, 126.
③ Zettel, *Bild der Normannen*, 250 - 262; Nelson, "The Frankish Empire," 38 - 40; Gareth Williams, "Raiding and Warfare," in *The Viking World*, ed. Brink with Price.
④ Zettel, *Bild der Normannen*, 259 - 260.

往往能搞到手,因它们很多随主人墓葬。法兰克人意识到自己的武器质量上乘,皇帝秃头查理于864年禁止对斯堪的纳维亚人出售武器,违者以死惩处①。

维京人取胜的最重要原因是,侵袭的帮伙行动迅速,适应性强,而且很机灵、能见风转舵。他们能找到油水大且防卫薄弱的地方下手;懂得何时该打,何时该跑;何时驾船,何时骑马走陆路;什么情况下收受贡品,什么情况下抢劫。情况需要时,几股维京帮伙可以迅速地并成一股;而当各走各路更有利时,他们也能散伙。一个武士团伙甚至能够受雇于某个欧洲统治者去击退另一个维京团伙,或者去打其他的敌人——甚至他的自己的家庭成员:"他[胖子查理于882年]②给了西格弗里德(Sigfrid)、高姆(Gorm)③以及他们的同伙几千磅他从梅斯的圣斯蒂芬大教堂以及其他圣徒的安息地抢来的金银;他还允许他们滞留下来以便像以前那样继续劫掠他表兄弟的部分国土。"④

在现代的通俗文化中,维京人常常被描绘为以暴力本身为目的而施暴的武士。然而事实却是,暴力是维京人为达到自己的目

---

① "The Edict of Pîtres," 25 June 864, c. 25, ed. Alfredus Boretius and Victor Krause, *Capitularia regum Francorum* 2, MGH (Hanover, 1897), 321. See also Ian G. Peirce, *Swords of the Viking Age* (Rochester, N. Y., 2002); A. N. Kirpichnikov, "Connections between Russia and Scandinavia in the 9th and 10th Centuries, as Illustrated by Weapons Finds," in *Varangian Problems*, ed. Knud Hannestad (Copenhagen, 1970); Nelson, "England and the Continent in the Ninth Century: II, The Vikings and Others," 26.

② 也称查理三世,生卒年为839—888年,查理曼的曾孙,881—888年为加洛林王朝皇帝;统治期间两次以钱财摆平入侵的维京人。——译者注

③ 西格弗里德和高姆是这里提到的来犯维京人头领,前者于885年再次索贿,率船队沿塞纳河上溯围攻巴黎。——译者注

④ *Annales Bertiniani*, s. a. 882, ed. Waitz, 153; trans. Nelson, 224-225.

的而精心策划的行为,在这一点上,他们与世界史中大多数争权夺利者并无二致。在暴力的程度方面,早期中世纪与其他时期类同,例如,在任何中世纪的或与其同时代的史家的记述中,查理曼大帝针对一个又一个相邻的民族频繁发动战争:有意大利的伦巴第人、巴斯克人、布列塔尼人、萨克森人、阿瓦尔人,还有别的民族。

然而,中世纪的文献一般正面呈现查理曼的业绩,几乎将其看成巨大的胜利;现代的陈述也是如此。查理曼是个强大的常胜皇帝,甚至变成了欧洲联盟的象征,欧盟在布鲁塞尔的一个大办公楼就以他的名字命名。然而,几乎所有讲述他的伟绩的中世纪资料都出自他的臣民之手,就是这些作者,有的对维京人的暴行表现出极度的惊愕和恐慌。不同的态度出自不同的视角:只要暴力对外,法兰克的撰写者们并不介意。然而,一旦法兰克人自己成为暴力的受害者,他们便大声抗议。可以说,其他遭受维京人侵略的人也是这样。维京时期的斯堪的纳维亚人还没有多少书面文化,因此,维京人侵袭欧洲大陆的受害者的观点对现代人怎样看待这一时期起了决定性的影响,由此产生的看法就是:维京暴力是历史上的一种独特的、极不寻常的现象①。

维京人的贪欲

事实上,来自斯堪的纳维亚的侵袭者的目标以及采用的方式

---

① P. H. Sawyer, *Kings and Vikings: Scandinavia and Europe, A. D. 700 – 1100* (London, 1982).

与信仰基督教的欧洲统治者们非常相似。抢掠之时,他们主要搜寻能带回家的财富,而不是施暴的机会。原始文献有时对此直言不讳①,例如,882年日耳曼国王路易第三②死亡,这让维京人"狂喜不已,他们考虑的不再是打仗,而是战利品"。路易没有儿子,于是他的弟弟胖子查理继位。然而查理当时远在意大利,维京人便利用由此出现的权力真空抢掠了特里尔和梅斯二城③。

诸多事例说明"面对捞到金钱的机会,贪婪之徒激情燃烧"④,以865年为例:"北方人闯进了圣丹尼斯的修道院,待了20天左右,一天不停地把在修道院弄到的战利品运到自己的船上。"⑤圣丹尼斯是法国最重要的修道院,上自墨洛温王朝、下至波旁王朝的国王们均埋葬于此,修道院在岁月的流逝中积聚了巨大的财富。编年史家兰斯的希恩克玛(Hincmar)⑥记述道,上帝惩罚这伙维京人,让他们统统死于疾病:"抢劫圣丹尼斯的北方人得了各式各样的疾病,有的发了疯,有的浑身长了烂疮,有的腹泻不止,这样就都死

---

① Zettel, *Bild der Normannen*, 128 – 133 and 213 – 216.

② 即 Louis the Younger, 生卒年为 830/835—882 年,其父为 Louis II the German,其母 Emma;此路易第三与法国国王路易第三(生卒年为863/65—882年)均属加洛林王朝,但并非同一人。——译者注

③ Regino of Prüm, Chronicle, s. a. 882, ed. Fridericus Kurze, Reginonis abbatis Prumensis Chronicon cum continuatione Treverensi, MGH SS rer. Germ. (Hanover, 1890), 119; trans. Simon MacLean, History and Politics in Late Carolingian and Ottonian Europe: The Chronicle of Regino of Prüm and Adalbert of Magdeburg, Manchester Medieval Sources Series (Manchester, 2009).

④ Regino, *Chronicle*, s. a. 884, ed. Kurze, 121.

⑤ *Annales Bertiniani*, s. a. 865, ed. Waitz, 80; trans. Nelson, 128.

⑥ 生卒年为806—882年;兰斯大主教,加洛林时期教会史中最重要的人物之一,秃头查理的谋士和朋友,有不少神学论述,并为《圣伯廷编年史》续写了861年后的部分(参见本书第53页注④)。——译者注

了。"①除非希恩克玛记录有误,这次抢圣丹尼斯,维京人肯定得以运回老家巨额资财。

欧洲编年史中关于"维京人的贪欲"的事例不难寻见,例如,斯堪的纳维亚的两个头领——罗瑟恩(Lothen)和伊尔林(Yrling)——于1048年率领25艘船只来到英格兰南部的桑威奇,他们"抢夺的战利品不计其数,包括人、黄金白银,多得说不清都有些什么、有多少"。这次得手后,他们调转船头驶向萨尼特岛(Thanet),"打算故伎重演"。然而,当地居民抵挡住侵袭,打得维京人狼狈逃跑,转而攻打埃塞克斯郡,在那里"抓人,见什么抢什么"。几次突袭得手后,他们便驶离这一带,"来到"位于英吉利海峡另一侧的"鲍德温之地"(即弗兰德斯)出售战利品,俘获的人员则被卖做奴隶。罗瑟恩、伊尔林及其手下便这样把战利品换成更容易带回老家、投入礼物经济的贵金属。《盎格鲁—撒克逊编年史》告诉我们,他们此后"东行到达先前出发之地",大概就是返回斯堪的纳维亚②。

"面对捞到金钱的机会,贪婪之徒激情燃烧",这一点在维京时代的斯堪的纳维亚的原始文献里也很明显。早期中世纪的斯堪的纳维亚文学中经常颂扬抢掠和战利品,赞美有本事抢到战利品的英雄,一些最早的残存篇章就是如此,就像位于瑞典东部的留克(Rök)村的教堂里一块9世纪的如尼石上的铭文。铭文简略地提到几个当时有名的故事,故事的语境需要由读者自己填补,而这一

---

① *Annales Bertiniani*, s. a. 865, ed. Waitz, 80; trans. Nelson, 129.
② *Anglo-Saxon Chronicle*, s. a. 1046, ms E, ed. Irvine, 78–79; trans. Swanton, 166–167.

点我们现代人往往做不到。铭文中提到一个关于战利品的故事："我讲述民间传说，讲的是两件战利品。作为战利品它们 12 次被抢到手，每次都从不同的手中抢到。"①虽然我们禁不住由此想象一个包含英雄伟绩、背信弃义、灾难以及令人瞠目的财富等元素的故事，但已经无法知道这个有关战利品的到底是个什么样的故事。不过，重要的是，有故事存在。而且，那个立碑者认为值得在铭文中提到这件事，这一点说明战利品的概念在 9 世纪的斯堪的纳维亚人的想象力中占据突出的位置②。

吟唱诗人的诗歌为此提供了更多的证据，10 世纪中期的考马克·欧格蒙塔森（Kormak Ögmundarson）撰写的一节诗便是一例。考马克是冰岛的一个武士，在挪威郡主西古尔德（Sigurd）③麾下当扈从，后者的住地在靠近今天的特龙海姆城（Trondheim）的一个名为拉德的地方。考马克在自己的一首诗作中描述自己"在爱尔兰，

---

① Ög 136, ed. Erik Brate, *Östergötlands runinskrifter*, Sveriges runinskrifter 2 (Stockholm, 1911), 231 – 255. Rök 的铭文难以解读，我依据的是 Elias Wessén, *Runstenen vid Röks kyrka*, Kungl. Vitterhets-, historie-och antikvitetsakademiens handlingar: Filologisk-filosofiska serien, 5 (Stockholm, 1958)。把这里的如尼文字译为"民间传说"颇具争议；另一种阐释是"给年轻人"。我的译文受到"Samnordisk runtextdatabas"的启发；此外，参见 Rune Palm, *Vikingarnas språk 750 – 1100* (Stockholm, 2004), 25 –39。与 Wessén 不同的阐释见 Olle Häger and Hans Villius, *Rök: Gåtornas sten* (Stockholm, 1976), 特别是 Bo Ralph, "Gåtan som lösning—Ett bidrag till förståelsen av Rökstenens runinskrift," *Maal og minne* (2007)。无论对铭文做什么样的阐释，强调战利品这一点始终清楚无疑。

② Illustrated by Lars Jørgensen, Birger Storgaard, and Lone Gebauer Thomsen, *The Spoils of Victory: The North in the Shadow of the Roman Empire* ([Copenhagen], 2003)。

③ 即 Siguard Haakonsson（约 895—962）；曾在挪威国王哈康一世手下任要职，962 年被 Harald Greycloak（金发哈拉尔的孙子、血斧埃里克的儿子）烧死；他的儿子哈康·西古尔德松于 970 年为他复仇。——译者注

有一个早晨",如何为了夺取黄金,以血染红佩剑;以此吹嘘自己勇猛善战[1]。考马克攻打爱尔兰人的目的就是夺取财富,他不太可能单独前往,而是作为西古尔德(或另一个头领)手下武士中的一员去到那里。我们在本章前面已经看到,维京人有能力在爱尔兰夺得大量财富。

维京人从事抢掠已经有些时日,欧洲人间或击败他们时发现,有些维京团伙确实敛聚了大量财富。例如,一群弗里斯兰人于885年击败一个维京团伙,发现了"那么一大批黄金、白银,以及其他可搬走的宝贝,结果所有的弗里斯兰人——从最大的头目到最低的小卒——统统都发了财"。[2] 有本事制服维京人、拿下他们的营地的其他欧洲人也有类似的经历。在923年,地方上拉起的队伍得以攻下一个维京人的要塞,不料在里面发现了"大量的战利品,"还有"一千个俘虏"。俘虏可以卖做奴隶,因此也等于财富[3]。

我们不禁认为,考古学家们在斯堪的纳维亚地区找到的贵重

---

[1] Kormákr Ögmundarson, Lausavísa 63. ed. Finnur, Skjaldedigtning, B:1, 84-85.

[2] *Annales Fuldenses*, s. a. 885, ed. Kurze, 103; trans. Reuter, 98.

[3] Flodoard, *Annales*, ed. Ph. Lauer, *Les Annales de Flodoard, publieés d'après les manuscrits*, Collection de textes pour servir à l'étude et à l'enseignement de l'histoire 39 (Paris, 1905), 15-16; trans. Flodoard, *The Annals of Flodoard of Reims, 919-966*, trans. Bernard S. Bachrach and Steven Fanning, Readings in Medieval and Steven Fanning, Readings in Medieval Civilizations and Cultures 9 (Peterborough, Ont., 2004), 9;关于国王Brian Boru在爱尔兰的一座被攻克的维京人的营地所见,还请参阅 J. H. Todd, ed., *War of the Gaedhil with the Gaill, or, The Invasions of Ireland by the Danes and Other Norsemen*, Rerum Britanicarum medii aevi scriptores 48 (London, 1867), 114-117: "在那一处地方便找到数量巨大的黄金、白银和铜,还有宝石及红榴石,野牛角和漂亮的酒杯……在该地还发现了许多各种颜色、种类的服装。"

物品和金属是从欧洲抢来的战利品①。但是要把偷抢来的东西与通过商贸或作为礼物来到北方的物品区分开来却有相当的难度。在挪威极北(位于北极圈内)的塞尼亚岛(Senja)上发现一个项圈,做这个项圈的银子很可能就是从弗里斯兰抢来的,或者我们至少可以这样理解项圈上刻的如尼文字的意思:"我们远途跋涉,遭遇到英勇的弗里斯兰人,我们瓜分了缴获的战利品。"②

我们只需看维京人谈判和平条件时要求得到什么,就明白他们最渴求的是什么财宝。关于莫尔登(Maldon)之战的那首诗里,斯堪的纳维亚人的营地的一位信使向郡主比尔茨诺斯带来了如下信息:

> 勇敢的航海者们派遣我来告诉你,
> 他们慷慨、仁慈,让你们用黄金臂环
> 换得和平。与其让我们在战斗中杀死你们——
> 我们以残暴著称——何如
> 你们交付黄金,我们便取消侵袭。③

维京人要黄金,比尔茨诺斯拒绝了这一提议。他战败,被杀。36

---

① Egon Wamers, "Kristne gjenstander i tidligvikingtidens Danmark," in *Kristendommen i Danmark før 1050*, ed. Niels Lund ([Roskilde], 2004); Egon Wamers and Michael Brandt, *Die Macht des Silbers: Karolingische Schätze im Norden* (Regensburg, 2005).

② N 540, ed. Terje Spurkland, *I begynnelsen var futark: Norske runer og runeinnskrifter*, LNUs skriftserie (Oslo, 2001), 132–133; "Samnordisk runtextdatabas."

③ Barbara H. Rosenwein, Reading the Middle Ages: Sources from Europe, Byzantium, and the Islamic World (Peterborough, Ont., 2006), 258.

与他相反,别的头领们心甘情愿地纳贡以免遭斯堪的纳维亚人的侵袭:"国王查理……下令对教堂以及所有的农田[①]和商人征税——哪怕规模很小也要交税;甚至对房屋和所有的设施都进行评估,以便课税。丹麦人已经允诺,如果收到3000磅分量经过仔细检验的银子,他们便会转而攻打那些沿塞纳河骚扰的丹麦人,把他们赶走,或者杀掉。"[②]

有一个罕见的实例:人们知道有一个物品被抢,之后又被交易换成黄金,这就是一本装帧华美的拉丁文福音书。该书被人从英格兰的一个教堂偷走,书的第1页上有古英语题词:"我,郡主阿尔弗雷德,以及我的妻子薇尔伯格(Werburg)用我们自己的钱从来犯的异教徒军队手里弄到了这本书;这笔买卖以纯金交易。"[③]这一题词说明,此书在850年间到880年间的时期被赎回。郡主阿尔弗雷德和薇尔伯格解释说,他们不想让"这些神圣的著作继续留在异教徒手里"。他们把此书献给坎特伯雷的基督教堂,附带的要求是,为了他们及其女儿阿尔斯丽丝(Alhthryth)的灵魂,教堂每个月都要高声诵读此书[④]。该手抄本现在是藏于斯德哥尔摩的皇家图书馆的珍宝之一。16世纪时英国的修道院解体,斯德哥尔摩的图书馆通过完全合法的途径获得此书,这一变故颇具讽刺意味。不论

[①] 本书英文原著中用的是拉丁语词 manci(农田的面积单位,英语的对应词为 manse),在查理曼时期出于征兵需要开始采用,面积大致相当于英语中的"海得"(hide)——60英亩至120英亩不等;也用作征税的计量单位(参见本书第303页)。——译者注

[②] *Annales Bertiniani*, s. a. 860, ed. Waitz, 53; trans. Nelson, 92.

[③] Dorothy Whitelock, *English Historical Documents. Vol. 1, C. 500 – 1042* (London, 1979), no. 98; Somerville and McDonald, *Viking Age*, 235.

[④] 自850年代至880年代,阿尔弗雷德是Surrey的郡主;见Keynes, "The Vikings in England, c. 790 – 1016," 60。

哪些维京人抢到了这本书,他们都有本事把它换成纯金带回斯堪的纳维亚。

斯堪的纳维亚的抢掠者们不仅用抢来的制成品换取贵重金属,而且还抓人当奴隶或用来勒索赎金。维京人有时会抓到某个价值不菲的人物,例如在858年:"另一伙海盗俘获了圣丹尼斯修道院的住持路易①,还有他的兄弟高斯林(Gauzlin)②,索要一笔巨额赎金。为筹集赎金,国王[秃头]查理一声令下,王国内教堂遵命,许多珍藏室被抽空榨干。然而,即使这样还远远不够:要凑足海盗们要求的数目,国王,还有所有的主教、主持、伯爵,以及其他权势人物统统积极大笔捐献。"③路易是查理曼皇帝的外孙,在其堂兄法兰克国王秃头查理的宫廷担任总管④;高斯林是他的同父异母兄弟,后来同时任圣丹尼斯的主持和巴黎教区的主教。数额"十分巨大"的赎金共计686磅黄金以及3250磅白银。

俘获这两位教会显要只不过是维京人绑架活动中最引人注目的一起,劫持地位较低的人物的事件不断发生。例如,一伙维京人于917年来到不列颠西部,"想抢哪里便"动手抢,抓走了兰达夫(Llandaff)的主教西费里奥格(Cyfeiliog)⑤。威塞克斯的国王长者

---

① 查理曼的女儿Rotrude的非婚生子,生卒年约为800—867年;他在虔诚的路易和秃头查理手下任总管,844年还被后者任命为圣丹尼斯等3个寺院的住持。——译者注

② 其名也拼作Joscelin, Goslin,卒于886年;883年或884年成为巴黎主教,致力于加强城防;维京人885年经巴黎之时,他与另外二人担负守城之责。——译者注

③ *Annales Bertiniani*, s. a. 858, ed. Waitz, 49; trans. Nelson, 86.

④ Riché, The Carolingians, 136.

⑤ 卒于927年,维京人抓他的年代可能是914年;就任主教前曾是威尔士Llanilltud Fawr一地的修道院的住持。——译者注

爱德华(Edward the Elder)①替他支付了40磅白银的赎金②。

手持武器进行抢劫要冒风险:"他在西线抢掠时送了命",这是一块立于公元1000年左右的瑞典如尼石上的简略评述③。维京人会在最意想不到的地方遭遇坚决的抵抗,此类风险说明他们为什么往往更愿意通过谈判索取贡金。看起来,维京人有时只需要现身,人多势众,并且先期打个胜仗,这样对方就会主动支付钱财,以换取他们撤兵走人。例如,在852年,北方人行将攻打弗里斯兰,然而,在收到"与索要数额相当的款项后,他们便掉头转攻别处"。④ 有一伙维京人于868年驾船沿卢瓦河上溯至奥尔良,一路畅行无阻。奥尔良人给他们一笔赎金,以免城市被毁⑤。

维京人的战略与欧亚大草原上的诸多游牧民族使用的办法相仿:做到来去迅捷,树立喜欢冒险且凶狠残忍的名声;这样当你猛然之间出现在人家家门口时,他们就会情愿付钱请你走人⑥。

武士们向某地居民勒索贡金、贡品后很可能再次光顾,斯堪的纳维亚人得以迫使有些地方的居民定期纳贡。《圣柏丁编年史》提到847年在爱尔兰发生过此类事情:"爱尔兰人在若干年间遭受北

---

① 生于874—877年间,卒于924年;阿尔弗烈德大王之子,于899年其父去世之后继位为国王。——译者注

② *Anglo-Saxon Chronicle*, s. a. 914, ms A, ed. Bately, 65; trans. Swanton, 98 and 99.

③ Vg 61, ed. Hugo Jungner and Elisabeth Svärdström, *Västergötlands runinskrifter*, Sveriges runinskrifter 5 (Stockholm, 1958 – 1970), 90 – 92; Jansson, *Runes in Sweden*, 76; "Samnordisk runtextdatabas."

④ *Annales Bertiniani*, s. a. 852, ed. Waitz, 41; trans. Nelson, 74.

⑤ *Annales Bertiniani*, s. a. 868, ed. Waitz, 91; trans. Nelson, 144.

⑥ David Morgan, *The Mongols* (Oxford, 1990).

方人攻打,被迫向他们定期纳贡。"①古罗斯的编年史《往年纪事》(*Russian Primary Chronicle*)②的类似记载说,斯堪的纳维亚人(即"瓦兰吉亚人")自859年起得以从罗斯诸部族定期收受贡金、贡品:"来自海外的瓦兰吉亚人强迫楚德人(Chuds)③,斯拉夫人,莫里安人(Merians),韦斯人(Ves')④,以及克里维钦人(Krivichian)⑤支付贡金、贡品"。⑥

如前所述,自10世纪晚期开始,维京人每隔几年便向势力虚弱的英格兰收受贡金。他们每次征收丹麦金时均要提高其数额,这一点也说明为什么在斯堪的纳维亚地区找到的盎格鲁—撒克逊硬币数量(约4万枚)多于英格兰本地的原因⑦。《盎格鲁—撒克逊编年史》中1006年这一条目详细说明了支付此类贡金背后的道理:

> 那时出现了(维京)抢掠帮伙这样极为恐怖的事情,谁也不知道该怎样把他们从这里赶走,或者这个国家的人民该如何保护自己不受侵犯,因为西撒克逊的每一个郡都已经遭到

---

① *Annales Bertiniani*, s. a. 847, ed. Waitz, 35; trans. Nelson, 65.

② 又名 *Chronicle of Nestor or Kiev Chronicle hronicle of Nestor*,其英语译本题名 *Tale of Bygone Years*;1113年左右撰写于基辅,详述了约850—1110年左右的东斯拉夫人的历史,是该段历史的基本文献。——译者注

③ 早期罗斯编年史中提到的几个芬兰语族群,分布于现代的爱沙尼亚、卡累利阿以及俄国西北部。——译者注

④ 芬兰族的分支,早已从历史中消失。——译者注

⑤ 6—12世纪期间早期东斯拉夫人的一支,逐渐分布于伏尔加河、第聂伯河、西德维纳河的上游地区,以及韦利卡亚河下游南部地带和涅曼河谷等芬兰—乌戈尔地区。——译者注

⑥ Samuel Hazzard Cross and Olgerd P. Sherbowitz-Wetzor, trans., *The Russian Primary Chronicle: Laurentian Text* (Cambridge, Mass., 1973), 59.

⑦ Roesdahl, *The Vikings*, 111; Williams, "Raiding and Warfare," 194.

他们抢劫,被他们焚烧。国王开始与手下的顾问认真策划,以期在国家完全被毁之前找到保护它的最佳途径。后来,国王和顾问们拿定的主意是,尽管他们都痛恨纳贡,但为了整个民族的利益,还是必须向这个抢掠帮伙缴纳贡金。于是国王下令派人告知来犯的维京人,他希望双方休战,他们将因此获得贡金和物品,他们所有的人都接受这一提议,于是他们在英格兰期间所需物资均得到供应。①

带着自己分到的那份钱财回到老家的斯堪的纳维亚人显然认为这一点值得吹嘘。其中有一个名叫乌尔夫(Ulf)的瑞典人,他在瑞典东部的乌普兰省(Uppland)的奥科斯塔(Orkesta)教区竖起了一块如尼石碑(见图4),上面写道:"乌尔夫在英格兰拿到三次钱〔他用的是 giald 一词,与"丹麦金"同义〕,第一次钱是托斯蒂(Tosti)发的,接下来索科蒂尔(Thorketill)发钱,再下来发钱的就是克努特。"②这里发钱的三个人分别是于1006年、1012年和1018年敛聚丹麦金的维京头领(最后那位就是国王克努特),他们给下属分发银子,乌尔夫即其中一员。跟随克努特征服英格兰的另一名成员是一个名叫比耶尔(Bjor)的挪威人,但他运气不如乌尔夫。他一点战利品也没有分到,而且再也没能回到老家:根据他的父亲阿恩斯坦(Arnsteinn)为纪念他而竖立的如尼石碑上镌刻的文字,

---

① *Anglo-Saxon Chronicle*, s. a. 1006, ms E, ed. Irvine, 66; trans. Swanton, 137.

② U 344, ed. Elias Wessén and Sven B. F. Jansson, *Upplands runinskrifter 2*, Sveriges runinskrifter 7 (Stockholm, 1943), 79 – 86; Jansson, *Runes in Sweden*, 77 – 79. 有关丹麦金的诸种情况,参阅 Keynes, "The Vikings in England, c. 790 – 1016," 75 – 77.

他"作为克努特的扈从,死于攻打英格兰之战"。①

返回斯堪的纳维亚老家的维京人带回了他们抢劫、勒索到手的战利品。西格弗里德和高姆这两个维京头领于882年"打发载满财宝和俘虏的船只驶回老家"②,乌尔夫花钱竖起一尊炫耀性的如尼石碑,而其他人则将战利品派了别的用场。

斯堪的纳维亚的头领们征战南方时,他们榨取战利品以及勒索贡金的手段跟信仰基督教的欧洲人如出一辙③。查理曼几乎每年都与邻国开战,战争过于频繁,以至于《皇家法兰克编年史》④的作者们感到必须指明哪些是没有战争的例外年份。每次打仗都带来战利品,以796年法兰克军队攻入阿瓦尔人的中心要塞为例,他们在里面弄到了海量的财富⑤。加洛林王朝也向其他一些相邻的部族收取年度贡金:分别从贝内文托人(Beneventans)⑥和布列塔尼人处收到350磅和50磅白银。无怪乎艾因哈德(Einhard)指出,希

---

① N 184, ed. Magnus Olsen and Aslak Liestøl, *Norges innskrifter med de yngre runer*, Norges indskrifter indtil reformationen, afd 2 (Oslo, 1941 –), 3. 14 – 33; Spurkland, *I begynnelsen var futark*, 109 – 111; "Samnordisk runtextdatabas."

② *Annales Fuldenses*, s. a. 882, ed. Kurze, 99; trans. Reuter, 93.

③ For the following, see Timothy Reuter, "Plunder and Tribute in the Carolingian Empire," *Transactions of the Royal Historical Society* 35 (1985).

④ 以拉丁文撰写的加洛林王朝编年史(拉丁文名 *Annales regni Francorum*),逐年记载了741—829年以王室为中心的大事;作者情况不详,学者们认为它由不同时期的不同作者的记述编撰而成;信息充实,似乎说明作者们是国王身边的人;尽管内容明显偏袒法兰克人,这本编年史仍然是了解查理曼帝国的政治、军事的关键文献。——译者注

⑤ *Annales regni Francorum*, s. a. 796, ed. Kurze, 99 – 100; trans. Scholz and Rogers, 74. Einhard, *Vita Karoli magni* 13, ed. Waitz, 15 – 17; trans. Dutton, *Carolingian Civilization*, 31.

⑥ 位于意大利南半部,罗马以南、那不勒斯以北。——译者注

腊人有一句谚语,"如果你有个法兰克朋友,你不能与他亲近"①。从比自己弱小的统治者手上索取贡金是法兰克政治事务中的组成部分,该积习之深,以至于当胖子查理于882年向维京头领西格弗里德(Sigfrid)缴纳贡金时,撰写《福尔达编年史》(Annals of Fulda)②的教士毫不犹豫地予以谴责:"更大的罪恶是,他竟然违背他的法兰克祖先——历代法兰克国王——的惯例,听从邪恶小人之言,不知羞耻地向那个人纳贡,实际上他应该向那人索要贡金和人质。"③

法兰克统治者们获取贡金和战利品后把它们分发给国王手下最重要的扈从,以换取他们的忠诚。查理曼弄到阿瓦尔人(Avars)④的宝藏后送了一些给教宗,然后"把其余的分发给手下的权贵——有神职人员,也有在俗权贵——以及其他的臣属"⑤。分发贡金和战利品是加洛林时期王朝统治者使用的政治经济推动器。

斯堪的纳维亚地区的社会运作方式与此类同。维京人获得的贡金和战利品分发给团伙中的武士们,以瑞典的乌尔夫为例,他在11世纪头20年追随若干头领,从其中三个头领手上得到自己的一

---

① Einhard, *Vita Karoli magni* 16, ed. Waitz, 20; trans. Dutton, *Carolingian Civilization*, 33.

② 东部法兰克王国的编年史,其中830年之前的内容基于已有的编年史,而从虔诚的路易在位晚期(卒于840年)至900年路易三世即位之间的事件几乎为同期记载,因此与记录西部法兰克王国事件的《圣伯廷编年史》同为该段历史的一手资料。——译者注

③ *Annales Fuldenses*, s. a. 882, ed. Kurze, 99; trans. Reuter, 93.

④ 西迁至东欧、高加索地区的游牧民族(中国史书中的柔然人),6世纪晚期至9世纪控制了欧亚大陆中部,后被查理曼击败,9世纪后不见于历史记载;现代塔吉克斯坦的穆斯林阿瓦尔人未必是其后裔。——译者注

⑤ *Annales regni Francorum*, s. a. 796, ed. Kurze, 99; trans. Scholz and Rogers, 74.

图 4. 头领们于 1006 年、1012 年和 1018 年从英格兰勒索到贡品，乌尔夫竖立此如尼石碑以纪念自己从头领处得到的份额；现存于斯德哥尔摩北部 Orkesta 的教堂。图片摄影：本特·A. 伦德伯格，由斯德哥尔摩的国家古文物委员会提供。

份战利品。斯堪的纳维亚人不仅在信仰基督教的欧洲以抢掠和索取贡金的方式寻求财富,他们在靠近自己老家的地方也如法炮制。此类抢掠和贡金,文献上只提到几次;不过,在欧洲拥有书写文化的地区之外,文献记载不多的情况可以想见,因为在这种地方没有人把此类事件记录下来。

有个挪威头领是例外,他名叫奥塔尔(Ottar),"生活于挪威最遥远的北部"[1]。在9世纪,他向英格兰国王阿尔弗莱德讲述自己如何定期向斯堪的纳维亚北部的萨米人(Sami)[2]征收贡品:"贡品有动物毛皮,鸟的羽毛,鲸鱼骨以及由海象皮和海豹皮做成的船用绳索。个人按其地位缴纳贡品,地位最高的须要交15张貂皮、5张驯鹿皮、1张熊皮和10份羽毛;此外还须交1件熊皮或水獭皮上衣,以及2条船用绳索,一条用海象皮制成,另一条用海豹皮,每条的长度均须60厄尔。"[3]这份贡品使奥塔尔成为一个"大阔佬"。我们将在此后的章节中看到,倘若能运到欧洲市场,芬兰人向奥塔尔进贡的东西会非常值钱。查理曼向周边军事势力弱小的民族勒索贡金、贡品,奥塔尔的策略与之基本相同。

---

[1] 即古英语文献中的 Ohthere of Hålogaland,据信他来自挪威北部的马朗恩(Malangen),供职于阿尔弗莱德的宫廷;关于他的活动也见本书第165页。——译者注

[2] 邻近北极圈的分诺斯坎迪亚地带(包括挪威、瑞典、芬兰和俄国部分地区)的原住民,属芬兰—乌戈尔族。——译者注

[3] Niels Lund et al., Two Voyagers at the Court of King Alfred: The Ventures of Ohthere and Wulfstan, together with the Description of Northern Europe from the Old English Orosius (York, 1984). New translations in Janet Bately and Anton Englert, Ohthere's Voyages: A Late 9th-century Account of Voyages along the Coasts of Norway and Denmark and Its Cultural Context (Roskilde, 2007) and in Somerville and McDonald, *Viking Age*, 2-4.

我们此前已经看到,奥塔尔定期向相邻的萨米人收取贡品,瑞典人则派出大拨气势汹汹的武士,向"阿普利亚"的居民勒索贡品。我们有充分的理由相信,斯堪的纳维亚地区出现此类事件的时间远远早于我们见到的文献资料中的记载。实际上,根据都尔的格里高利的记述,丹麦人早在6世纪已经试图侵袭高卢①。维京人在793年以及此后发动的侵袭仅仅表明,为了获取贡金和战利品,斯堪的纳维亚人现在已经愿意跑得更远。

---

① Gregory of Tours, *History of the Franks* 3.3, ed. Bruno Krusch and Wilhelmus Levison, *Gregorii episcopi Turonensis Libri Historiarum X*, SS rer. Merov. 1 (Hanover, 1950), 99; trans. Gregory of Tours, *The History of the Franks*, trans. Lewis Thorpe, Penguin Classics (Harmondsworth, 1974), 163–164.

第 3 章　礼物的威力

1016 年 3 月 25 日是棕榈主日,这天在挪威南部的奈斯亚尔(Nesjar)发生了一场激烈的大海战。多年来奥拉夫·哈拉尔松(Olav Haraldsson)[①]在欧洲抢掠,当雇佣兵。现在他带了一帮武士回归,意在征服挪威。此时挪威的统治者是斯文·哈康松郡主(Svein Häkonsson),他是霍尔弗莱德·奥塔森的第一个庇护人哈康·西古尔德松的儿子。奥拉夫的舰队跟他的船只开战之际就是成败的关键时刻。目击者西格伐特·索达尔森(Sigvat Thordarson)[②]称,当时武器撞击,声声震耳;海上尸体横漂,鲜血染红的海水变成乌鸦们的饮料。他还说,"(奥拉夫的)舰队从来也没有这样倒霉过"。战斗的胜负看似未定,但人们却源源不断地加入奥拉夫一边:"国王的队伍在增强,从奥普兰德(Opplandene)过来的人都拥戴他"。奥拉夫打败了斯文,由此打通了征服挪威的道路。人们源源而来加入奥拉夫的阵营,原因何在? 西格伐特解释说:"打起仗来,追随慷慨头领的人远远多于跟着吝啬鬼走的;⋯⋯把着财富不松手的头儿没有朋友,麾下兵员单薄。"奥拉夫多年在外国筹

---

① 即奥拉夫二世,生卒年为 995—1030 年,1015—1028 年为挪威国王;1030 年死于 Stiklastad 之战,后来被封圣;成为挪威历史上民族独立的象征;是本书多处提到的重要角色。——译者注

② 见本书第 11 页注②。——译者注

款,拥有大量财富,是个有名的慷慨首领,于是轻而易举地招募到征服挪威的武士。①

这个故事勾画出中世纪早期斯堪的纳维亚的政治势力变化的状况。这种势力以暴力为根基,头领、国王身边是全副武装的扈从,目的就是互相施暴。他们用贵重的礼物和其他好东西确保扈从们忠诚相随,在自己和武士之间构建起一种持续的关系:头领对下要拿出贵重、体面的礼物,而扈从、追随者对上则须忠诚拥戴。斯堪的纳维亚的诸头领在自己和手下的武士之间缔造此类纽带,其实并非任何创新。有史以来,人们就以礼物交换为手段编织出与他人的关系纽带。②

斯堪的纳维亚的武士们

瑞典东部的乌普萨拉周边地带有几片坟地,坟地中有数十座富丽堂皇的坟墓,让人对中世纪早期斯堪的纳维亚的贵族武士们出发征战的场景浮想联翩。他下船登陆,骑在马上,挥舞着利剑、斧子、盾牌和长矛。随他而行的有一条拴着绳索的狗,还有几匹马驮着工具、食物和炊具。他做好了打一场持久战的准备:他将自己做饭,用钎子烤猪肉或牛肉,用燧石和铁打火,在盆里煮蔬菜或鱼。

---

① Sighvatr Pórðarson, *Nesjavísur*, ed. Finnur, *Skjaldedigtning*, B:1, 217–220.
② Marcel Mauss, *The Gift: The Form and Reason for Exchange in Archaic Societies*, trans by W. D. Halls (London, 1990). Critique in Gadi Algazi, Valentin Groebner, and Bernhard Jussen, *Negotiating the Gift: Pre-Modern Figurations of Exchange*, Veröffentlichungen des Max-Planck-Instituts für Geschichte 188 (Göttingen, 2003).

一场战斗后,他要用磨刀石把武器打磨锋利,并用刀、锥子和剪刀修整装备。①

这些坟墓里的陪葬品特别丰富,一望而知,埋葬于此的是显要之辈,可能就是首领。内含类似军事用品的坟墓散布于斯堪的纳维亚的乡野之地,虽然它们绝大多数不如这几十座奢华。许多墓里的典型物品是战斧、剑、刀、箭或长矛。例如,一个男子10世纪时葬于日德兰半岛中部马门(Mammen)一地的墓里,他身边有两把斧子②。此类陪葬品体现出一种武士的观念:即便已经身亡,至关重要的仍是被视为一个出众、勇敢的战士。

哥特兰(Gotland)是波罗的海中最大的岛屿,岛上发现的中世纪早期刻画的大石,显然也提供了同样观念的例证。这些大石刻画的武士们往往都在挥舞斧头,投掷长矛;或举剑或剑入鞘,昂然屹立。画里的武士们或乘船,或步行,或骑在马上③。有些大石描绘战斗,就像古文物研究者波尔·阿尔维德·塞维(Per Arvid Säve)于1850年在该岛的阿尔斯考格(Alskog)教堂④里面发现的那一尊。此石左上角画着两个男子交手,各人正面以盾牌护身,一

---

① Åke Hyenstrand, *Lejonet, draken och korset: Sverige 500 – 1000* (Lund, 1996), 92 -104. 其中探讨的墓葬位于 Vendel(14处), Valsgärde(15例船葬加上其他墓葬), Ulltuna(1处墓葬),以及 Alsike 的 Tuna城(有10例船葬加上4个其他墓葬);这些墓葬的年代在公元500—1000年间,其中几座墓中,这里提到的器物全部或大多都有发现。

② Mette Iversen, ed., *Mammen: Grav, kunst og samfund i vikingetid*, Jysk Arkaeologisk Selskabs skrifter 28 (Højbjerg, 1991).

③ Gabriel Gustafson, Sune Lindqvist, and Fredrik Nordin, *Gotlands Bildsteine* (Stockholm, 1941), 1.74 -76; Erik Nylén and Jan Peder Lamm, *Bildstenar*, 3d ed. (Stockholm, 2003).

④ 位于哥特兰岛的维斯比教区,最早建于13世纪初。——译者注

手侧面持剑。他们似乎手中握有长矛,四支矛(或箭)刺入了右侧男子的盾牌;数支长矛或箭正在空中向他飞去,至少有一支看来已经扎入他的胸膛。另有一人手中持斧,看似从右方急急赶往搏斗现场,可能是去支援那位失利者①。正如其他许多绘画大石,这一尊颂扬的也是战斗、拼搏的光辉和荣耀。

尚武精神盛行于中世纪早期的斯堪的纳维亚,在文学中也有表现。冰岛出现了许多叫作萨迦(saga)的故事、传奇,赞颂那里的武士英雄的勇猛气概。萨迦成篇于13世纪或更晚,比维京时期晚了几个世纪。其手抄本中常常存有中世纪早期的诗歌,即所谓的吟唱诗,它们(大多)是国王、头领们手下爱好诗歌的扈从们(此即"skalds"一词的原意)写的赞颂篇章。这一体裁规则繁杂,致使内容不易理解。其中的陈述往往含混不清,难以确认。尽管如此,吟唱诗还是提供了一条可靠的渠道,让我们了解斯堪的纳维亚维京时期的贵族们的思想。许多吟唱诗听起来尚武的色彩极其浓重②。

举一例。当时唯一一节得到保存的吟唱诗镌刻在一块9世纪的石碑上。这节诗运用尚武的意象赞颂一位武士。富尔达(Foldar)的儿子西拜(Sibbe)的扈从们为了纪念自己的首领,在瑞典的厄兰岛上的卡尔勒维(Karlevi)竖起了这块石碑。他们用吟唱诗的典型手法——隐喻——来概括西拜的品格:"英雄已被掩埋,躺卧在这座墓冢中,(我们大多知道,)他留下了最伟大的事迹;他是女武神斯露德(Pruðr)的战士,丹麦再也不会有这样完美、善战的武

---

① Gustafson, Lindqvist, and Nordin, *Gotlands Bildsteine*, 1, plates 135 – 136, and 2. 113 – 115, plates 303 – 304.

② Roberta Frank, *Old Norse Court Poetry: The Dróttkvætt Stanza*, Islandica 42 (Ithaca, N. Y., 1978), 142 – 153.

士,他如战神维多尔(Vidurr)①一般驾驶战车驰骋在安迪尔(Endill)广袤的领地上。"②一旦弄清其中曲折、迂回的表达方式,本诗的意思就容易理解了:"(人们大多知道,)掩埋、躺卧在这座墓冢中的是一位骁勇、尚武的首领,他身后留下最显赫的事迹;再也不会有这样完美、善战的海上之王统治丹麦大地。"这里迂回的表达方式由尚武的典故组成:斯露德是雷神索尔(Thor)的女儿,她的名字的意思是"力量";而维多尔则是杰出的战神奥丁的别名。卡尔勒维的这块石碑描绘的是理想化的武士首领,斯堪的纳维亚各地发现的武士墓和大石所呈现的形象与它同出一辙。

头领间的竞争

1016年,奥拉夫·哈拉尔松与斯文·哈康松在奈斯亚尔(Nesjar)海战中相互厮杀,这只是两个斯堪的纳维亚的头领在为抢夺权力和资源打斗,以图杀死对方。众头领之间的殊死争斗是常态。

在快到10世纪的某个年份,挪威的一个头领打斗身亡,被埋葬在高克斯塔德(Gokstad)③的一个巨大的土墩坟墓里。其遗体被放在他自己的船里(船长超过23米),船上有丰富的陪葬品,再加至

---

① 参见本书第8页注④。——译者注
② Finnur, ed., *Skjaldedigtning*, B:1, 177; Öl 1, ed. Sven Söderberg and Erik Brate, *Ölands runinskrifter*, Sveriges runinskrifter 1 (Stockholm, 1900), 14-37; Sven B. F. Jansson, *Runinskrifter i Sverige*, 3d ed. (Stockholm, 1984), 139-141; Jesse L. Byock, *Feud in the Icelandic Saga* (Berkeley, 1982).
③ 位于挪威的西福尔郡。——译者注

少12匹马和6条狗。能享受这样豪华的葬礼,死者生前肯定有权势、有财富。然而,近年对他的骸骨的考察却显示他死于暴力。他的左膝内侧被剑重击,肯定导致他跌倒。另一击从外侧落在他的右小腿上,下手极其凶狠,导致其脚踝被砍穿。此外,这位葬在高克斯塔德的男子的右大腿内侧也被刀猛击,这一刀很可能切断了股动脉,他可能因此毙命。骸骨上的创痕从未愈合,因此可以断定,它们源于这致命的最后一场战斗①。

《皇家法兰克编年史》②告知我们首领们死于暴力的另一种情况。该史简略地叙述了"丹麦人的王"古德弗雷德(Godfrid)③于810年被自己的一名扈从杀害后丹麦境内的状况:"丹麦人的王哈拉尔和莱因弗里德(Reginfrid)被古德弗雷德的儿子们击败、驱逐国外后,重新聚集兵力挑起战争,第二年(814年)莱因弗里德和古德弗雷德的长子在这场战争中殒命。"④换言之,戈德弗里德死后,至少有四个被法兰克人视为丹麦人的"王"的头领相互开战厮打,其中两个战死。现代历史学家往往将此视为争抢王国继承权的血腥纠纷,但这一看法犯了将后世的标准往前推移到早期中世纪的错误。此时的斯堪的纳维亚还没有界定明确、拥有稳定的资产或

---

① Thorleif Sjøvold, Vikingeskipene i Oslo (Oslo, 1985); Levd liv: En utstilling om skjelettene fra Oseberg og Gokstad, ([Oslo], 2008), 6-7.

② 关于这本编年史,参见本书第81页注④。——译者注

③ 丹麦国王西格弗里德的儿子(其名也拼作Gudfred),统治丹麦的年代是从804年(或更早)到810年;他还出现在本书第108页,第190页,第201页,第290页等处;这个古德弗雷德与本书第157页的古德弗雷德不是同一个人;参见本书第157页注⑥。——译者注

④ *Annales regni Francorum*, s.a. 814, ed. Kurze, 141; trans. Scholz and Rogers, 97-99.

国土边界的"王国"供人为之而战①。古德弗雷德是一个特别强有力的统治者,但是死后他的遗产遭到多人抢夺。由他的儿子——更遑论他的大儿子——继承其权力并非顺理成章的安排或规定。事实上,对瑞典中部赫赫有名的墓冢里尸骨的基因研究显示,在早期中世纪,社会地位、身份与遗传之间并没有绝对的关联②,各统治者均须在与其他头领的争斗中维护自己的权力。

诸首领的权力往往遭到争抢。正如哈拉尔、雷金弗里德和古德弗雷德的儿子们,首领各自竭力降服其他首领,而且有几个还颇为成功。例如,10世纪末的吟唱诗人埃纳(Einar)赞颂挪威的郡主哈康·西古尔德松降服了16个郡主③;另一位吟唱诗人西格伐特·索达尔森则以类似的语汇讴歌国王奥拉夫·哈拉尔松,他说挪威的奥普兰德地区以前被11个人统治过,而现在国王征服了此地④。

埃纳和西格伐特也许利用了一下诗人的特权,夸大了自己的英雄打败的头领的数量。然而,这里的基本问题很清楚:诸头领为争权彼此打斗,成功者击败了其他头领,扩大了自己的势力范围。

---

① Jones, *A History of the Vikings*, 51; K. L. Maund, "'A Turmoil of Warring Princes': Political Leadership in Ninth-century Denmark," *The Haskins Society Journal: Studies in Medieval History* 6 (1994); Wickham, *Framing the Early Middle Ages*, 371 -372, n. 161; cf. Zettel, *Bild der Normannen*, 69 -84.

② Anders Götherström, Acquired or Inherited Prestige? Molecular Studies of Family Structures and Local Horses in Central Svealand during the Early Medieval Period, Theses and Papers in Scientific Archaeology 4 (Stockholm, 2001).

③ Einar, *Vellekla* 37, ed. Finnur, *Skjaldedigtning*, B:1, 124.

④ Sighvatr, *Erfidrápa Óláfs helga* 2, ed. Finnur, *Skjaldedigtning*, B:1, 239. See also Christiansen, *Norsemen in the Viking Age*, 150.

赠礼

既要彼此争夺，诸头领身边便需要一支武装起来的扈从，一旦有需要便能随其征战。卡尔勒维的如尼文石碑是死去的西拜的扈从（丹麦语中的 lið）所立；而西格伐特·索达尔森则在1020年代赞扬挪威国王奥拉夫·哈拉尔松的扈从，说他们"喂乌鸦"（这个说法是吟唱诗人使用的一个隐喻，指战斗中杀死敌人），在国王的大厅的墙上高悬其头盔和铠甲。"没有哪个年轻国王的装饰品像他的那样辉煌。"①

雄心勃勃的头领们都面临同样的问题：怎么才能征到武士给自己当扈从，而且能够留住他们？他的扈从并非仅仅为钱而战的雇佣兵，而是具有荣誉感的自由人，不会容忍金钱收买的关系。头领需要做的却是与他们建立亲近、密切的个人关系。如果彼此不是血亲，则可以借用不同的方式创建亲密的关系，如通过仪礼铸成兄弟关系、缔结婚姻联盟以及在头领的大厅中一起喝酒确立友谊等等。无论属于哪一类，亲密的关系通过互赠礼物不断得到确认和维护，而正是由于跟头领有关系，武士们才心甘情愿地、踊跃为他而战。头领们让武士为自己奔赴疆场的手段对早期中世纪斯堪的纳维亚的历史有重大影响：如果他们只需给战士付工资，便可专注于尽多地筹集流动资产。而维系建立在礼物赠予上的关系则要拿出有名头的礼物才合适；这就使诸多头领们把一些精力用于谋

---

① Sighvatr, *Austrfararvísur* 16, ed. Finnur, *Skjaldedigtning*, B:1, 224.

求有名头的而非一般性的财富。

武士从头领手上拿到价值不菲且有名望的礼物时,他必须给予回报。首要的回报就是忠诚,必要时忠诚至死。在一个没有国家、政府的社会中,权力关系就是这样建立的。武士受礼物驱使,心甘情愿地为其头领尽责,而不是像在一个完全成型的国家中有义务为国王征战。这里的交换并不对等,头领给出的礼物比武士给的价值更高,体现出政治权力的结构:礼物越高档、越独特,给予者就越受敬重,他手中握有的权力就越大①。

了解了这样的背景,我们就不会对早期中世纪文学及其他资料中经常出现赠礼的内容感到意外了。早期中世纪斯堪的纳维亚的宫廷诗歌惯常赞颂国王和头领慷慨、豪爽,就像962年左右埃吉尔·斯卡拉格里姆松(Egil Skallagrimsson)②谈起他的朋友阿林比约恩(Arinbjørn)时所言:"峡湾的那位(头领),黄金他冷酷相对;他与戒指和盗贼为敌。"③换言之,阿林比约恩把自己的黄金都散光(给了武士),害得原来打算从他那儿偷金子的贼遭遇生活困难。

维京时期的吟唱诗人不时提到其头领慷慨豪爽,把臂环送给

---

① Ernst Leisi, "Gold und Manneswert im Beowulf," *Anglia*, n. s., 59 = 71 (1953); Pierre Bourdieu, *The Logic of Practice*, trans. Richard Nice (Stanford, Calif., 1990), 122; Jón Viðar Sigurðsson, *Det norrøne samfunnet: Vikingen, kongen, erkebiskopen og bonden* (Oslo, 2008), 78–90; RGA 11. 466–477, s. v. "Geschenke."

② 生卒年为约904—995年,维京时期武士、诗人和农夫,以他的名字为名的冰岛萨迦 Egil's Saga(撰写于13世纪)叙述了他的一生;他是力大无比的武士;此外,许多历史学家视他为古代北欧最杰出的诗人,称他为逝去的儿子写的悼亡诗是"斯堪的纳维亚个人诗歌的发端";他逝于冰岛基督教化之前。——译者注

③ Egill Skallagrímsson, *Arinbjarnarkviða* 22, ed. Finnur, *Skjaldedigtning*, B:1, 41.

自己的麾下,正如保存至今的一个11世纪中叶的残篇中阿尔诺·亚拉斯考德(Arnorr jarlaskald)①所唱:

> 在丹麦勇士的手腕和肩膀之间,
> 一道金光,熠熠生辉;
> 我看到Skáney的麾下???
> 感激他以臂环相赠。②

古英语史诗《贝奥武甫》详述了北欧的礼品赠予体制③。贝奥武甫7岁时从父亲身边被送给国王齐尔德(Hreðel)抚养,显然是要充任其扈从,国王对他则以"财宝和盛宴"相待。大败格兰戴尔后,贝奥武甫及麾下从国王荷罗斯加(Hrothgar)手上得到更多的礼物④。贝奥武甫自己成为头领、当上国王后,他对自己的扈从也以礼物相赠。在与第3头怪兽、即无名巨龙的战斗中,贝奥武甫手中的剑最终不敌,此时他手下的武士威格拉夫(Wiglaf)"想起(国王)慷慨赠予的种种礼物":

---

① 可能生于1012年,卒于1070年代;冰岛的吟唱诗人,为奥克尼的郡主和挪威国王撰写诗歌,是11世纪的一个重要诗人。——译者注

② Diana Whaley, *The Poetry of Arnórr Jarlaskáld: An Edition and Study*, Westfield Publications in Medieval Studies 8 (Turnhout, 1998), 134.

③ Leisi, "Gold und Manneswert im Beowulf"; Jos Bazelmans, "Beyond Power: Ceremonial Exchanges in Beowulf," in *Rituals of Power: From Late Antiquity to the Early Middle Ages*, ed. Frans Theuws and Janet Nelson, The Transformation of the Roman World (Leiden, 2000).

④ *Beowulf*, lines 1020–1057, ed. Fulk, Bjork, and Niles, 36–37; trans. Liuzza, 84–85.

> 我想起一起饮酒的时刻,
> 大王赠送我们臂环,
> 在宴饮大厅,我们则向他许下诺言:
> 在他需要之时——恰如此刻,
> 我们定要回报他赠送的装备——
> 有头盔、也有利剑。①

这一番思量后,威格拉夫为主公纵身跃入战斗。在他身上,贝奥武甫的礼物起到了预设的作用。但是其他的扈从却无胆应战。主公赐赠臂章,而懦夫们却不敢挺身保卫他,此时,威格拉夫(还有诗人)发出了严厉的叱责:他们受礼而无回报,因此荣誉尽丧。在瑞典南曼兰省(Södermanland)的一块11世纪的石碑上也刻有类似指责:"奥洛夫(Olof,身份不明)树立此碑纪念他在哥特兰岛被杀的儿子比容(Bjön)。他的麾下临阵逃跑,致使他殒命;逃兵……没有好下场"。②

诗人对贝奥武甫赠送礼物的描述很说明问题。挑明送礼的目的:扈从以忠诚为回报。或者就像10世纪的国王"好人哈康"(Häkon the Good)③所言(倘若这节诗确实出自他的口):"我给手下黄金和〔银〕饰的长矛,他们充分还报。我们投入战斗,跟汉姆希

---

① *Beowulf*, lines 2633 – 2638, ed. Fulk, Bjork, and Niles, 90; trans. Liuzza, 134.
② Sö 174, ed. Erik Brate and Elias Wessén, *Södermanlands runinskrifter*, Sveriges runinskrifter 3 (Stockholm, 1924), 135 – 136; "Samnordisk runtextdatabas."
③ 参见下页注③。——译者注

尔(Hamðir)的恶战就在眼前。"①

贝奥武甫给威格拉夫的赠礼首先是一套武士的装备。古斯堪的纳维亚的吟唱诗人也提到此类礼物,例如索尔比约恩·霍恩克洛维(Thorbjorn hornklofi,生活在900年左右)②描述了给国王金发哈拉尔(Harald Fairhair)③当扈从的武士的命运:

> 战斗中打出名声的武士在哈拉尔的宫中扔骰子,他们所得甚多,得到财物,漂亮的剑,匈人的宝矿[黄金或武器?],还有年轻的东方女奴。④

另一种适合赠送武士的礼物是环形饰品,特别是臂环,贝奥武甫因此被描绘为"臂环赠予者"。在古斯堪的纳维亚诗歌里,统治者也被称作"臂环施予者",吟唱诗人运用各式同义词表达此意,诸

---

① Hákon inn góði Haraldsson, Lausavísa, ed. Finnur, *Skjaldedigtning*, B:1, 54. 这节诗很可能并非出自哈康之手,其撰写的时间更晚。不过,它体现出了礼物交换体制下很典型的情感。

② 挪威诗人,是国王金发哈拉尔的宫廷诗人。——译者注

③ 生卒年份不确定,大致在850年至932年左右;中世纪历史撰写者笔下第一个统治全挪威的国王(约从872年至930年),他有多个儿子,彼此争斗;王位由两个儿子血斧王埃里克(参见本书第109页注⑥)和好人哈康(即Haakon Haraldsson,又名Haakon Adalsteinsfostre)继承;其生平详情多出于300年后的萨迦,缺乏可靠的历史文献支持。——译者注

④ Þórbjorn hornklofi, Haraldskvæði (Hrafnsmál), 16, ed. Finnur, *Skjaldedigtning*, B:1, 24. 这节诗中的一些词汇很难精确理解:Málmr(矿石)一词在诗歌的隐喻中往往用于指代黄金,或者在人们想到铁矿石时指代武器;撰写此节的诗人很可能希望这两种意象都能唤起。Finnur Jónsson 把这里的 Hunnish ore 理解为矛、枪,Hunn 可以指船桅顶端的球状物,或熊仔;不过这里更可能取其衍生之意"骰子"; See Sveinbjörn Egilsson and Finnur Jónsson, *Lexicon poeticum antiquæ linguæ Septentrionalis: Ordbog over det norsk-islandske skjaldesprog*, 2d ed. (Copenhagen, 1931).

如 bauga deilir, hrirngvörpuðr, hrirngstriðr, 以及 hrirngbrjótr 等。谁能以臂环相赠，谁就是一个好的统治者[1]。以贵金属（金和银）制成的环形饰品（以及其他饰品）是常见的墓葬品（见图5），考古发现证实了它们在早期中世纪的斯堪的纳维亚的重要性。大体上，这一时期有很多银饰品保存至今，不仅在墓穴里，还有成堆地埋在地下，从来无人认领。此类宝藏中通常有大量的银锭、银环和硬币。1999年在哥特兰岛的斯比林斯（Spillings）一地发现了两处藏品，彼此相距很近，所藏银子至少有65公斤，其中包括约520个臂章[2]。

研究斯比林斯的宝藏这一类考古发现时，我们虽然常常推测那些身价特别不凡的物品可能是礼品，但往往无法确定哪件就是礼品，或要用作礼品。有时，相关的情况让我们比较有把握地把某件东西判定为礼品。在970年与971年间的冬天，一个身躯硕大的男子去世，葬在日德兰半岛上马门的一个墓冢里[3]。他头枕羽绒枕，身上的衣服极其华贵，上面有闪烁的黄金饰片，旱獭毛皮，绣有几只豹子和其他动物；还有两把斧子陪葬。马门的这个男子显然是个重要的武士，两把斧子中的一把以其华丽的装饰闻名，上面以银丝镶嵌表现一个动物和一棵植物（见插图6）。以风格而言，它

---

[1] Sveinbjörn and Finnur, *Lexicon poeticum*, 36 - 37 and 180 - 282; Richard Cleasby, Guðbrandur Vigfússon, and William A. Craigie, *An Icelandic-English Dictionary*, 2d ed., (Oxford, 1957), 285; RGA 25.5, s. v. "Ring und Ringschmuck," by Ch. Zimmermann and T. Capelle.

[2] Jonas Ström, "Världens största vikingatida silverskatt," Historiska museet (2002), http://www.historiska.se/historia/manadensforemal/2002/mfjuni2002/. 关于 Hågvald 的聚藏，参阅 Birgitta Radhe, ed., *Klenoder i Gotlands Fornsal*, Gotländskt arkiv 75 (Visby, 2003).

[3] Iversen, ed., *Mammen*; RGA 19.197 - 205, s. v. "Mammen und Mammenstil," by E. Nyman and I. Skibsted Klæsø.

图5. 在瑞典的哥得兰岛上盖鲁姆的 Hägvalds，农人葛特·尼尔森挖土时突然发现一批无价之宝。他发掘的陶罐里有 1912 枚维京时期的银币，4 个螺旋形银圈，以及 31 片其他银制品。这批宝藏证明，早期斯堪的纳维亚人渴求银子；而不同的硬币则表明 10 世纪晚期北方商贸圈的范围：1298 枚阿拉伯硬币，591 枚日耳曼硬币，11 枚出自保加尔，6 枚英格兰硬币，3 枚出自拜占庭，还有 2 枚出自波西米亚。最晚的硬币的年代为 991 年，说明该陶罐在其后不久埋入地下。图片摄影：Raymond Hejdström，由维斯比的哥得兰博物馆提供。

与耶灵（Jelling）一地①大约同时期的蓝牙哈拉尔的画像石上的装饰很相像，学者们因此断定斧子出自蓝牙哈拉尔宫廷中的工匠之

---

① 位于今天的丹麦偏南部的瓦埃勒市（Vejle），以如尼文石碑闻名。——译者注

手①。最合理的解释是哈拉尔把这把斧子当礼物送给自己的一个扈从,即这位葬在马门墓冢里的男子。斧子看起来虽然漂亮,今天仍让我们惊叹,但其工艺和装饰并不出色。部分的银丝马马虎虎地镶嵌在铁斧上,看起来像是匆忙之作②。工匠们匆匆赶工,是否因为他们在做的不止这一把斧子?国王哈拉尔手下最重要的扈从是否都要来与他同饮共餐?国王是否想把漂亮的斧子当作聚会的礼物送给众人?国王哈拉尔是通过赠送名斧之类的礼物让这位葬在马门的男子感到满意、忠于自己吗?马门墓冢里的斧子装饰漂亮,是哈拉尔的风格,做工却很仓促;看来送斧子为表达友谊,而非为实用。作为友谊的象征,这种斧子充当国王给属下的礼物倒是正合适。

赠送及收受礼品与早期中世纪有关荣誉和个人价值的观念有着错综复杂的关联。礼品与名望、荣誉相关,其功能不在于经济价值或实用性,而在提升送礼者和受礼者的威望。这一点在《贝奥武甫》中就可以看到,诗人着墨于礼品的实用性较低的方面,突出它们多么稀罕,有多美。例如,荷罗斯加赠给贝奥武甫的礼物包括"一个做工精巧的马鞍,上面镶有宝石"③。

早期中世纪头领慷慨、豪爽的另一体现就是好客。头领的大厅里的盛宴是北方早期中世纪文学中不断出现的主题。在一首11世纪的赞颂诗中,阿尔诺·亚拉斯考德颂扬其恩主奥克尼郡

---

① Signe Horn Fuglesang, "The Axehead from Mammen and the Mammen Style," in *Mammen*, ed. Iversen.

② Bjarne Lønborg, *Vikingetidens metalbearbejdning*, Fynske studier 17 (Odense, 1998), 106, n. 143.

③ *Beowulf*, line 1038, ed. Fulk, Bjork, and Niles, 37; trans. Liuzza, 85.

图6.970年至971年之间的冬天,在丹麦的日德兰半岛的马门,一柄华美的斧子埋入一座装饰豪华的武士的墓冢;斧子的银丝镶嵌十分精美,闻名遐迩,早期中世纪的装饰艺术的马门风格即由此得名。这把斧子可能是国王蓝牙哈拉尔赠给手下一个武士的礼物。图片摄影伦纳特·拉森,由哥本哈根的国家博物馆提供。

(Orkneys)的郡主托尔芬(Thorfinn)①让其麾下整整一冬有吃有喝(而不是像其他领主只管圣诞节期间的吃喝):

---

① 可能生于1009年,卒于1065年左右;除奥克尼外,据说他还统治过苏格兰、赫布里底斯和爱尔兰的一些地方,被称作"强大的托尔芬"。——译者注

整整一冬（那冻死蛇的季节），他
喝了满池的麦芽酒，真是绝了，
——全仗着头领侠义好客。①

如前所述，在吟唱《贝奥武甫》的诗人口中，威格拉夫牢记主公在他"流淌着蜂蜜酒"的大厅里豪爽待客的情景。10世纪的吟唱诗人科尔马克·欧格蒙塔森则颂扬其主公——郡主西格德（Sigurd）②——提供食物慷慨大方，声称到这位了不起的头领那里去，谁也不用带吃的（好像待客的便饭是由他主管？）③。

早期中世纪的大厅就是此类款待宾客的场所，通过考古，这样的大厅已在斯堪的纳维亚多处地方得到确认，以西兰岛（Seeland/Sjælland）的勒伊莱（Lejre）和瑞典的老乌普萨拉（Old Uppsala）为例④。勒伊莱的大厅建于880年左右，长48.5米，宽11.5米，真可

---

① Arnórr jarlaskáld, *Þorfinnsdrápa*, 2, ed. and trans. Whaley, *The Poetry of Arnórr Jarlaskáld*, 123; Kari Ellen Gade, ed. *Poetry from the Kings' Sagas*, 2: *From c. 1035 to c. 1300*, Skaldic Poetry of the Scandinavian Middle Ages (Turnhout, 2009), 2:232.

② 即西格德·哈康松（Sigurd Håkonsson），可能生于895年，卒于962年；挪威贵族、拉德郡主，挪威国王哈康一世的顾问和朋友；因权力之争，他在一个宴饮之夜被对手纵火烧死。——译者注

③ Herschend, *Livet i hallen*, 61-89. 慷慨待客方面的情况，还可参阅Christiansen, *Norsemen in the Viking Age*, 143-146.

④ RGA, 13.414-425, s. v. "Halle," by F. Herschend. See also Rosemary Cramp, "The Hall in Beowulf and in Archeology," in *Heroic Poetry in the Anglo-Saxon Period: Studies in Honor of Jess B. Bessinger, Jr.*, ed. Helen Damico and John Leyerly (Kalamazoo, Mich., 1993); Leslie Webster, "Archaeology and Beowulf," in *Beowulf: An Edition with Relevant Shorter Texts*, ed. Bruce Mitchell and Fred C. Robinson (Oxford, 1998); Herschend, *Livet i hallen*; Birkebæk, *Vikingetiden i Danmark*, 51-53; John D Niles, "Beowulf's Great Hall," *History Today* 56 (2006); Niles, Christensen, and Osborn, eds., *Beowulf and Lejre*.

谓一个大体量的建筑。这是已知的北欧维京时期最大的建筑,就在它的位置上,此前曾先后建过两个大厅。论体量,它是我们所知的英国早期中世纪最大的建筑——耶威林(Yeavering)的诺森布里官——的两倍。我们将在下面看到,日耳曼编年史家梅泽堡的蒂特马尔(Thietmar of Merseberg)①声称,勒伊莱是"本王国的首都"②,该地以前举行过异教的献祭仪式。大厅是首领们展示其财富和教养的地方。正如我们此前所见,西格伐特颂扬奥拉夫·哈拉尔松的大厅,说它的墙上挂着闪闪发亮的武器。我们在《贝奥武甫》里听到诗人对国王荷罗斯加的名为鹿厅(Heorot)的宴饮大厅的描述,里面有类似的堂皇陈设,王后薇尔晢欧(Wealhtheow)衣着华丽,从带装饰的酒罐里给众人斟蜂蜜酒。考古工作者在诸大厅中发现的玻璃碎片说明,文学作品提到的奢侈状况确实存在。搞这类炫耀,玻璃器皿是很实用的奢侈器物。头领们不仅能拿出大量优质的蜂蜜酒、啤酒和葡萄酒犒赏宾客,而且还有稀罕的容器——例如玻璃酒杯——来盛酒。在斯堪的纳维亚早期中世纪的墓穴里时常发现玻璃材质的饮酒器皿。

斯堪的纳维亚的石碑上的铭文描述的内容与贝奥武甫和托尔芬在大厅以酒宴款待宾客的情况类似。瑞典的斯莫兰省

---

① 生卒年为975—1018年;出身贵族,先后担任过修院住持和梅泽堡的主教,撰写的编年史涵盖908至1018年间的事件,共8卷;其文字与内容的水平均非一流。——译者注

② Thietmar of Merseburg, Chronicon 1.17, ed. Robert Holtzmann, Die Chronik des Bischofs Thietmar von Merseburg und ihre Korveier Überarbeitung, MGH SS rer. Germ. NS 9 (Berlin, 1935), 23; trans. David Warner, Ottonian Germany: The Chronicon of Thietmar of Merseburg, Manchester Medieval Sources Series (Manchester, 2001), 80.

(Småland)有一块11世纪的石碑,上面的铭文赞美一个慷慨的亡者:"威蒙德(Vemund)以此碑纪念其兄弟斯文(Svein)——他对扈从态度和蔼,吃饭管够,大受赞扬"①。1990年瑞典的希格图那镇(Sigtuna)的考古发掘出又一个相关的铭文:"国王提供膳食最为慷慨。他拥有最大的财富。他招人喜欢。"②该铭文刻在一截母牛的肋骨上,(让人不禁揣测,)这块骨头是11或12世纪的一场盛大酒宴的残迹。可能是一个能读会写的客人以此方式表达他对饭食和主人的满意之情。

任何头领若力求既保住现状又扩大势力,他必须有能力给手下的武士赏赐合适的礼物。缺了这样的礼物,武士们就不必因名誉攸关而对头领尽忠。西格伐特·索达尔森本人即一名扈从,他在一首题为"直言不讳歌"里表达的就是这个意思。他觉得奥拉夫·哈拉尔松的儿子马格努斯(Magnus)③不如其父慷慨,便扬言

---

① Sm 44, ed. Ragnar Kinander, *Smålands runinskrifter*, Sveriges runinskrifter 4 (Stockholm, 1935), 1.136 – 140; "Samnordisk runtextdatabas." 类似的铭文现存的很多,例如,"Holmbjörn树立此碑纪念自己,他慷慨地提供食物,而且能言善辩"(U 739, ed. Elias Wessén and Sven B. F. Jansson, *Upplands runinskrifter*, vol. 3, Sveriges runinskrifter 8 [Stockholm, 1949], 280 – 283);又如:"在拥有土地、财产者中,他的声誉最好,提供食物最为慷慨。"(DR 291, ed. Moltke and Jacobsen, *Danmarks runeindskrifter*, 343 – 344). See also Jansson, *Runes in Sweden*, 126 – 129 and "Samnordisk runtextdatabas."

② Helmer Gustavson, Thorgunn Snædal, and Marit Åhlén, "Runfynd 1989 och 1990," *Fornvännen* 87 (1992): 166; "Samnordisk runtextdatabas." 正如文本编辑者指出的,在缺乏语境方面的信息的情况下,我们很难解读这样短短的一行文本。它有可能是一例反语,文学作品的一条引语,或是一则贬语。无论作者有什么样的意图,我们很难提出,出席宴饮的人钦佩东道主是不正常或不可取的情绪。

③ 即马格努斯·奥拉夫松(Magnus Olafsson,约1024—1047),奥拉夫·哈拉尔松唯一的儿子,1035年他11岁时被宣布为挪威国王,1042年又当上丹麦国王,统治两国直至1047年突然死于丹麦,关于死因说法不一。——译者注

要转投丹麦国王哈尔达库诺德(Hardaknud)的门下[①]。换言之,他威胁说,除非礼物来得更频繁,他将离开该国王另投他人。不难想象,倘若手下的人知道敌方的头领更为慷慨,他们便会在一场决战前,迅速抛弃自己的头领。打仗时扈从转投他主的情况我们至少见到一例,尽管并不清楚事情是发生在战前、战斗中还是战后。此人即霍尔弗莱德·奥塔森,其主子是挪威郡主哈康·西古尔德松,但是当995年奥拉夫·特里格瓦松来到挪威之时,他却转投其麾下效忠[②]。

各头领之间争抢同一群武士高手为其效忠,出手的礼物越来越大,形成节节攀升之势,加大了头领们对财富的需求。然而,要赢得并保持武士的拥戴,给他们更多的财富并非唯一的手段。头领们还搜寻从远地来到斯堪的纳维亚的稀罕、豪华之物。此类礼物的价值部分在于其奇异不凡,而其他礼物则因出自能工巧匠之手而显金贵。头领们还有一种不同的礼物,即与扈从们一起参加宗教仪式,以此打造一种有时与礼物交换关系重叠的同胞之情。这种情况最终导致斯堪的纳维亚接受基督教。

---

① Sigvat, Bersöglisvísur 17, ed. Finnur, *Skjaldedigtning*, *B:1*, 238; *ed. Gade, Poetry from the Kings' Sagas*, 2:29.
② 关于这一点,见本书"绪论"。

第4章 创建权力

距离公元1000年还有15年之时,一个名叫埃里克(Eric)①的年轻杀人犯被一个冰岛法庭剥夺了法律保护,这意味着在此后的3年里,只要他在冰岛,任何人在任何情况下都可以合法杀死他。他不得不离开该岛,不过这倒不是什么重大灾祸,因为他在此地本来就没有什么值得维护的身份、地位。他是个惹祸之徒,游手好闲,已经因杀过数人而两次被迫迁移。第一次,他随父亲从挪威移居冰岛,随后从主岛移到奥克斯奈(Oxney)和布洛凯(Brokey)这两个小些的岛上。到了必须第三次迁移时,他与大多数类似处境的人不同,没有选择东移到斯堪的纳维亚大陆,或南迁到斯堪的纳维亚人掌控的不列颠诸岛,而是大胆西行到了格陵兰。格陵兰的其他地方冰川覆盖,但西海岸的部分地区却是丰饶的草场,周边的北极海域中有众多的海象、鲸及其他珍贵动物。埃里克发现自己可以在此地过上好日子了,他给岛起名为"格陵兰",因为"他说如果这片土地有一个好名字就会鼓励人们前来"。等三年期满,他回到冰岛,开始招募人员跟随他去格陵兰定居。许多人想要抓住这个新机遇,他们在岛上的两个定居点建起数十个农场,格陵兰欣欣向

---

① 即下面提到的红头埃里克,本名 Eric Thorvaldsson,可能因红发、红须得了红头这一绰号;950年出生于挪威,卒于1003年左右,终生信奉异教。——译者注

荣,变成已知世界中最西北角的一个斯堪的纳维亚人定居点,埃里克则变成一个了不起的头领①。

我们从晚期的萨迦里读到这个故事,而这些萨迦很可能夸大了许多东西,其中包括红头埃里克(Erik the Red)在冰岛的悲惨日子与他后来在格陵兰的成功之间的鲜明对比。然而,毋庸置疑的是,他成为格陵兰的首要人物;此外,这个故事抓住了维京时期斯堪的纳维亚民族迁徙中的一个基本问题:在斯堪的纳维亚有些首领可能势力不大,迁徙他处首先就给此类人提供机会,让他们打造出适合自己的权力位置。他们带了人去,有时为数还不少。不过,我们不能把它看成类似于19世纪末斯堪的纳维亚人大规模向美国和加拿大移民的情况。决定跟随发迹的挪威头领迁移的并不一定都是挪威人,这一点已经在冰岛现代人口的基因图谱中得到清晰的证实。尽管中世纪诸萨迦说从挪威过来的大批移民在冰岛住下,但冰岛人既有斯堪的纳维亚人的基因,也有凯尔特人的基因②。许多爱尔兰男子和妇女来到冰岛,而且这些人并非都是奴隶身份。

遇到当头领的机会时,有的斯堪的纳维亚人就抓住了机会,红头埃里克即为一例。我们从文献中了解到的首批斯堪的纳维亚投

---

① *Íslendingabók* 6, ed. Jakob Benediktsson, *Íslendingabók*: *Landnámabók*, Íslenzk fornrit 1 (Reykjavik, 1968), 13 - 14; trans. Siân Grønlie, *Íslendingabók = The Book of the Icelanders*: *Kristni Saga = The Story of the Conversion*, Viking Society for Northern Research: Text Series 18 (London, 2006), 7; Keneva Kunz, *The Vinland Sagas*: *The Icelandic Sagas about the First Documented Voyages across the North Atlantic*, Penguin Classics (London, 2008), 26 - 28.

② Agnar Helgason et al., "Estimating Scandinavian and Gaelic Ancestry in the Male Settlers of Iceland," *American Journal of Human Genetics* 67 (2000); Agnar Helgason et al., "mtDNA and the Islands of the North Atlantic: Estimating the Proportions of Norse and Gaelic Ancestry," *American Journal of Human Genetics* 68 (2001).

机分子中有一个是名叫哈拉尔·克拉克(Harald Klak)[①]的丹麦人。810年丹麦国王古德弗雷德被谋杀后,有几个想当丹麦王的人开战,哈拉尔即位列其中。他向帝国皇帝虔诚的路易求助,而后者为获取在丹麦的影响力则乐于相助。为夺取并维持其丹麦王权,哈拉尔连连出手,却并不很成功。到了826年他同意受洗,让帝国皇帝虔诚的路易充当教父,可能想以此激发路易加大援助的力度,这一点路易真的做到了。然而我们不禁感到,哈拉尔接受洗礼的真实意图是被接纳加入法兰克帝国。哈拉尔及其家人、扈从的受洗仪式盛大,路易还为此把吕斯特林根(Rüstringen)的弗里斯兰郡(Frisian)送给哈拉尔,充当他攻打丹麦境内的王位竞争者的根据地。哈拉尔始终未能控制丹麦。反之,他作为扈从在皇帝给他的地盘上安顿下来。他在祖国丹麦未能争得一席地位,在外邦之地(其实离丹麦也并不那么遥远)闯荡,却得到了一个或许更好的地位[②]。

红头埃里克和哈拉尔的故事或许代表了维京时期斯堪的纳维亚人背井离乡的情况:头领们各自抓住一切机会在外邦之地替自己闯出贵族身份,当时的历史记载中成功者比比皆是,如到冰岛的

[①] 生卒年约为785—852年;812—814年以及819—827年为日德兰(可能还有丹麦其他一些地区)的国王。——译者注

[②] RGA 13.637–638, s. v. "Haraldr," by A. Krause; Dansk biografisk lexicon 6 (Copenhagen 1980), 1, s. v. "Harald Klak," by Aksel E. Christensen. Ian Wood, "Christians and Pagans in Ninth-Century Scandinavia," in *The Christianization of Scandinavia: Report of a Symposium Held at Kungälv, Sweden 4–9 August 1985*, ed. Birgit Sawyer, Peter Sawyer, and Ian Wood (Alingsås, Sweden, 1987).

英戈尔夫(Ingolf)①,到罗斯的留里克(Rurik)②——他的一个同名者留里克(Rorik)跑到西法兰克王国;到诺曼底的罗洛(Rollo)③;到英格兰的有哈夫丹(Halfdan)④,无骨者伊瓦尔(Ivar Boneless)⑤,格思鲁姆以及英格兰的血斧王埃里克(Eric Bloodaxe)⑥;到爱尔兰的奥拉夫(Olav,这个名字在盖尔语中就是Amlaib)⑦和希特里克(Sihtric)⑧等等,一个长长的名单。此外肯定还有过许多此类

---

① 即下面提到的英戈尔夫·阿纳尔松。——译者注
② 生卒年为约830—879年;只有12世纪编撰的《往年纪事》讲述了他的故事;包括罗斯在内的各部落彼此争夺不断,于是邀请以他为首领的瓦兰吉亚人前往重建秩序,后来,他的继承者把首都迁移至基辅,建立了基辅罗斯国;现代学者对相关的具体内容多有质疑。——译者注
③ 参见本书第118页注①。——译者注
④ 其父为9世纪声名最为显赫的维京人;他于874年率众进犯泰恩河口,与皮克特人和布立吞人交战;875/876年间在约克建立一个丹麦王国,876年把国土分给手下,然后可能参加了维京人攻打北部爱尔兰的行动。——译者注
⑤ "无骨者"为绰号,本名为Ivar Ragnarsson,可能卒于873年;维京头领,他人眼中狂暴的武夫;他的势力范围包括现代丹麦和瑞典的部分地区;数次领军进犯英格兰东部。——译者注
⑥ 埃里克·哈拉尔松(Eric Haraldsson)的绰号(血斧之称的原因不确定,有出自他为夺王位杀死异母兄弟的说法,也有出自他凶狠抢掠的名声的说法);金发哈拉尔(参见本书第97页注③)之子,生于约885年,卒于954年;关于他的生平的历史文献很少,但萨迦中有很多传说;他当过短期的挪威国王以及两次短期的诺森布里亚国王,但关于这一点,现代有的史学家提出质疑,认为两处王的并非同一个埃里克。——译者注
⑦ 其古斯堪的纳维亚全名为Óláfr Sigtryggsson,10世纪时数次统治诺森布里亚和都柏林及其属地的国王,经历、参与了多次权力争斗;他是大名鼎鼎的武士,抢掠教堂毫不手软,但同时也是诗人的保护人;死后,他成了中古英语传奇中Havelok the Dane这一人物的原型。——译者注
⑧ 卒于927年,当上爱尔兰国王的挪威维京人Ímar(有些历史学家认为他与无骨者伊瓦尔为同一人)的孙子;根据《阿尔斯特编年史》,他与另一支维京舰队于917年来到爱尔兰,打败了爱尔兰国王;他占领了都柏林,当上国王,后来他离开都柏林到约克当了国王。——译者注

人物，不过保存下来的文献没有提到他们的事迹。到异乡落户者的境遇差异很大，其中有些人，如红头埃里克来到人烟稀少之地，谁来谁就拥有此地。其他人有打进去的——比如不列颠诸岛的众多征服者，还有哈拉尔、留里克一类，他们是高高兴兴地获得了法兰克国王或斯拉夫部落的授权。这些迁徙者的主要目标就是权力，对于如何获得，他们并不在意。

打定主意不在斯堪的纳维亚本地为自己构建权力的头领们，率领其他斯堪的纳维亚人到别处博取权势，他们有三个迁移方向：有些去了北大西洋诸岛，有些去了欧洲西部，还有些则去了欧洲东部。

大西洋诸岛

英戈尔夫·阿纳尔松（Ingolf Arnarsson）[①]于870年代从挪威迁移至冰岛，是该地最早的挪威居民。他在南部的雷克雅未克（Reykjavik）定居，不久，许多人追随而来，结果到了930年，岛上已遍布居民。英戈尔夫及其后裔是雷克雅未克的大头领，该地作为冰岛的首都，其强势地位一直持续到现代。

上述故事至少见于12世纪早期由艾利·索吉尔松（Ari

[①] 据称是最早定居冰岛的斯堪的纳维亚人，874年打造了定居地，并取名为雷克雅未克。——译者注

Thorgilsson)①编撰而成的《冰岛人之书》(Íslendingabók),该书是冰岛最早的书面历史,但距离艾利讲述的事件已有数百年。他撰写的事情可能确实发生过,也可能没有,但是对我们的论证而言,准确的名字和人物并不重要。真正重要的是像英戈尔夫这样的定居者到冰岛来是为了当上头领。阅读《冰岛人之书》以及此后冰岛的其他文献,我们就会看到,这一点在冰岛社会的形象中显示得很清楚。

12、13世纪的冰岛文献描绘了一个由头领(冰岛语中的 goðar)统治的社会,其中各个头领均有自己的一群扈从(冰岛语中的 goðord)。头领和他们的扈从常常彼此打斗,冰岛人于是发展出一套复杂的体制来管控头领之间的竞争造成的暴力行为。扈从之间的纷争由其头领裁决,而头领之间或分属不同头领的扈从之间的纷争则在一个叫作"thing"②的地区会议上解决。如果纷争各方分属不同的地区,问题则递交称作"Althing"的全岛的年会上解决③。

冰岛从有史之初便肯定有头领,不然何以演变出这样一套制度?这样,我们便不得不猜测,人们到冰岛定居的情况与红头埃里克称霸格陵兰的形势相仿:未来的头领们带领移居者来到无人居住的岛屿,为自己打造出一片片领地。

正如前面所述,冰岛是移民继续西移至格陵兰途中的一个基地;迁徙者转而以格陵兰为基地试图继续西迁,只是此举未能成

---

① 生卒年为1067—1148年,冰岛中世纪最重要的编年史家;他撰写的《冰岛人之书》详述了一些定居冰岛的家庭的历史;他被称作"智慧的艾利",也有人认为他是以古斯堪的纳维亚语撰史的第一人。——译者注
② 据说这一体制的创始人是英戈尔夫的儿子 Þorsteinn Ingófsson。——译者注
③ Jesse L. Byock, *Viking Age Iceland* (London, 2001).

功。在公元 1000 年左右,有个人在海上航行时被风吹离了航线,结果发现了格陵兰西南部的土地。根据多年之后出现的一些萨迦,红头埃里克的儿子利夫(Leif)[①]为谋求家族利益而出发勘察这片土地。这些萨迦说,利夫在其称作温兰德(Vinland)的新地方落脚,然而与被称作斯科莱林格(skraelinger)的美洲土著的冲突使他放弃了定居的计划,因此与伙伴们一起回到格陵兰。事实是,斯堪的纳维亚人在纽芬兰建立过一个短暂的定居点,该定居点于 20 世纪 60 年代考古出土,里面发现了美洲土著使用的一个箭镞。可以说,该箭镞赋予了讲述斯堪的纳维亚人与美洲土著之间的对抗的萨迦故事一定的可信度。格陵兰人在殖民失败后并未完全放弃自家西边的自然资源,他们去那里是为了获取格陵兰岛所没有的木材及其他货物[②]。

西欧

一些斯堪的纳维亚人为了当上头领迁移到西欧各处,特别是不列颠诸岛,也有法国;我们知道他们之中许多人的名字。

[①] 红头埃里克有三个儿子,利夫为其中之一;与终生为异教徒的父亲不同,利夫及妻子在国王奥拉夫·特里格瓦松手下受洗,皈依了基督教,并在格陵兰起了一些传教作用。——译者注

[②] Jones, *A History of the Vikings*, 295–306; Birgitta L. Wallace, *Westward Vikings: The Saga of L'Anse aux Meadows* (St. John's, NF, 2006). 虽然斯堪的纳维亚人无疑在维京时期到过北美,但是绘有北美东北部所谓的文兰地图(Yale University, Beinecke Rare Book and Manuscript Library MS 350A)显然是现代的伪造品,见 Kirsten A. Seaver, *Maps, Myths, and Men: The Story of the Vinland Map* (Stanford, Calif., 2004)。

斯堪的纳维亚人在不列颠诸岛由北向南逐渐定居。这一过程始于不列颠以北的诸岛，如设得兰群岛、奥克尼群岛和赫布里底群岛。到维京时代末期，在这些岛屿的人口中，斯堪的纳维亚人已占绝对优势①，而诸种古斯堪的纳维亚方言一直延续至现代时期。

至于斯堪的纳维亚人究竟何时开始在这些岛上生活，我们并不十分清楚。直至9世纪末才有可靠的证据说明他们已经生活于此②。历史学家们认为，自790年代起侵袭不列颠诸岛的维京人肯定有个基地，比斯堪的纳维亚更接近他们侵袭的目的地；史学家们因此希望把维京人在此定居的日期定在8世纪③。这一看法听似相当有理，但事实却是，既没有文献资料也没有考古证据可以说明任何斯堪的纳维亚人早在此时就在这里定居。

在9世纪中叶左右，维京侵袭者就开始在不列颠和爱尔兰的几个地方过冬。《阿尔斯特编年史》④的作者的表述中似乎带点惊讶，说在841年初"内伊湖（Lough Neagh）一带仍有异教徒"⑤。为保护自己的船只，他们着手在内伊湖以及岛的周边地区建造几座要塞，即所谓的 *longphoirts*。他们于841年在 Duiblinn（即现在的都柏林）建了一座要塞，一位编年史作者指出，这些人842年还在该地。事实上，到维京时期结束，他们一直都在都柏林，把它变为一

---

① S. Goodacre et al., "Genetic Evidence for a Family-based Scandinavian Settlement of Shetland and Orkney during the Viking Periods," *Heredity* 95 (2005).

② Crawford, *Scandinavian Scotland*; A. D. M. Forte, Richard D. Oram, and Frederik Pedersen, *Viking Empires* (Cambridge, 2005).

③ Crawford, *Scandinavian Scotland*, 40.

④ 关于此编年史，参见本书第55页注①。——译者注

⑤ Mac Airt and Mac Niocaill, eds. and trans., *Annals of Ulster*, 298–299; Ó Corráin, "Ireland, Wales, Man, and the Hebrides," 88.

个斯堪的纳维亚王国的中心①。在现代爱尔兰人口中尚未发现明显的维京人基因的痕迹,这表明,文献记录中来到此地的只是小股寻求权力的斯堪的纳维亚人,而不是大批的移民②。

在英格兰,盎格鲁—撒克逊编年史的撰写者于850年首次提到,"异教徒在萨尼特岛(Thanet)过冬"③。维京人想在那里过冬一事表明,无论在头领还是其手下的眼中,斯堪的纳维亚老家都没有很多东西能吸引他们回去,他们想在此地长期定居并不让人感到意外。874年,哈夫丹率领一股维京人——所谓"大军"的一部分——征服了诺森布里亚的泰恩河流域。维京人在此定居下来,哈夫丹以约克为中心建立了自己的王国,在其后一个世纪的大多数年份里,统治约克的国王均为斯堪的纳维亚人。

维京人同样也在英格兰的其他地区定居下来。877年,他们瓜分了麦西亚的土地;878年,"一伙维京人聚集起来在泰晤士河畔的富尔汉姆(Fulham)定居";880年,一支队伍侵袭东盎格利亚,定居下来并瓜分了该地土地④。看来这些文献描绘的就是头领定居某

---

① Alfred P. Smyth, Scandinavian York and Dublin: The History and Archaeology of Two Related Viking Kingdoms (Dublin, 1987); Benjamin T. Hudson, Viking Pirates and Christian Princes: Dynasty, Religion, and Empire in the North Atlantic (Oxford, 2005).

② Brian McEvoy et al., "The Scale and Nature of Viking Settlement in Ireland from Y-chromosome Admixture Analysis," *European Journal of Human Genetics* 14 (2006).

③ *Anglo-Saxon Chronicle*, s. a. 851, ms E, ed. Irvine, 46; trans. Swanton, 65.

④ *Anglo-Saxon Chronicle*, s. a. 880, ms A, ed. Bately, 50 - 51; ms E, ed. Irvine, 50 - 51; trans. Swanton, 74 - 77.

地、并把所征服之地分配给手下武士的过程①。此类安排显然是把耕地分配给个体的维京人,却同时也缔造出头领们的贵族地位。斯堪的纳维亚血统的国王们长期统治叫作丹麦法区(Danelaw)②的东英格兰的部分地区。我在本章前面曾简短地提到格思鲁姆③,他是东盎格利亚的国王;还有哈夫丹,他在约克有数个维京继承人。这些头领也统治了都柏林、马恩岛、赫布里底群岛和设得兰群岛。

在不列颠诸岛定居的斯堪的纳维亚人与已在该地的盎格鲁—撒克逊人及凯尔特人同化得比较快,虽然至少部分地区的人群今天还携带各自不同的基因④。有明显的证据说明定居者娶了本地妇女,《贝奥武甫》的出现很可能有赖于由此而来的文化融合,尽管关于这一看法存在很大的争议。该诗用古英语撰写,但讲述的却完全是斯堪的纳维亚的事情⑤。文化融合也造成许多由一个斯堪的纳维亚的人名或词与一个英语字混合而成的地名,像格里姆斯通(Grimston)即出自斯堪的纳维亚的男性名字 Grimnir 或 Grim 与古英语的 tun(意思是"围起来的地方,住处,或市镇")。其他以-by

---

① Peter Heather, Empires and Barbarians: The Fall of Rome and the Birth of Europe (New York, 2010), 484 – 487.
② 9 世纪丹麦人入侵盎格鲁—撒克逊人的英格兰,占据了北部、中部和东部地区;这些地区的地方法院采用的习惯法就是有别于南部地区的西萨克森法和西部的麦西亚法的丹麦法,到 11 世纪这些地区已被称作丹麦法区。——译者注
③ 见本书第 61 页,第 109 页。——译者注
④ Mastana and Sokol, "Genetic Variation in the East Midlands"; Georgina R. Bowden et al., "Excavating Past Population Structures by Surname-Based Sampling: The Genetic Legacy of the Vikings in Northwest England," *Molecular Biology and Evolution* 25 (2008).
⑤ Levin L. Schücking, "Wann entstand der Beowulf? Glossen, Zweifel, und Fragen," *Beiträge zur Geschichte der deutschen Sprache und Literatur* 42 (1917), 此文提出一个合理的论点:《贝奥武甫》源自英格兰北部、中部和东部施行丹麦法的地区。

("村庄"),-thorp("小村庄"),或-eye("岛屿")结尾的地名则完全是斯堪的纳维亚名字。斯堪的纳维亚人到此定居也影响了不列颠诸岛的语言,虽然对盖尔语①的影响比对英语的小。现代英语中有诸多字词来自斯堪的纳维亚的语言,比如 they、seem、wrong 等。有些斯堪的纳维亚的字词既进入盖尔语也被英语吸收,例如古斯堪的纳维亚词 rannsaka(意思是搜查住所);在盖尔语里它变成 rannsugbadh(意思是搜查,翻找),而在英语里变成 ransack。到10世纪末,爱尔兰贵族心安理得地借用斯堪的纳维亚的名字,例如 Amlaíb(取自斯堪的纳维亚的名字 Óláfr),Ímar(取自 Ívarr),Ragnall(取自 Rognvaldr),还有 Sitri(u)c(取自 Sigtryggr);而斯堪的纳维亚人采用爱尔兰名字的时间则更早②。

我们不要以为斯堪的纳维亚人与不列颠诸岛此前的居民之间一定是敌对的关系。他们之间经常开战,但是土著统治者也经常与维京头领们结盟。例如,伊-尼尔(Uí Neill)王朝的成员③自己想当爱尔兰国王时,他们就与维京人结盟或用他们当雇佣军④。有几个爱尔兰和英格兰统治者成功地控制了斯堪的纳维亚人的聚居地,最后剩下的盎格鲁—撒克逊王国西萨克森一点一点地征服了

---

① 属于凯尔特语族,包括苏格兰盖尔语,爱尔兰盖尔语,马恩语,威尔士语等。——译者注

② Gillian Fellows-Jenssen, *The Vikings and Their Victims: The Evidence of the Names* (London, 1995), 13; Ó Corráin, "Ireland, Wales, Man, and the Hebrides"; Keynes, "The Vikings in England, c. 790 – 1016."

③ 6—10世纪期间爱尔兰和苏格兰的王朝,声称其家族始于一个叫 Niall Noígíallach 的国王。——译者注

④ Ó Corráin, "Ireland, Wales, Man, and the Hebrides," 89 – 90.

丹麦法区。埃塞斯坦(Æthelstan 或 Athelstan,统治时期为924—939年)①在一份早期的法令中自诩为"盎格鲁—撒克逊以及丹麦人的王",但是后来——在他得以驱逐约克的斯堪的纳维亚国王之后——他便直接称自己为"英格兰人的王",或"整个不列颠之国王"②。后来的盎格鲁—撒克逊诸王继续统治丹麦法区,直至1013年丹麦国王"八字胡王"斯文征服英格兰。

在欧洲大陆的维京头领们寻求权力的路径与其不列颠诸岛上的同道们不同。与其说他们征服某地,不如说他们取得当地统治者的认可迁入该地,这种许可一般是对他们的某种贡献的回报。我们因此找到一长串为法兰克国王们效劳的斯堪的纳维亚人:他们有的仅仅在法兰克皇帝或国王的宫廷里效劳,如丹麦人阿斯拉克(Aslak),他在"(国王秃头查理)官中充当伙伴",代表国王与维京头领威兰德(Weland)谈判,而谈判的结果是威兰德及其维京部下去攻打正在塞纳河流域大肆破坏的另一支维京人。金银是威兰德为此获得的报酬。

其他的斯堪的纳维亚人步丹麦人哈拉尔·克拉克的后尘而来,商定以保卫帝国的部分疆域的方式为法兰克国王或皇帝效劳,

---

① 阿尔弗莱德大王的孙子,生于893或895年,卒于939年,924—927年为英格兰国王;他于927年征服维京人在英格兰的最后的地盘约克王国,成为统治整个英格兰的第一个盎格鲁—撒克逊国王;934年他进犯苏格兰,迫使其国王屈服;历史学家们视他为英格兰的第一个国王,也是盎格鲁—撒克逊时代政绩颇丰、最杰出的国王之一;又,此埃塞斯坦与本书第61页说明的埃塞斯坦是不同时代的两个人。——译者注

② Keynes, "The Vikings in England, c. 790–1016," 69.

因此实际上变成了他们的扈从。这里名气最大的就是罗洛①,法兰克国王"单纯的查理"于911年在鲁昂授予他爵位,由此他承担起保卫塞纳河入海口的责任。罗洛的后裔们后来成了诺曼底公爵,他有几位前辈也在法兰克帝国获得爵位,但他们不如他有名。哈拉尔·克拉克的家族成员在弗里西亚(Frisia)得到一片由其保卫的地区,其中包括商贸之镇多雷斯塔德(Dorestad)。他们似乎非常胜任这个任务,而且长期都能大体上忠诚执行。9世纪中期,哈拉尔·克拉克的侄子留里克(Rorik)②控制了多雷斯塔德及其周边地区达23年;据我们所知,在此期间该地区仅有两次遭到维京人侵袭。一次发生在857年,当时留里克正在丹麦企图当上国王,但未成功。倘若留里克在丹麦老家无法夺权,在弗里西亚当上法兰克实际上的小王,也是不错的退路。有两份文献真的就把留里克称作"国王"(rex),但他是4个法兰克国王的忠实臣下。为守卫弗里西亚,他手中显然需要武士,我们推测这些武士中至少有一些是斯堪的纳维亚人。由于在弗里西亚找不到源自斯堪的纳维亚的地名,学者们认为不存在大批斯堪的纳维亚人在该地定居的情况。这与诺曼底的情况相反,那里的地名是斯堪的纳维亚人居留的明

---

① 生卒年为约846—932年,征服者威廉的六世祖,到底是丹麦人还是挪威人至今并无定论;此名为古斯堪的纳维亚名字Hrólfr的拉丁化形式;885年随西格弗里德围攻巴黎,后又攻打勃艮第;911年被击败后他与法兰克国王签订条约称臣,受洗皈依基督教,教名罗伯特(Robert),并得到封地,成为第一个统治后来名为诺曼底这一地方的维京人,其后代为诺曼底公爵;1066年诺曼人征服英格兰后,他们则成了英格兰的国王。——译者注

② 可能出生于819年后,卒于882年前;有人认为他与罗斯王朝的创建者留里克为同一人,但无法证明;本书作者显然把他们视为两个不同的人(见本章最后一段)。——译者注

显痕迹①。

东欧

斯堪的纳维亚人在东欧也找到机会施展其影响力,然而由于文字资料比较少,我们了解的具体情况也比较少。斯堪的纳维亚人去俄罗斯搞物资,特别是毛皮和奴隶;不过他们很快在俄罗斯以东和以南发现了富庶的市场。在广袤的东欧平原,河流是交往、传播的主要渠道,斯堪的纳维亚人便沿河定居下来。

他们进入的地区人口稀少。例如,到8世纪中期,他们已经在靠近今天的圣彼得堡的拉多加湖(Lake Ladoga)附近建起了旧拉多加镇(Staraya Ladoga)。该镇周边的地带均为森林和沼泽,远非宜居之地。然而位于沃尔霍夫河(Volkhov)边的小丘之顶的旧拉多加镇却具有相当的吸引力,因为它通往东部和北部广袤的毛皮动物捕猎地。斯堪的纳维亚人显然冲着毛皮的利润而来,他们在这里低价收进毛皮,再高价售往他处。该镇另一个吸引力就是沃尔霍夫河,它是进入俄罗斯腹地的通道,再继续往前,走出俄罗斯就到了繁盛的阿拉伯和拜占庭市场。

旧拉多加镇考古发掘出的最早地层的年代在公元750年左右,里面大多是源自斯堪的纳维亚的人工制品。不过也有一些芬兰、斯拉夫的器物,来自该地的原住民。这一点表明,该镇有史以来,

---

① Simon Coupland, "From Poachers to Game-Keepers: Scandinavian Warlords and Carolingian Kings," *Early Medieval Europe* 7 (1998): 105.

斯堪的纳维亚人、芬兰人以及斯拉夫人就能够比邻而居。正如冰岛的头领们统治的并非纯粹的斯堪的纳维亚人——现代的遗传研究已经证实了这一点,俄罗斯城镇的头领们应付的也是多民族的居民。

在俄罗斯,河流是主要的交通、联系渠道,商贸沿河生发。斯堪的纳维亚人跟着生意走,在分布于河流两岸的诸多城镇定居。对当地遗迹的考古表明,这些城镇是几种民族的大熔炉,斯堪的纳维亚人只是其中之一。在诺夫哥诺德(Novgorod)的前身留里科沃—哥洛迪舍(Riurikovo Gorodishe),穆罗姆(Murom,位于莫斯科以东的奥卡河岸)以及提莫留沃(Timorëvo,位于莫斯科的东北面)这样的地方发现了斯堪的纳维亚样式的器物。当然,找到斯堪的纳维亚样式的珠宝和其他人工制品并不一定证明斯堪的纳维亚人在该地居住过,因为各类样式很容易在沿河而居的不同群体中流传开来。然而,确定无疑的是,斯堪的纳维亚人迁徙到了东欧的这些地区[①]。

至于在给自己和后代闯出一个爵位方面,有个名叫留里克(Rurik)的斯堪的纳维亚人特别成功。12世纪的《往年纪事》[②]讲述了留里克如何在诺夫哥诺德城攫取到权力的故事:

> (斯拉夫诸部落)之间就这样产生了不和。他们开始相互交战。他们对自己说,"咱们还是找个王来统治我们大家,依据律法替我们裁决"。于是他们就跑到海外的瓦兰吉亚·罗

---

① Simon Franklin and Jonathan Shepard, *The Emergence of Rus: 750 - 1200*, Longman History of Russia (London, 1996), 33, 39, and 66 - 68.

② 参见本书第79页注②。——译者注

斯人那里：这群瓦兰吉亚人被称作罗斯人，就像有些人叫瑞典人，有些叫诺曼人、英格兰人、哥特兰人，这就是他们的名字。楚德人①、斯拉夫人、克利维钦人以及维斯人对罗斯人说："我们的土地辽阔、富饶，但是没有秩序或章法。请你们来统治我们。"他们便挑选了三兄弟及其亲属，这些人带领全体罗斯人迁移。留里克是他们之中最年长的，他在诺夫哥诺德落户。老二希诺斯（Sineus）在别洛泽罗（Beloozero）定居；老三特鲁沃（Truvor）则落户于伊兹伯斯克（Izborsk）②。

对这一证据还有其考古物证的解读历来充满争议。文本的时代比较晚，明显带有传说的成分，里面的细节不可能全部属实。它肯定简化了原本必然复杂得多的事件之链，而且陈述似乎有些混乱，导致不同的解读。这部《编年史》显示，建立罗斯国（俄罗斯的前身）的是斯堪的纳维亚人，而非斯拉夫人，这个观念使得18世纪的俄罗斯民族主义者提出该证据不足为信。考虑到若干斯堪的纳维亚人在西欧开辟出自己的小公国，那么有些人试图在东欧如法炮制也就不足为奇。不过，西部的证据也让我们看到，斯堪的纳维亚人能够相对快速地与这些地区的其他民族同化，结果是，区分这些民族很快就变成没有意义的事情。据《编年史》所述，留里克的后裔在头几代后便使用起斯拉夫名字，俄国的考古发现的证据也显示了这一点。

更为重要的是，俄国的这一案例表明，当有人向他们提供机会

---

① 参见本书第79页注③。——译者注
② Cross and Sherbowitz-Wetzor, *Russian Primary Chronicle*, 59.

时，斯堪的纳维亚人是如何利用这些机会的。留里克及其两个兄弟迁移进来，而且成为头领，俄罗斯由留里克的子子孙孙统治，直至16世纪。

我们在本章中见到，有两个人叫同一个北方名字——留里克（在斯堪的纳维亚语里拼作Rørekr），在拉丁文里该名字拼作Roricus，在古斯拉夫语中，它则是Riurik。除同名外，这两个人也都有强烈的权力欲。他们无法在斯堪的纳维亚老家满足这一欲望，却均在欧洲的其他地方找到机会当上了统治者，一个在弗里斯兰，另一个在诺夫哥诺德。就此而言，他们很像其他众多的斯堪的纳维亚人，如果老家没有足够的回旋空间，他们就到别处给自己开创权位。冰岛和格陵兰的居民就是这样出现的，不列颠诸岛的大片土地就是这样落到斯堪的纳维亚人的统治之下，这也是加洛林诸王收罗斯堪的纳维亚人当扈从的途径。在不同的地区，头领们攫取权力的方式不同，有些头领好像带来了大队的斯堪的纳维亚人马，而另一些则扈从甚少，原因就在于此。从根本上说，维京时期人们离开斯堪的纳维亚之举并非移民，而是头领们在机会出现时借机攫取权力。

第5章 威兰德，乌尔夫贝特以及其他工匠

头领们利用工匠来提升其礼品的价值。银块、银条或者一把剑虽然本身就是珍贵之物，但头领不是直接把它们送出去，而是先找个工匠来加工，把宝贵的金属加工成一件精美的首饰或在剑上镶嵌宝石。其他如骨、鹿角、木材等本身不那么贵重的材料也这样处理：能工巧匠将其打造成漂亮的物件，当初这样的东西让中世纪早期北欧各地的人快乐、激动，而且现代人在博物馆看见它们时也惊喜不已。

顶级的工匠名扬四海。法兰克铸剑高手乌尔夫贝特（Ulfberht）①声威之大，造成盗用乌尔夫贝特之名的赝品充斥欧洲，甚至流出欧洲。在北欧，从西部的冰岛和爱尔兰到东部伏尔加河畔的保加尔城（Bulghar），几乎到处都发现了乌尔夫贝特所铸之剑或冒牌货（见图7），共一百几十把。实际的数量可能更多，因为欧洲各地的博物馆里收藏着成千上万把铸于中世纪早期的剑，它们锈迹斑斑，从未经过 X 光检验，不知包裹其剑身的锈斑之下是否有铸造

---

① 据信是一个高明的工匠的名字，见于日耳曼地区于 8—11 世纪期间所铸的一些剑上，实际上起到诸多铁匠使用的商标的作用。——译者注

者的署名①。

人们极端仰慕铸剑者的技艺,甚至常常视其具备超人的神功。大家喜欢讲、也喜欢听关于那个完美的、却只是传说中的铁匠威兰德(Weland)②的故事,他经常出现在早期中世纪艺术和文学作品中③。有一块称作"阿德尔(Ardre)Ⅷ"的8或9世纪刻制的哥特兰画像石④,上面有威兰德的形象(见图8):他套上了自己打造的雄鹰的翅膀,飞离其打铁铺及身边的锤子、铁夹之类⑤。大英博物馆收藏的8世纪早期的法兰克小箱(Frank Casket)用鲸骨制成,制作地很可能是诺森布里亚(见图9)。小箱上刻有来自不同神话的场景,罗穆卢斯和瑞摩斯⑥、耶路撒冷之劫⑦、东方三博士瞻仰圣婴、

---

① RGA 31.393 - 404, s. v. "Ulfberht-Schwerter," by M. Müller-Wille and A. Stalsberg.

② 这个名字也拼作 Wayland。——译者注

③ KLNM 20.350 - 351, s. v. "Völundr," by Eyvind Fjeld Halvorsen; RGA 33.604 - 622, s. v. "Wieland," by A. Pesch, R. Nedoma, and J. Insley.

④ 在哥特兰一个名叫 Ardre 的地方的一座教堂里发现了10块刻有如尼文或画像的大石,它们曾铺砌在教堂的木地板下面,在1900年翻修教堂时被发现;现收藏于瑞典国家历史博物馆;其中最大、最负盛名的就是这里提到的阿德尔Ⅷ。——译者注

⑤ Gustafson, Lindqvist, and Nordin, *Gotlands Bildsteine*, 2.22 - 24 and fig. 311; Nylén and Lamm, *Bildstenar*, 71 and 181; Jessica Eriksson, "Bilden av Bödvild: Ett genusperspektiv på berättelserna om Völund," in *Spaden och pennan: Ny humanistisk forskning i andan av Erik B Lundberg och Bengt G Söderberg*, ed. Thorsten Svensson (Stockholm, 2009); RGA 1.398 - 399, s. v. "Ardre," by W. Holmqvist, with plate 32.

⑥ 一对孪生兄弟的名字,罗马神话中罗马城的创建者,有不同的故事版本,比较熟知的是:他们在襁褓中被扔进台伯河,冲上岸后由母狼喂养成活;罗马时代的史书称罗穆卢斯为王政时代的首位国王。——译者注

⑦ 公元66—70年犹太人起义反抗罗马统治,70年罗马军队围困耶路撒冷,破城后大肆烧杀抢掠;法兰克小箱的后板上描绘了耶路撒冷之劫的几个场景。——译者注

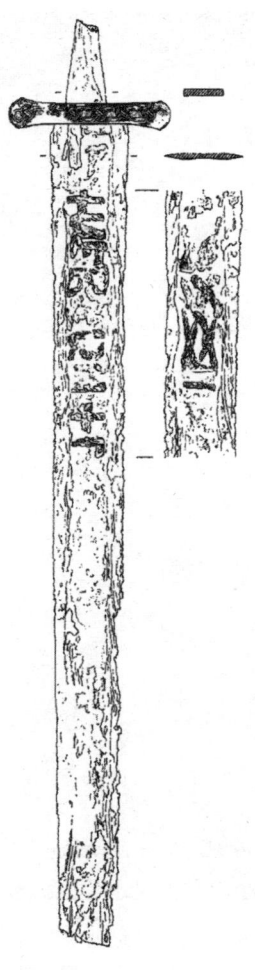

图 7. 一柄剑，发现地为易北河的汉堡段；剑长近半米，上面有乌尔夫贝特所铸之剑的"标记"。在维京时期，人们喜爱、希望拥有这样的剑。此图经 M. Müller-Wille 许可复制自"Ein neues ULFBERHT-Schwert aus Hamburg: Verbreitung, Formenkunde und Herkunft," *Offa* 27(1970), 66, fig. 1。

图8. 瑞典的哥得兰岛上的早期中世纪画像石；它们提供了当时斯堪的纳维亚地区的社会状况和想象力的视觉证据。这块出自阿德尔教区的样本表现了数个神话场景，其中有奥丁的长着8条腿的马，还有威兰德（国王派人割断他的大腿筋以防他逃跑），他插上自制的翅膀飞出牢笼。图像还显示铁匠铺里有打铁时用来钳住通红的铁块的钳子、受害者的无头尸体，以及国王的女儿Bödvild离开被强奸的现场的情景。图片摄影本特·A.伦德伯格，由斯德哥尔摩的国家历史博物馆提供。

还有铁匠威兰德。铁夹、一个铁砧以及一把锤子在小箱上均清晰可见①。小箱子和图像石本身就是能工巧匠的作品。

在早期中世纪文学作品中威兰德也同样赫赫有名。《诗体埃达》(*Poetic Edda*)里有一首叫"乌隆达之诗"(Völundarkviða),从头到尾讲的都是威兰德,称颂他作为珠宝匠的技艺:

> 他在牢牢镶嵌的宝石四周,
> 围裹上锻打而成的红色金子,
> 所有的臂章他都用树皮绳子
> 仔细串起(以免散落)②。
> (威兰德的小箱里)藏着许多饰品,
> 在小伙子的眼里,
> 它们就是红色的金子
> 也是珠宝③。

威兰德不仅是金匠,而且还做武士的装备。"乌隆达之诗"说

---

① RGA 1. 514 – 523, s. v. "Auzon, das Bilder-und Runenkästchen," by K. Hauck, W. Krause, and H. Beck, with plates 41 – 45; Leslie Webster and Michelle P. Brown, *The Transformation of the Roman World AD 400 – 900* (London, 1997), 239 and plate 235; Richard Abels, "What Has Weland to Do with Christ? The Franks Casket and the Acculturation of Christianity in Early Anglo-Saxon England," *Speculum* 84 (2009).

② 本书作者指出,这首诗只见于一种手抄本,本行原文晦涩,这是他基于语境反复权衡后的译文。——译者注

③ *Völundarkviða* 6 and 21, ed. and trans. Ursula Dronke, *The Poetic Edda* (Oxford, 1969 –), 1. 245 and 249.

图 9. 一个 8 世纪早期的小箱，材质为鲸骨，制作地可能是英格兰的诺森比亚。上面表现的场景取自基督教和异教神话。正面的右侧是东方三博士朝拜圣婴，左侧是威兰德在自己的铁匠铺里。由伦敦的大英博物馆的理事提供。

他为国王尼图都尔(Niðuðr)①打磨其剑锋。如果撰写《贝奥武甫》的诗人之言可信，威兰德还做铠甲。贝奥武甫起身请命，要国王荷罗斯加同意他去打格兰戴之时，诗人以赞颂的语气指出，他的铠甲闪闪发亮，"显示了工匠高超的技艺"②。既然贝奥武甫是最了不起的英雄，他的装备必须是最好的。言毕，贝奥武甫透露，他的铠甲实际比外表更为不同凡响，它由那名扬四海的高手亲自制作：

---

① 日耳曼传说中一个残忍的国王，不同版本中的故事并不一致。——译者注
② *Beowulf*, line 406, ed. Fulk, Bjork, and Niles, 16; trans. Liuzza, 65. Burton Raffel 的翻译贴切，我采用了他的译本[*Beowulf* (New York, 2008), 20]。

倘若我在战斗中阵亡,把它交给海吉拉克国王(贝奥武甫的舅舅),

这是覆盖我胸膛的最佳战服,

任何战服无出其右;它传自雷塞尔,

出自威兰德之手①。

在艺术和文学作品中,威兰德似乎有些超凡。他在"乌隆达之诗"里真的会飞,像个超级英雄,或许更像代达罗斯(Daedalus)②,因为按照中世纪盛期的《维罗纳的提德莱克斯萨迦》(*Piðreks saga af Bern*)中的说法,他给自己做了一副翅膀③。古希腊—罗马神话里的代达罗斯有诸多成就,其中之一即建造了迷宫,中古拉丁语里有时就用"代达罗斯之屋"指迷宫。威兰德的形象从代达罗斯身上汲取了许多特征,古斯堪的纳维亚语相应地用"威兰德之屋"指迷宫。艺术和文学作品夸大了作为工匠原型的威兰德的成就,夸张的方式说明,在中世纪早期,人们对工匠及其技艺有极高的评价。

中世纪早期的工匠的技艺达到了相当的水平,他们的产品——至少是耐久性材料做成的东西——有许多留存至今,说明当年的产量必然巨大。流传下来的东西显示工匠不仅具备令人钦

---

① *Beowulf*, lines 452–455, ed. Fulk, Bjork, and Niles, 17; trans. Liuzza, 67.

② 希腊神话中的建筑师、工匠,为克里特国王弥诺斯服务;他建造了迷宫,但弥诺斯后来把他和他儿子伊卡洛斯一起关进迷宫;代达罗斯做了插上能飞的翅膀,父子二人逃脱;但伊卡洛斯飞近太阳,翅膀融化,坠海溺亡。——译者注

③ *Piðreks saga af Bern* 130, ed. Henrik Bertelsen, Samfund til udgivelse af gammel nordisk litteratur, Skrifter 34 (Copenhagen, 1905–11), 125–126; RGA 30.466–471, s.v. "Piðreks saga af Bern," by S. Kramarz-Bein.

佩的技艺，而且真正掌握了使用不同材料的专门技巧①。不难看出，头领们借用工匠的技艺的目的是提高其礼物的价值。此类技艺在身的匠人跟"乌隆达的诗"里描述的威兰德一样，带着工具、原料箱周游四方。得势的头领往往活计多，身边便总有一些工匠；而势力特别大的头领则为工匠们建起村落或城镇。

这里要说明工匠的活计的三个重要方面。中世纪早期的人们觉得工艺品有吸引力、值得拥有，我们将在本章第一部分举出的文学作品例证中看到这一点。接下来，我们将根据流传下来的工艺品考察工匠们的技艺。最后，我们要察看头领们为其工匠建造的城镇和居留地的考古遗迹，这有助于我们理解在中世纪早期的礼品经济中工匠所起的作用。

北方文学作品中展现的工匠技艺

中世纪的北方文学作品提及国王和头领的礼物时，经常强调其艺术价值；这一点表明当时的人们很看重艺术性。正如前文所示，我们在《贝奥武甫》中看到，诗人更关注的是礼物之美及其装饰之精细，而非实用的方面。一个例子是国王荷罗斯加给贝奥武甫诸件礼物，它们"包括一个精制而成的马鞍，上面镶着珍宝"②；还有一把"因珍宝而增色"的剑（意思是，上面装饰着宝石或黄金等贵

---

① *Vikingetidens metalbearbejdning.*
② *Beowulf*, line 1038, ed. Fulk, Bjork, and Niles, 37; trans. Liuzza, 85.

重之物)①。

9世纪有一首诗颂扬挪威国王金发哈拉尔②,把他描述为赠送贵重品的典型形象。不过作者也告诉我们他的礼物均出自工匠之手,他指出国王的诗人们极易辨认:"从他们的盔甲和黄金臂章、指环可以看出他们是国王的朋友。他们身披红色、条纹考究的斗篷,佩戴银丝缠绕的剑、铁环组成的锁子甲、镀金的带子,还有带雕刻的头盔、臂章,这些东西都是国王哈拉尔的馈赠。"③这位国王不仅有能力赠送上好的臂章、斗篷、剑、铠甲和头盔,而且还有能力请工匠装饰这些物件,比如用银丝盘绕剑柄(我认为"银丝缠绕的剑"就是这个意思),又如在系剑的带子上配备金的或至少是镀金的搭扣。

类似的事例是国王奥拉夫·哈拉尔松,他送给扈从西格伐特·索达尔森一柄剑,剑柄"盘绕金(丝)",还带着一个"银质的圆头"。西格伐特得到这个礼物快活之极,国王死后,他在一首纪念的诗里还提到它。该诗题为《纪念圣奥拉夫》(*Erfidrápa Óláfs helga*),沿用了斯堪的纳维亚宫廷诗歌中的隐喻、典故等程式,西格伐特也在诗里利用了剑与朝圣者的手杖之间的对比:"厌倦了战争,国王赠我的金丝盘绕、铿锵作响之棒[即"剑"],我把它留在家中;我们放下那柄制服母狼的饥肠辘辘的丈夫["以剑饲狼"即"敌人

---

① *Beowulf*, lines 2192-2193, ed. Fulk, Bjork, and Niles, 74; trans. Liuzza, 120. 涉及剑的部分,大多数的翻译不准确;对 Fred C. Robinson 教授就这里几行的意思的建议,我表示感谢。
② 参见本书第97页注③。——译者注
③ Þorbjörn hornklofi, *Haraldskvæði* (*Hrafnsmál*) 19, ed. Finnur, *Skjaldedigtning*, B:1, 24-25.

在战斗中被杀"]、带银质剑柄的剑,踏上通往罗马的旅途,追随那神圣之杖而去[即"走上朝圣之路"]①。西格伐特说道,该剑——其实指剑柄——以金银装饰。历史事实是,早期中世纪斯堪的纳维亚的装饰精美的剑有许多留存至今。

流传下来的工艺

创作《贝奥武甫》的诗人、西格伐特和其他许多人欣赏精美的工艺,剑、剑柄、剑鞘等等为此类工艺提供了例证。诸多早期中世纪的剑幸存下来,说明诗人们的说法为实。仅仅在挪威一地就发现了2500多把公元500年到1000年间铸造的剑。剑身常常镶嵌着银、铜或铁质的装饰;剑的护手和剑镦通常用铁制成,但其材质也可能是银或青铜,并饰以银质或黄铜的镶嵌物;剑柄一般用某种有机材料(如纺织品、皮革、动物的角或骨头)制成,不过可能加以银丝或金丝缠绕②。

在早期中世纪最著名的剑里,有一把是一对农民兄弟在挪威的斯纳尔特莫(Snartemo)破土开垦新农田时发现的,时间是1933年。此剑安放在一座6世纪早期的墓穴中,剑柄的装饰极为精美,

---

① Sighvatr, *Erfidrápa Óláfs helga* 27, ed. Finnur, *Skjaldedigtning*, B:1, 245.
② KLNM 17.511 – 542, s. v. "Sverd," by Aslak Liestøl, Signe Horn Nordhagen, Rikke Agnete Olsen, Olle Cederlöf, and Lena Thålin; RGA 27.593 – 597, s. v. "Schwert, § 7. Karolinger-und Wikingerzeit," by A. Pedersen; RGA 31.393 – 404, s. v. "Ulfberht-Schwerter."

薄薄的镀金银箔上面有复杂精细的动物图案。墓穴里还有别的武器，一个黄金环圈以及一个镶银的酒杯。这些东西均出自技艺高超的工匠之手，而那把剑则几乎肯定是在斯堪的纳维亚制作的。墓中所葬之人显然是个有一定地位的武士；当然，我们并不清楚，那把剑，还有墓中的其他器物是否是头领赠送他的礼品。即使这些物件由他本人购置，或者是偷盗所得，它们仍然会提升他的地位，有助他收罗扈从[1]。

另一把做工精致的剑是在瑞典南部的斯堪尼亚的迪伯克（Dybäck）发现的。它的制作地是丹麦或英格兰，时间是10世纪后半叶。整个剑柄用银铸成（其剑镦现已缺失），金丝缠绕，柄身装饰着雕刻和凿压而成的动物形象。例如，护手盘上侧的浮雕是两只鸟，生动、对称；一头兽居于这两只鸟之间，身上缠着一条蛇，蛇的口中咬着其中一只鸟[2]。

在早期中世纪，国王及头领们出手的典型礼物就是臂章，这是维京时期的又一种做工精良的人工制品[3]。许多斯堪的纳维亚早期中世纪的臂章得以保存至今，其中有些就是简单的金属圈，虽未体现特别的艺术趣味，但它们的价值在于其制作材料非金即银。

---

[1] RGA 29.164, s. v. "Snartemo," by F. -A. Stylegar; Cato Guhnfeldt, "Nazijakt på et skjult sverd," *Aftenposten*, 12 April 2003.

[2] Märta Strömberg, *Untersuchungen zur jüngeren Eisenzeit in Schonen: Völkerwanderungszeit, Wikingerzeit* (Bonn, 1961), 1. 138, 2. 166 – 167, and plate 165; Fedir Androschchuk, "The Hvoshcheva Sword: An Example of Contacts between Britain and Scandinavia in the Late Viking Period," *Fornvännen* 98 (2003).

[3] KLNM 16.290 and 297, s. v. "Smykker: Sverige: Vikingatid," by Mårten Stenberger, and s. v. "Smykker: Danmark: Vikingatid," by Elisabeth Munksgaard.

另一些臂章则出自精巧的工艺。1999年考古学家在哥特兰岛的斯比林斯发现了一批宝藏,内中有486个臂章[1]。[还有14295枚钱币,大多来自阿拉伯哈里发的辖地,但其中一枚独一无二,它来自哈扎尔帝国(Khazar)]。斯比林斯出土的臂章上的装饰是凿压而成,做工相对简单;其他地方保存下来的臂章则做得更为精细。在瑞典的埃里克斯托普(Erikstorp)发现的六个金质臂章均为两根细条相互交织而成,末端则缩成一个雅致的纽结[2]。在瑞典北部的温德罗姆(Undrom)发现一个银质镀金臂章,巧妙地做成蛇的形状(见图10)。就这样的臂章而言,除金属的价值外,又添加了金匠的工艺价值。添加的价值补偿了工匠的费用,而且有余。

发展中的工艺风格

维京时期的人喜欢"浮雕、对比性的材质和颜色以及明暗的相互作用在空白或带装饰的衬底上产生的效果"[3]。仅一件首饰就可能采用诸如金、银、铜、乌银、玻璃和漆等多种材料,显示出工匠的多方面的技巧。种种材料往往加工成各类精巧的图案,比较典型的是或多或少简化了的动物身躯。他们以丝状的花样和呈现颗粒

---

[1] Statens historiska museum, Stockholm, Huvudkatalog, inv. no. 33759, http://catview.historiska.se/catview/index.jsp; RGA, 29.366-367, s.v. "Spillings," by M. Östergren; Ström, "Världens största vikingatida silverskatt."

[2] Statens historiska museum, Stockholm, inv. no. SHM 5671,目录和照片可以在http://mis.historiska.se 上找到。

[3] Roesdahl, *The Vikings*, 169.

图 10. 在早期中世纪的北欧文学作品中,国王和头领往往被称作"臂环赠与者",因为臂环是他们赠送自己的追随者的典型礼物。这个精美的臂环样本的发现地是瑞典北部的翁厄曼兰省的恩多隆(Undrom)市,材质是镀金的白银加上乌银。图片摄影 Sören Hallgren,由斯德哥尔摩的国家历史博物馆提供。

的质感打破原本可能形成的单调平面,这样的工艺品当然出自能工巧匠之手。

维京时期的工艺的这些层面基本雷同,但风格却自始至终在变化、发展。考古学家及艺术史家们把工艺品归入一系列不同风格的时期,其中有一些在时间上有重合之处①。

在维京时期的开端,即8世纪晚期和9世纪早期,所谓的E风格接替了前维京时期的A至D风格,占领了主导地位。这一风格也以奥斯伯格(Oseberg)②命名,是因为它典型体现在奥斯伯格发现的9世纪30年代丰富的墓葬之中(见图11)。普遍可见的图案——特别是它较早的一些形态——是造型优美的动物,其身躯细长、带弧形。动物的腿相互盘绕,常常组成8字形的图案。动物们一般是小头,大眼睛,且呈侧面;而其身体往往由纯几何图形填充。同样埋在奥斯伯格的墓冢里的那只船建造于815年至820年之间,它也呈现这样的装饰风格。

奥斯伯格的考古发现中还有一些工艺品,其装饰风格比较新,以所谓的抓握动物为特色,即身强力壮的动物,大头,正面,脚爪抓着可能够着的一切东西,包括它们自身、旁边的动物或画面上所有能够着的其他饰物③。

这些式样和风格在9世纪晚期被伯莱(Borre)风格取代——伯莱这个名字出自埋在挪威的伯莱④的一艘船。伯莱风格在奥斯伯

---

① 下面的综述基于如下文献:KLNM 3. 406 – 411, s. v. "Dyreornamentikk," by Ole Henrik Moe; Ole Klindt-Jensen and David M. Wilson, *Viking art*, 2d ed., Nordic Series 6 (Minneapolis, 1980); James Graham-Campbell, *Viking Artefacts: Select Catalogue* (London, 1980); LMA 9. 106 – 110, s. v. "Wikingerkunst," by D. M. Wilson; David M. Wilson, *Vikingatidens konst*, trans. Henrika Ringbom, Signums svenska konsthistoria (Lund, 1995); Roesdahl, *The Vikings*, 168 – 177; and Birkebæk, *Vikingetiden i Danmark*, 182 – 186; RGA 34. 64 – 72, s. v. "Wikinger, § 3. Kunst," by D. M. Wilson.
② 位于挪威的西福尔郡。——译者注
③ A. W. Brøgger et al., *Oserbergfundet*, (Kristiania, 1917); KLNM 13. 38 – 42, s. v. "Osebergstil," by Thorleif Sjøvold.
④ 伯莱是位于挪威西福尔郡霍腾市的一个村庄。——译者注

图 11. 奥斯伯格墓冢中的船（制造年代为 815 年至 820 年之间的某年）的船头，其特色是精致的雕刻。此船是两个妇女的最终安息之处。有许多器物在墓冢中陪伴她们，包括家具、车、雪橇、纺织品，以及一个核桃。图片摄影 Eirik Irgens Johnsen，由奥斯陆大学的历史文化博物馆提供。

格风格的基础上发展起来,其基本图案仍然是抓握他物的动物,然而动物的形态更大胆,更长,各部分更多地缠绕在一起。这里出现了一种新的图案,所谓的"环形穗带",或"环形链",即两条对称编起的带子,由圆圈或椭圆连在一起,周围是方形的图案①。以伯莱风格为起始,斯堪的纳维亚地区的艺术风格越来越多地呈现出与欧洲艺术——特别是不列颠艺术——的亲缘关系。它们究竟是谁影响了谁?学者之间还在争论。

此后的一种风格叫耶灵(Jelling)风格。与其称它取代了伯莱风格,毋宁说二者在10世纪同时并存。这一风格的名称得之于一个小小的镀金的乌银杯(杯高仅为4.3厘米),杯子于19世纪早期出土于丹麦一个名叫耶灵的村子里国王高姆(Gorm)②的墓葬。这一风格的动物均为侧面,张着嘴,脖子上绕着长辫线,嘴唇上缀着一块东西。这些动物的身体呈条状,拉得更长,而且往往被带状物环绕或缠绕其中。耶灵杯上的动物们面对面(是否在彼此打斗?),形象对称,而且相互缠绕③。

与晚期的耶灵风格同期的是马门风格,它在10世纪中期左右衍生于耶灵风格。马门风格的动物更壮实,其四肢的末端饰以藤蔓的卷须。这一风格的叫法出自一把辉煌的铁斧,970年与971年交替的冬天,一位要人葬于马门的一个墓冢④,铁斧就在这座墓冢里。一侧斧面上刻着一只鸟,其翅膀与腿被拉长,相互缠绕;斧面

---

① KLNM 2.170-172, s.v. "Borrestilen," by Wenche Slomann.
② 参见本书第213页,第215页等。——译者注
③ KLNM 7.570-571, s.v. "Jellingstilen," by Thorkild Ramskou.
④ 参见本书第88页。——译者注

的另一侧是装饰性的卷须,图案均以银丝镶嵌而成。马门风格的另一著名范例是国王"蓝牙"哈拉尔的大石碑,坐落于耶灵(为什么在耶灵,颇令人困惑),上面刻着一只狂暴的大兽(是只狮子?)与一条蛇搏斗,这一主题使该艺术家得以将这两只野兽的身体拉长、彼此缠绕①。

自10世纪晚期至11世纪中期的灵厄里克(Ringerike)风格②时期,植物与蛇的图案更为复杂、精致,出现大量的植物卷须,不仅有从动物身上长出来的,也有自成一体的,结构往往对称。这种风格"动感很强,动能十足"③。在不列颠诸岛灵厄里克风格也很常见,见于一些抄本的装饰图案,也出现在伦敦的圣保罗教堂庭院中的一块赫赫有名的石碑上④。

维京时期的最后一种风格是乌尔内斯(Urnes)风格,它发端于11世纪中期即将开始之时,持续兴盛至中世纪盛期。该风格呈示以窄条绕成的宽大环、圈,生气勃勃,艳丽灿烂。此前风格中的蛇和四脚兽还在,它们也依然在彼此搏斗,特色也是相互撕咬,只是现在对它们的刻画非常循规蹈矩。该风格的名称出自挪威乌尔内斯的木条教堂⑤大门上的雕刻。该雕刻制作于这一风格的最后阶段,此时维京时期以动物为中心的装饰图案已经丧失活力,蜕变为

---

① RGA 19.197–205, s.v. "Mammen und Mammenstil," by E. Nyman and I. Skibsted Klæsø.
② 位于挪威中南部的布斯克吕郡,是早期维京时期的一个小王国;当地的考古发现颇丰(包括中世纪及更早的时期)。——译者注
③ Roesdahl, *The Vikings*, 175.
④ KLNM 14.327–329, s.v. "Ringerikstil," by Signe Horn Nordhagen.
⑤ 位于挪威的松恩—菲尤拉纳郡的吕思特市,建于12世纪,在原址保存至今。——译者注

造作的俗套。爱尔兰也有许多乌尔内斯装饰风格的实例遗存至今,而在英格兰却很少①。

工匠、头领和城镇

头领们需要精美之物馈赠下属。他们可以在欧洲抢掠做工精美的手工艺品,或者在商贸城镇购买。然而,这些精美之物的用途与斯堪的纳维亚的实际生活并无关系,因此可能无法马上派上用场。头领们于是利用工匠对其进行改造。事实上,在斯堪的纳维亚发现了许多产于欧洲、但又为了新的用途而被加工、改型的东西②。以9世纪的一个腰带上的银质小配件为例:它上面刻有"以上帝之名,我出自埃尔马多斯(Ermadus)之手"的字样,因此极可能出自教士用来束住长袍的一条腰带。这个小配件很可能就是在其现身之地——丹麦被改造成一个饰针。许多加洛林王朝制作的金属腰带配件及类似的物件到了斯堪的纳维亚就被改造为饰针。10世纪后半叶有一批银质饰物埋在丹麦的洛兰岛上,重量不少于1310克,其中90%以上产于加洛林帝国,许多件已经被改制成饰针或挂件③。

工匠们在斯堪的纳维亚各地流动,谁出钱就为谁干活。在瑞

---

① KLNM 19.358-360, s.v. "Urnesstillen," by David Wilson.
② 参见 *Macht des Silbers*(Wamers 和 Brandt 著)第114页上斯堪的纳维亚地区发现的产自法兰克的金、银物件的分布图。
③ Wamers and Brandt, *Macht des Silbers*, 142.

典的哥特兰岛上一个叫迈斯特密尔(Mästermyr)的地方保存下来的一个工具箱里有各式工具150件,包括2把钳子,7把锤子,锯子,2把斧子,两把锛子,5个小型铁砧,6把钻,一些锉刀、钻头、刀、剪,1把弧口凿,1个冲头,1把錾刀,以及1块磨刀石。箱子的主人是个身怀多种技艺的工匠,能够处理若干种不同的材质:铁,木头,骨,角,银和金。另一位工匠的工具箱发现于日德兰半岛(丹麦)的切勒市(Tjele),除一块块铜和铅这样的原材料外,该工匠也随身携带几件已经做成的首饰;他还带着砝码,可能是为了给原料称重以便确定价格①。在旧拉多加发现了与此类似的一套工具,它出自8世纪中期,其主人是一个能够加工金、银、铁的工匠②。

　　流动的工匠与迈斯特密尔和切勒这两处的工具箱主人一样,无论到小头领的地方还是进农民的村庄,所到之处均受欢迎。势力较大的头领则需要专职的工匠,但也许不必像国王尼图都尔那样极端,割断威兰德的腿筋,把他囚禁在一个岛上,以保证他只替自己干活。最大的头领们把工匠们迁至城镇聚居,正如他们往往把商人聚拢在这些城镇一样(见本书第7章)。我们接下来要考察两个考古学家已经认真发掘和研究过的地方——瑞典的海尔戈岛(Helgö)和丹麦的里伯。海尔戈和里伯两地最初均为工匠的集中地,而非贸易城镇。工匠们需要原材料,有些原材料只能靠进口,这样的地方于是自然发展为贸易中心。

---

　　① Greta Arwidsson and Gösta Berg, *The Mästermyr Find: A Viking Age Tool Chest from Gotland* (Stockholm, 1983); Birkebæk, *Vikingetiden i Danmark*, 168–169; RGA 19.118–119, s. v. "Mästermyr," by L. Thunmark-Nylén.

　　② Franklin and Shepard, *Emergence of Rus*, 13.

海尔戈岛

海尔戈岛位于瑞典中部的梅拉伦湖(Mälaren)上,自公元3世纪起就是一个生产和国际贸易的中心[1],其重要性在维京时期开启前夕达到顶点,在公元800年后则让位于(或貌似让位于)比尔卡。海尔戈最为著称的或许是当地发掘出来的辉煌、奇异的物件:一座小形的印度佛像(见图12),一柄爱尔兰主教的权杖和一把埃及的长柄铜勺。然而这个地方之所以重要,也因为曾经有过众多的工匠作坊。考古学家发掘出许多建筑物,各类工匠在里面制作器物,有的煅烧瑞典中部蕴藏的沼泽铁,遗留下不少铁渣[2]。别的工匠则做陶器或编织纺织品。有证据说明众多工匠在此地制作首饰,这一点也许是我的论证中最有意思的部分。

考古发掘出的铸模和浇铸贵金属的坩埚残片数目约有一万片,总重量50公斤左右,有的模子还带着里面浇铸过的金和青铜的残留。金匠们靠着这些工具制作了不同的装饰品,包括剑柄的圆头、夹子、带子的搭扣,还有多种多样的饰针,有蛇形的,也有动物脸型的。从瑞典北部的赫戈姆(Högom)到莱茵兰的奥尔索伊(Orsoy),发现了若干个饰针和其他首饰,它们至少大致上与在海

---

[1] Wilhelm Holmqvist, *Excavations at Helgö*, 13 vols. (Stockholm, 1961 – 1997); Agneta Lundström, ed., *Thirteen studies on Helgö* (Stockholm, 1988); RGA 14.286 – 291, s. v. "Helgö," by K. Lamm.

[2] Åke Hyenstrand, *Järn och bebyggelse: Studier i Dalarnas äldre kolonisationshistoria*, Dalarnas hembygdsbok, 1974 (Falun, 1974).

第 5 章 威兰德，乌尔夫贝特以及其他工匠 143

图 12. 证明斯堪的纳维亚存在长途货物交换的最引人瞩目的人工制品是一尊 6 世纪于印度铸造的小青铜佛像；佛像的发现地是瑞典中部的海尔戈岛。图片由斯德哥尔摩的国家历史博物馆提供。

尔戈发现的铸模匹配。在此发掘地也找到诸如铜锭、金属碎片、石榴石、琥珀和水晶等未经加工的原材料。

海尔戈生产玻璃珠,原料可能是进口的玻璃条,不过也有证据显示当地也可能生产过玻璃。在海尔戈发现了许多玻璃,约1600片,其中有漂亮的雕花玻璃:先将串串彩色玻璃缠绕于根根纤细透明的玻璃杆上,然后再做部分熔化的处理。精巧的首饰用上了此类玻璃做成的多彩珠子。

工匠们需要进口材料才能做出高品质的珠宝、玻璃珠一类的东西,因此众多工匠的聚集之处——如海尔戈——自然就变成国际交易的所在地,考古学家的诸多发现已经证明了这一点。在海尔戈岛上发现了68个罗马苏勒德斯金币,这一数字大约是瑞典大陆部分发现的此类金币总和的一半。考古学家还发现了许多法兰克、芬兰、波罗的海以及斯拉夫等地出产的陶器,这些事实进一步证实,海尔戈不仅是工艺品制作中心,而且变成了一个贸易站点。

里伯

头领们需要给扈从分发适当的礼物,里伯是见证这一历史的又一处考古点[①]。该城镇位于丹麦的日德兰半岛南部的西海岸,初

[①] Stig Jensen, "Det ældste Ribe—og vikingetidens begyndelse," in *Femte tværfaglige vikingesymposium Aarhus Universitet 1986*, ed. Torben Kisbye and Else Roesdahl (Højbjerg, Denmark, 1986); Claus Feveile, "The Latest News from Viking Age Ribe: Archaeological Excavations 1993," in *Developments*, ed. Björn Ambrosiani and Helen Clarke (Stockholm, 1993); Claus Feveile, *Ribe studier*, Jysk Arkaeologisk Selskabs skrifter, 51 (Højbjerg, 2006); RGA 24. 549 -556, s. v. "Ribe," by Claus Feveile, Eva Nyman, and Marie Stoklund.

建于704—710年,存在至今。这里最初的房子布局不规则(考古学家只能判断到这一程度),不过到了721—722年,它们则沿着一条街整齐排列。工匠们在一连串6—8米宽、20—30米长的地块上干活,这一点说明某个人有权强制在里伯干活的工匠们进行重组。我们推测,某个势力强大、控制该地段的头领需要提高他给出的礼物的价值,于是有意动用能工巧匠的手艺进行制作。

里伯的工匠们在挡风墙后面以及下沉式的棚屋里(修建时从地面往下挖,形成半地下的建筑物)干活,但他们并不住在里伯。起码考古学家还没有在这里发现任何8世纪的居住地。一年中工匠们只到此地来一段时间,有鞋匠、陶工、做梳子的,还有以青铜、铅、金、玻璃珠和琥珀为材料的首饰匠等。这些工艺所需的原材料中有许多都不产于周边地区,因此里伯很早就发展成一个贸易城镇。在考古学家发现的制成品中有外来的陶器、欧洲的玻璃器皿,以及斯堪的纳维亚其他地方的磨刀石和石板,还有从欧洲和中东过来的玻璃珠。

工匠们为其头领干活,推动了维京时期的装饰风格的快速发展,也催生了斯堪的纳维亚地区的第一批城镇。头领们把里伯和海尔戈打造成生产中心,在这里制作、打磨和加工馈赠给手下的武士的礼物。这是一项精明的投资,因为工匠的工钱相对便宜(有些工匠肯定是从欧洲俘获的奴隶),他们把礼物做得更有吸引力,因而更能激励武士们对自己效忠。这些生产中心的工匠们主要是为头领而不是为市场工作。然而,正如我们将在第7章看到的,城镇于维京时期在斯堪的纳维亚出现、发展。工匠们的生产地发展成为商贸城镇也是顺理成章,在初始阶段,能工巧匠们往往需要进口原材料(金,银,琥珀,宝石,玻璃等等)。而且,除头领外,其他人也想得到他们的产品。因此,无论工匠是为自己还是为其主子卖东西,他们作坊里的交易均呈发展态势。

第6章　异国情调的诱惑

一个挪威头领在公元900年左右被杀,葬在戈克斯塔德农庄(Gokstad)①,陪葬的不仅有他的船、马、狗以及武器,还有一簇孔雀翎毛。翎毛尽管埋在地下一千年,腐烂不堪,但仍能辨认出来。作为象征,孔雀可能使人想到基督教对复活的信念,或罗马人对朱诺的看法。然而,从更基本的层面看,奇异的羽毛在早期中世纪的挪威肯定是极其稀罕的东西,不管它是拥有者收到的贵重礼物,还是他搜罗到的战利品,或是通过买卖交易获得,总之它是富人或要员的标志②。戈克斯塔德的墓葬里有孔雀翎毛,这一点说明斯堪的纳维亚社会看重远道而来的奇珍异宝。稀罕之物被头领用来显扬自己的财富和权势,也用于礼物交换,达到增强头领与其武士之间的纽带。

一般而言,斯堪的纳维亚的头领们送礼时,外来的稀罕物比本地土产的效果更好。他们因此通过抢掠或勒索(如本书第2章所述)搞到它们。我们之所以确信他们这样做是因为在斯堪的纳维亚发现了诸多维京时期欧洲制作的物件③。对头领们而言,商贸也

---

① 该农庄位于西福尔郡,靠近奥斯陆。——译者注
② Sjøvold, "Vikingeskipene i Oslo," 53. KLNM 13. 612 – 616, s. v. "Påfågel," by John Bernström; LMA 6. 2026 – 2027, s. v. "Pfau," by Ch. Hünemörder and J. Engemann. See also ch. 3.
③ Wamers and Brandt, *Macht des Silbers*.

是一条获取稀罕物的途径,这一点将在第7章讨论。

斯堪的纳维亚地区发现了一些真正引人瞩目的物件,其中堪称奇观的是一尊6世纪的青铜佛祖小雕像,它出土于瑞典的梅拉伦湖中的海尔戈岛。工人为竖旗杆在地上挖了一个洞,发现了早期中世纪施洗礼时使用的一把青铜长柄勺。自1954至1978年,考古学家在海尔戈岛的几处地方发掘,找到一个早期中世纪的聚居中心,自3世纪起诸多工匠活跃在该地,这一情形至少持续到1000年左右。除小佛像外,他们还发现了一截爱尔兰主教的牧杖。但此类高等级物品并不能证明该地举行过宗教仪式或有过长途贸易。它们往往是收到的外交礼品、抢到手的战利品,或者通过其他非商贸途径易手的物品[①]。然而,海尔戈岛上发现的其他东西——如供金匠使用的大宗外国原料——则是商贸的证据,表明斯堪的纳维亚加入了长途交易的网络。

无论斯堪的纳维亚考古发现的物件还是那里的文学作品,均清楚地显示当地人喜爱外来的稀罕物。这是个大课题,在这里仅就所知,举几例从远处来到斯堪的纳维亚、并且很可能在礼品交换体系内起到作用的物件。

核桃

"国王不会忘记他的麾下",在其主公挪威国王奥拉夫[②]送给他

---

① Grierson, "Commerce in the Dark Ages," is the classic statement.
② 这里的奥拉夫是奥拉夫二世,即奥拉夫·哈拉尔松(参见本书第86页注③)。——译者注

及另一个扈从一样外来的新鲜物件时,西格伐特·索达尔森发出这样的感激之辞。国王给了他们核桃:"声名赫赫的国王给我送来了坚果;他不忘自己的麾下;在今后很长一段时间我都不必再写赞颂诗。不过勇猛、强悍的国王常常命令我们把礼物分成两份,就像我们分父亲的遗产一样:我的话说完了。"①

如何解读这首诗是个难题。是否该按其字面意思把它看作收到心仪的礼物后的赞颂之辞?抑或西格伐特意在表达嘲讽之意?他是否在嘲笑国王拿几个坚果当赠品、有失王家风范,而且还要他与其侄子、诗人"乌发"奥塔尔(Ottar svarti)②分享?如果礼物不够丰厚,西格伐特肯定会抱怨。若干年后,他在"直言不讳歌"(Bersöglisvísur)中叱责奥拉夫的儿子、即国王马格努斯,责怪他在给扈从礼物这一方面过于吝啬③。

如果我们反过来只看这首诗的字面意思,就会得到一种印象:西格伐特收到礼物深为感动,结果就此写了一节诗。果真如此,人们就会推测,这些坚果可能不是普通的榛子,并非微不足道(榛子

---

① Sighvatr, Lausavísa 10, ed. Finnur, *Skjaldedigtning*, B.1, 248. Translation adapted from Russell Poole, "Claiming Kin Skaldic Style," in *Verbal Encounters: Anglo-Saxon and Old Norse Studies for Roberta Frank*, ed. Russell Poole and Antonina Harbus, Toronto Old English Series 13 (Toronto, 2005), 273. About the meter, see Frank, *Old Norse Court Poetry*. About Sighvatr, see KLNM 15.231-238, s. v. "Sighvatr Þórðarson," by Hallvard Lie; Pulsiano and Wolf, eds., *Medieval Scandinavia*, 580-581, s. v. "Sighvatr Þórðarson," by Russell Poole.

② 11世纪的诗人,先后服务于瑞典国王Olof Skötkonung、Anund Jacob、挪威的奥拉夫·哈拉尔松以及统治丹麦和英格兰的克努特大王的宫廷;关于奥拉夫·哈拉尔松和克努特大王的经历,他的诗歌是重要的证词;至于其绰号"svarti"(意思是"black")的由来,本书作者认为已无可考证。——译者注

③ Sighvatr, *Bersöglisvisur* 17, ed. Finnur, *Skjaldedigtning*, B:1, 238; ed. Gade, *Poetry from the Kings' Sagas*, 2.29.

产于斯堪的纳维亚本土,在中世纪早期常见于当地饮食中),而是某种更珍稀的品种。核桃曾经是皇家享用的顶级坚果,现代分类学家认识到这一点,所以给了它"juglans regia"("皇家果实")这个拉丁名字。核桃树的原生地是中亚地区,罗马人将它移种到巴尔干地区和今天德国的南部。加洛林王朝的几个皇帝以及圣加伦(St. Gall)修道院①的修士们为方便享用这一美味,把颇惹人喜爱的核桃树栽到了自家的花园里②。

西格伐特与核桃这个例子表明,在给自己的武士最有价值的礼物方面,头领、国王们还有另一种彼此竞争的方式:只有真正拥有丰富的人脉、势力真正强大的头领、国王才拿得出像核桃这样稀有、外来的珍奇礼品。巴格达的哈里发行政体系认识到把核桃当礼品送给外国权势人物有什么价值,921—922年代表哈里发的使者伊本·法德兰(Ibn Fadlan)跋涉到保加尔,带来核桃用作馈赠的礼品。使者报告说,在穿越里海以东的大草原的途中,他们给了乌古斯(Oghuz)③的显要们一些核桃④。

---

① 坐落在今天的瑞士的圣加伦市,其历史可追溯至719年;其图书馆位列欧洲中世纪收藏最丰富、最珍贵的图书馆之一。——译者注

② Karl Bertsch and Franz Bertsch, *Geschichte unserer Kulturpflanzen*, 2d ed. (Stuttgart, 1949), 119 - 122; KLNM 4:664, s. v. "Frugt," by Johan Lange; Jonathan D. Sauer, *Historical Geography of Crop Plants: A Select Roster* (Boca Raton, Fla., 1993), 90 - 92; RGA 33.150 - 155, s. v. "Walnuß," by W. Heizemann and J. Wiethold.

③ 古代西突厥最大的部落联盟,源于中亚的乌拉尔—阿尔泰地区,9世纪向西迁移;今天的土耳其、土库曼斯坦、阿塞拜疆等地是其后裔的居住地。——译者注

④ James E. McKeithen, "The Risalah of Ibn Fadlan: An Annotated Translation with Introduction" (PhD diss., Indiana University, 1979), 64 and 69; Richard N. Frye, *Ibn Fadlan's Journey to Russia: A Tenth-Century Traveler from Baghdad to the Volga River* (Princeton, 2005), 37 and 40.

我们从考古证据获知,核桃于中世纪早期来到斯堪的纳维亚,而且受到斯堪的纳维亚人的青睐。在挪威的奥斯伯格有一个装饰堂皇的墓穴。在834年,有几个妇女最后安息于此,至少有一个核桃同时随葬①。这个墓穴里有目前所见保存最为完好的一艘维京船只,以及许多装饰精美的器物。这样的墓葬规格表明葬于此地的是非常重要的人物,不论是谁筹划了这次墓葬,他都把核桃视为符合此类人物身份的、够档次的美食。考古学家在斯堪的纳维亚的商贸城镇里找到了核桃的残余,我们因此知道核桃通过商贸来到了斯堪的纳维亚地区。在发掘隆德城(Lund)②的一个现代建筑地块时,考古学家们发现了几乎一升榛子壳,而11世纪遗留的核桃壳却只有一个③。在海泽比(Hedeby)④出土的核桃壳不下六个,这一点表明,此类地方交易的奢侈品中包括有核桃⑤。

丝绸

埋在瑞典的比尔卡镇周边的一个大坟场里的人成千上万。该

---

① Jens Holmboe, "Nytteplanter og ugræs i Osebergfundet," in *Osebergfundet*, ed. A. W. Brøgger and Haakon Shetelig (Oslo, 1927), 16-17.

② 位于瑞典南部的斯堪尼亚省,建城的时间大约在10世纪末。——译者注

③ Hakon Hjelmqvist, "Frön och frukter från det äldsta Lund," in *Thulegrävningen 1961*, ed. Ragnar Blomqvist and Anders W. Mårtensson, Archaeologica Lundensia: Investigationes de antiqvitatibus urbis Lundae 2 (Lund, 1963), 249-251.

④ 位置靠近日德兰半岛的南端;维京时期是丹麦与北日耳曼之间的交界地带,8—11世纪的商贸中心。——译者注

⑤ Karl-Ernst Behre and Hans Reichstein, *Untersuchungen des botanischen Materials der frühmittelalterlichen Siedlung Haithabu. (Ausgrabung 1963-1964.)*, Berichte über die Ausgrabungen in Haithabu, Bericht 2 (Neumünster, 1969), 31.

地的土壤条件极其有利,连一些很纤细易损的东西都能留存至今,其中就有纺织品。从坟墓发掘出的一个人工制品是小小的锥形银质托板,做工相当精巧。它可能是在今天的乌克兰的第聂伯地区制作的,里面还有丝绸的残余。由此推断,这一片织物曾经连在一顶帽子的顶端,其制作材料至少部分为丝绸,而丝绸在中世纪早期是珍奇、昂贵的纺织品。在比尔卡的墓群里也发现了成百上千的丝绸残片,有用作衣领的,镶片、嵌条的,或者衣服的袖口、翻边的。在离乌普萨拉(Uppsala)①不远的瓦尔斯高(Valsgärde)②的墓葬中发现了更多的丝绸(见图13,14)。中国和中东地区(瑞典的丝绸很可能来自这两个地方)的丝绸纺织技术极其不同,使人可以分辨出某片丝绸是出自中国还是叙利亚或拜占庭。在瓦尔斯高发现的各种丝绸至少有小部分产自中国,它们肯定是商旅队经由丝绸之路运到保加尔或基辅(Kiev)或东欧的某个其他商贸城镇,最后抵达瑞典。不过,在比尔卡交易的丝绸却大多来自叙利亚或拜占庭③。斯堪的纳维亚其他享有盛名的墓葬里也都有丝绸,例如海泽比,日德兰半岛的马门,挪威的奥斯伯格,以及芬兰西部的埃乌拉

---

① 这里指旧乌普萨拉,中世纪瑞典的一个中心,当时的位置在今天的乌普萨拉(瑞典首都斯德哥尔摩以北71公里处)以北几公里,即今天的老乌普萨拉;最初它是瑞典的一个主要的异教崇拜中心;在基督教化进程中,它于12世纪中叶成为大主教区。——译者注

② 位于老乌普萨拉以北约3公里处Fyris河畔,中世纪时期的一个政治、宗教中心。——译者注

③ Agnes Geijer, *Die Textilfunde aus den Gräbern*, Birka: Untersuchungen und Studien 3 (Stockholm, 1938); KLNM 15. 174–180, s. v. "Siden," by Agnes Geijer; Inga Hägg, "Birkas orientaliska praktplagg," *Fornvännen* 78 (1983); Annika Larsson, "Vikingar begravda i kinesiskt siden," *Valör* (2008).

(Eura)等地的墓葬①。

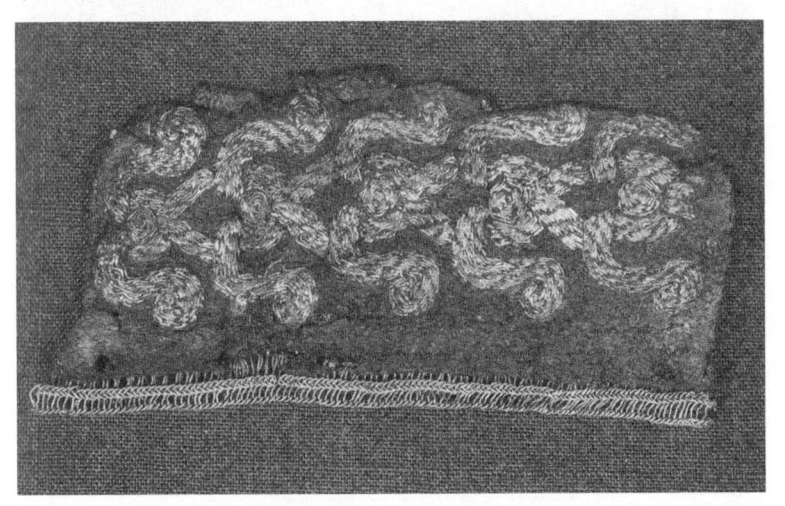

图 13. 10 世纪,一个武士被埋葬在瑞典的乌普萨拉附近的瓦尔斯高,遗体放置在他的船中,有许多随葬品,包括两片丝绸。图中的这一片的形状是袖口(虽然它可能是,比如说,主教行仪式时的着装的某个其他部分)。这一片丝绸看似在不同的时间、不同的地点被加工过。丝绸本身在中东某地织成,绣在上面的银质薄片的样式使人联想起西欧教会的情形。而其绲边则是在斯堪的纳维亚或受斯堪的纳维亚人影响的一个地方——如罗斯——加上去的。图片摄影 Teddy Törnlund,由乌普萨拉大学的古斯塔夫斯博物馆提供。

---

① Inga Hägg, Gertrud Grenander Nyberg, and Helmut Schweppe, *Die Textilfunde aus dem Hafen von Haithabu*, Berichte über die Ausgrabungen in Haithabu 20 (Neumünster, 1984); Inga Hägg, *Die Textilfunde aus der Siedlung und aus den Gräbern von Haithabu: Beschreibung und Gliederung*, Berichte über die Ausgrabungen in Haithabu 29 (Neumünster, 1991); Else Østergård, "Textilfragmenterne fra Mammengraven," in *Mammen: Grav, kunst og samfund i vikingetid*, Jysk Arkæologisk Selskabs skrifter 28 (Viborg, 1991); Pirko-Liisa Lehtosalo-Hilander, "Le Viking finnois," *Finskt museum* (1990): 57.

图14. 瓦尔斯高的一个船葬墓中的一条丝绸材质的领子（？），上面绣有银质薄片，说明斯堪的纳维亚的武士们喜爱新奇的奢侈品。图片摄影Teddy Törnlund，由乌普萨拉大学的古斯塔夫斯博物馆提供。

文学作品往往把丝绸描绘为头领们的特权享受。例如，埃纳·赫尔加森（Einar Helgason）[①]的诗作 Vellekla 称，哈康郡主头上包着丝绸，他头上戴的可能就是与比尔卡墓葬中同类的丝绸小帽。

> 厚道的［头领］的治下有七个郡——
> 他的眉头上缠着一条丝带——
> 这条丝带给国家带来吉祥[②]。

正如多数游吟诗人之作，这节诗意在讨好头领。它以三种方式达到这一目的：首先，吹嘘说哈康郡主有统治七个郡（fylki）的能耐，大概是在战场上打败了周边的头领们，或者就是他招募到的武

[①] 10世纪的冰岛诗人，服务于哈康郡主的宫廷；其部分作品收入几种萨迦，得以保存至今；这里提到的 Vellekla（有学者提出此标题的意思是"黄金短缺"，但存在争议）是他的古斯堪的纳维亚语诗作。——译者注

[②] Einarr Helgason skálaglamm, Vellekla 13, ed. Finnur, Skjaldedigtning, B：1, 119.

士比他们多；其次，他能取胜是该地区居民的福气；最后，他用丝绸缠头，这表明他是真正的头领，有资源、有财力获取这样珍奇的奢侈品。

水晶

在比尔卡以及斯堪的纳维亚其他地方的早期中世纪墓穴中，发现了大量珠宝首饰。从风格和制作技巧判断，其中许多是在斯堪的纳维亚本地制作，但是材料往往是从别处进口的。

使用的材料中有水晶。在中世纪早期，水晶被打磨、加工成许多不同的形状。在斯堪的纳维亚留存至今的中世纪早期水晶具有诸多不同的形态：扁平的，圆形的，八面体的，六角形的，细长的，等等。海泽比出土的水晶珠是简单的圆形，人们认为它们出自德国的哈茨山区（Harz）[1]。但是，在瑞典中部发现的多面体珠子很可能来自东方，因为欧洲好像还不具备把它们加工成多面体的复杂工艺。在比尔卡的一座10世纪的墓穴中发现了一粒镶嵌在蓝色玻璃里的水晶珠，它肯定来自东方，因为当时只有埃及采用了这一技术。在哥特兰岛发现了镶嵌在银箔里的水晶珠[2]，这一装饰带有典型的斯拉夫特色。这件首饰上的水晶也很可能出自东方[3]。

---

[1] KLNM 9.288-289, s. v. "Kristall," by Holger Arbman.
[2] Graham-Campbell, *Viking Artefacts*, 46 and 226, n. 157.
[3] KLNM 9.288-289.

葡萄酒

据冰岛古诗 *Rigstula*① 所述,斯堪的纳维亚的神灵里格(Rig)来到一座大宅,这是他在该诗中造访的第三座、也是最高贵的宅邸。这里的人用一顿豪华、丰盛的大餐招待他:

> 有新鲜猎物,有猪肉,
> 还有烤制的禽鸟。
> 大酒壶里有葡萄美酒,
> 还有带花饰的酒杯②。

诗行表明,在斯堪的纳维亚富人的餐桌上有葡萄酒。斯堪的纳维亚地区并不种植酿酒的葡萄,因此给里格奉上的葡萄酒肯定从别处进口。最近的葡萄酒产地是法兰克帝国的北部地带,例如,那里的莱茵河谷和摩泽尔河谷自罗马时代起就种植葡萄。

事实上,还有其他理由让我们相信斯堪的纳维亚的葡萄酒来自进口。法兰克传教士安斯加③于9世纪来到比尔卡之际,他遇到

---

① *Rigspula* 的意思是"里戈之歌",讲述是北欧神话中的神灵 Rig(意思是"统治者",他的另一个名字是 Heimdall)的故事:他孔武有力,富有智慧,周游各地,创造了人类的三种群体:农奴、农民和武士;关于这首诗创作的时间和地点学者们看法不一(从10至13世纪,从古不列颠诸岛到挪威)。——译者注

② *Rígspula* 32, ed. and trans. Dronke, *The Poetic Edda*, 2.169. Cf. Somerville and McDonald, *Viking Age*, 24. 关于 Rigspula 一诗的撰写年代,学界多有争议。

③ 参见本书第36页注②。——译者注

了一个名叫弗里德波里(Frideborg)的基督徒寡妇,她已经为自己的临终圣礼备好了葡萄酒①。在瑞典的海尔戈和比尔卡发现了被认作是盛放葡萄酒的进口陶瓶②。海泽比的水井壁往往利用旧木桶砌成,木桶的材料是冷杉木,但海泽比的周边地区找不到这种树。冷杉生长于上莱茵河地区,紧邻那里的葡萄酒产地。冷杉木现身于海泽比,最明显的解释就是木桶装着葡萄酒来到该城③。在罗马帝国晚期,成套的罗马风格的饮酒器具与其物主一起埋葬在斯堪的纳维亚。瑞典南部的乌莱莫拉(Öremölla)发现了这样一套酒具④,它包括两个玻璃的饮酒器皿,一个青铜大碗(用于调酒),一把长柄勺,以及一个筛子(过滤葡萄酒中的沉淀物)。

维京人喜爱葡萄酒。他们常常向为保平安而纳贡的欧洲统治者索要葡萄酒,作为贡品的一部分,而且如愿以偿⑤。斯堪的纳维亚人古德弗雷德⑥侍奉法兰克帝国皇帝"胖子查理",皇帝很宠爱他,给了他弗里斯兰的土地,甚至还把国王洛泰尔二世(Lothar II)

---

① Rimbert, *Vita Anskari* 20, ed. Waitz, 44; trans. Robinson, 71.
② KLNM 20.120 – 123, s. v. "Vinhandel: Sverige," by Hugo Yrwing.
③ Heiko Steuer, "Der Handel der Wikingerzeit zwischen Nord-und Westeuropa aufgrund archäologischer Zeugnisse," in Der Handel der Karolinger-und Wikingerzeit: Bericht über die Kolloquien der Kommission für die Altertumskunde Mittel-und Nordeuropas in den Jahren 1980 bis 1983, ed. Klaus Düwel, Untersuchungen zu Handel und Verkehr der vor-und frühgeschichtlichen Zeit in Mittel-und Nordeuropa 4 = Abhandlungen der Akademie der Wissenschaften in Göttingen: Philologisch-historische Klasse, 3. Folge, 156 (Göttingen, 1987), 131 – 134.
④ Göran Burenhult, *Arkeologi i Norden* (Stockholm, 1999), 2:178 – 181.
⑤ *Annales Bertiniani*, s. a. 864, 866, and 869, ed. Waitz, 67, 81, and 107; trans. Nelson, 112, 130, and 164.
⑥ 丹麦头领,885年被谋杀;可能随"大军"去到法兰克帝国,成为皇帝"胖子查理"的封臣,娶洛泰尔二世之女为妻;这个古德弗雷德与本书第91页的同名者不是同一个人;参见本书第91页注③。——译者注

的私生女吉塞拉(Gisela)嫁给他为妻。但古德弗雷德却想捞得更多。他在884年企图讹诈皇帝,达到扩充自己的领地,把莱茵河谷的两个葡萄酒产地纳入囊中的目的①。

搞到葡萄酒的维京人不一定都自己喝。葡萄酒是有价值的商品,可以卖了换银子。不过,维京人有时也享受到手的葡萄酒。1012年,喝得醉醺醺的维京人用骨头、角、最后加上斧子柄砍死了圣阿尔菲奇(Alphege)——坎特伯雷大主教艾尔夫赫亚克(Aelfheah)②。这些维京人喝的是从南方运来的葡萄酒,喝得"烂醉"③。

玻璃与塔廷(Tatinger)④酒壶

在当时的斯堪的纳维亚,能喝得起酒的人也弄得到合适的容器盛酒,就像前面提到在乌莱莫拉的古典晚期墓葬中发现的酒具。在瑞典中部的巴卡比(Barkarby)有一座公元10世纪的墓,里面有不下六个玻璃器皿,其中有一个肯定是埃及制造,其余五个可能产于中东地区⑤。

---

① Coupland, "From Poachers to Game-Keepers," 111; Angenendt, *Kaiserherrschaft und Königstaufe*, 260-262.
② 生卒年为约953—1012年;1011年被进犯的维京人俘获,他们企图把他用作人质勒索财物,被他拒绝后将其杀害;1078年他被封圣。——译者注
③ *Anglo-Saxon Chronicle*, s. a. 1012, ms E, ed. Irvine, 69; trans. Swanton, 142.
④ 塔廷是德国的一个小村庄,被认作酒壶的原产地。——译者注
⑤ C. J. Lamm, *Oriental Glass of Mediaeval Date Found in Sweden and the Early History of Lustre-Painting* (Stockholm, 1941); KLNM 5. 342-349, s. v. "Glas," by Holger Arbman and Nils Cleve.

比尔卡的854号墓里有一个维京时期的男人的骨殖,陪葬品中有一个玻璃材质的饮酒器皿,还有一把精美的塔廷陶瓷壶(见图15)。这把壶做工精细,由一个转速很高的陶轮打磨成型,当时斯堪的纳维亚还没有这种技术[1]。陶工把锻打而成的各色薄薄的锡片镶嵌在经过烧制的壶上,起装饰作用。壶的表面由横线划分成几部分,每一部分都有一串小小的菱形;壶的颈部则饰以平行的长条竖线。

在从英格兰东南部到旧拉多加的大片北欧地区发现了好几把类似的塔廷壶,这一把只是其中之一。挪威北部的罗弗敦群岛(Lofoten)位于北极圈之内,甚至在这么遥远的北方也发现了一把壶。塔廷格壶一般现身于豪华墓地这类显赫的场所,北欧的商贸城镇大多都有其身影,除了比尔卡和旧拉多加外,还有海姆维克(Hamwic)[2],多雷斯塔德(Dorestad),里伯,海泽比,考庞(Kaupang)[3],海尔戈等地。它们制作于法兰克帝国北部某地,时间是8世纪后期到9世纪早期,明显属于高端器物,并非人人得以享用。

本章仅仅触及了斯堪的纳维亚考古发现的大量珍奇物品中的一部分。不过,问题应该已经很清楚,即,维京时期有条件的斯堪的纳维亚人喜欢身边满是珍奇物品。他们用塔廷壶把葡萄酒斟入玻璃器皿,作为核桃甜食的搭配;而在这样的场合,他们喜欢身着

---

[1] KLNM 8.382, s. v. "Keramik," by Carl-Olof Cederlund; RGA 30.296 - 300, s. v. "Tatinger Keramik," by Ch. Ruhmann.

[2] 中世纪的撒克逊城镇,位于英格兰的伊钦河畔、今天的南安普顿市。——译者注

[3] 建于8世纪的维京城镇,位于今天的挪威东南部的拉尔维克港,当年名叫锡林盖斯赫尔(参见本书第165页),10世纪被废弃。——译者注

图15. 塔廷格陶罐是法兰克帝国某地以快速转轮制作的奢侈制品。捶打而成的锡片附着在陶罐上,形成图案。比尔卡的854号墓里还有一个玻璃的饮用器皿。图片摄影索伦·霍尔格伦,由斯德哥尔摩的国家历史博物馆提供。

丝绸,佩戴次等宝石。我们不禁想象,这就是诗人描述国王荷罗斯加在鹿厅招待贝奥武甫及其麾下时想要呈现的场景:

> 荷罗斯加的王后薇尔哲欧遵照习俗,
> 走上前来;她身佩金饰,
> 在大厅里招呼众人,
> 殷勤的主妇递上斟满的酒杯……
> (多时之后,仍在鹿厅:)
> 欢乐之声重又响起,人们
> 谈笑风生;侍酒者从精美的
> 容器里倒出酒浆。薇尔哲欧佩戴着
> 金质王冠,来到众人身边……①

正如以上从《贝奥武甫》引用的诗行所示,珍奇、美妙的物品不仅被用作礼物,它们也是头领们用来装扮自己和妻子以及城堡大厅的炫耀性奢侈品。不管什么情况,这些奢侈品提升了拥有并分发此类物品的头领的地位,其重要性在于它们的象征意义。头领们把商人派到遥远的市场,与比自己更为强大的统治者缔结友谊,抓住机会到处抢掠,通过这些方式不遗余力地攫取珍奇之物,目的就是利用它们把武士们更紧密地维系在自己身边。

---

① *Beowulf*, lines 612-615 and 1160-1163, ed. Fulk, Bjork, and Niles, 23-24 and 44; trans. Liuzza, 72 and 89.

第7章　商贸网络

北方的商贸网络之所以重要，不仅仅因为它为头领们提供珍奇物品，也因为它创造财富，使这些头领们得以持续地发放礼品，并由此维系其势力。头领和国王们创建的这一商贸网络也出口商品，尤其是北方人容易获取的毛皮和奴隶。

一项惊人的考古发现显示了北方贸易网络的范围，颇引人注目。远道而来的旅客往往造访位于波罗的海西南角的海泽比，于是在10世纪某个年份，这里出现了一个来自远方的旅客便不是什么稀罕事。然而，该旅客在造访期间不幸身亡，至于死因，我们甚至都无从猜测。环绕该城有成千上万个墓穴，他就被埋葬在其中之一。20世纪60年代，考古学家发掘、考察了他的墓穴。埋了一千年，他的尸骨荡然无存，但是一些墓葬品存留下来。墓葬品中有一个极不寻常的三角形铜碗，其样式只有爱尔兰才有。碗上带着如尼文的铭文，一开始并未引起人们的惊讶，因为斯堪的纳维亚地区的实用物品上常常刻有如尼文的铭文。但是这个碗的铭文的语言不是古斯堪的纳维亚语，而是一种突厥语，这让其发现者大为惊讶。铭文的内容却无特别之处：“［这里的］忠告请考虑：畅饮！热烈地爱！服从！”

铭文使用的语言说明该碗肯定来自东欧。这个铭文很可能出之伏尔加保加尔人（Volga Bulgarians）之手，该民族生活在商贸城镇保加尔(Bulghar)之内及其周边地区,城镇的位置在今天的莫斯科以东不远的伏尔加河边[1]。假如这真是一只爱尔兰碗,它现身于海泽比的事实证明,它来回横穿整个北欧大地,从爱尔兰到保加尔,然后又往回走了半程,最后留在了丹麦南部[2]。

这只碗的主人究竟是爱尔兰人还是保加尔人?他是否也走过了这只碗的旅程?答案我们无法猜测。主人有可能是丹麦人,说不定在海泽比把碗搞到手。该碗历任主人的名单应该不短,他则成了最后一位。

我们在前两章中研究的问题是,商贸如何服务于礼品交换。第5章探讨了惯常使用进口原料的工匠的成就,第6章考察了斯堪的纳维亚人赏识进口货和稀有物品的证据。本章则察看头领们怎样设法获取此类物品。我的观点是,头领们以几种方式介入商贸活动,有直接参与的,有指派代理人操办的,还有的建造、掌控商贸城镇,在北方建立起商贸网络,等等[3]。这些网络继而与西欧和东欧的其他网络连接起来,在北方形成一个宽阔的弧形商贸地带,通过波罗的海——而不是像以前那样通过地中海——把西亚与西欧

---

[1] 具体在伏尔加河与卡马河汇合处下游约30公里;8—15世纪,该城断断续续为伏尔加保加尔国的首都。——译者注

[2] Heiko Steuer, "Eine dreieckige Bronzeschale aus Haithabu bei Schleswig," *Archäologisches Korrespondenzblatt*; Steuer 引用了匈牙利科学院的 János Harmatta 教授在 "Erwäge [einen] Rat: Trinke—heiß liebe! Befolge!" 一文中的阐释。

[3] P. H. Sawyer, "Kings and Merchants," in *Early Medieval Kingship*, ed. P. H. Sawyer and I. N. Wood (Leeds, 1977); Ross Samson, "Fighting with Silver: Rethinking Trading, Raiding, and Hoarding," in *Social Approaches to Viking Studies*, ed. Ross Samson (Glasgow, 1991).

连结起来①。这一巨大的网络的中心是一系列沿西欧、北欧和东欧的水路分布的商贸点,商贸网络欣欣向荣的态势始于9世纪早期,在10世纪还延续了很长一段时间。可以说,这个巨大的销售系统造成的最重要后果是,以空前的规模把阿拉伯的白银引入渴求白银的北欧和西欧②。流入的银币大多会被熔化,铸成西欧的硬币,或臂章、饰针之类的首饰。仅在瑞典一地就有587个聚藏点,里面的8万多个银币是在8世纪90年代到11世纪90年代之间某些年份埋在地下的。在整个波罗的海地区已经发现、登记在册的阿拉伯银币大约有20万个③。

斯堪的纳维亚地区的商贸城镇

中世纪早期,在斯堪的纳维亚及其周边地带活跃着数十个物

---

① Sture Bolin, "Muhammed, Karl den store, och Rurik," *Scandia* 12 (1939); Sture Bolin, "Mohammed, Charlemagne and Rurik," *Scandinavian Economic History Review* 1 (1953); Richard Hodges and David Whitehouse, *Mohammed, Charlemagne, and the Origins of Europe: Archaeology and the Pirenne Thesis* (London, 1983); Michael McCormick 在 *Origins of the European Economy: Communications and Commerce A. D. 300 - 900* (Cambridge, 2001) 一书中创造了"北方弧形商贸地带"这一贴切的词语。

② Thomas S. Noonan, "The Vikings in the East: Coins and Commerce," in *Developments Around the Baltic and the North Sea in the Viking Age*, ed. Björn Ambrosiani and Helen Clarke, Birka Studies 3 (Stockholm, 1994).

③ Roman K. Kovalev and Alexis C. Kaelin, "Circulation of Arab Silver in Medieval Afro-Eurasia: Preliminary Observations," *History Compass* 5, no. 2 (2007), http://www.blackwell-synergy.com/doi/abs/10.1111/j.1478 - 0542.2006.00376.x.

品交换中心,也就是商贸城镇①。我们对它们的了解部分来自文字资料,但是考古学家发现的遗迹则要多得多。斯堪的纳维亚当年有过可观的货物流通,此二者同为见证。

一个名叫奥塔尔(Ottar,在古英语文献中为 Ohthere)的挪威头领②于9世纪末造访盎格鲁—撒克逊的国王阿尔弗烈德的宫廷。他告诉国王自己何以谋生。作为一个收取贡品的头领的例证,我们以前已经见过此人。他从萨米人手里收购毛皮,羽毛,鲸骨(鲸骨也可能指海象的长牙,见图16、17),以及用海象皮和海豹皮制成的绳索。在他位于挪威北部的家乡的周边地带,此类货物很充裕,而它们在欧洲市场上非常吃香。奥塔尔告诉国王阿尔弗烈德自己怎样乘船南行卖货:他沿着挪威海岸航行一个月,来到挪威南部一个他称作锡林盖斯赫尔(Sciringes healh)的商贸城镇(这一地名的后半部分的意思是"大厅",因此这一地名显然表明,该市场是围绕某头领的大厅形成的)③。

在挪威南部的奥斯陆峡湾(Oslo Fjord)宽阔的出口西侧有个城市叫拉维克(Larvik),考古学家们认为自己在该城南边发现了锡林盖斯赫尔④。该地现在名叫考庞⑤,显然是当年远道而来的货物的

---

① See, e.g., the maps in RGA, 13.497 – 593, s.v. "Handel," by Heinrich Beck, Brigitte Bulitta, Klaus Düwel, Heiko Steuer, and David M. Wilson; and in Helen Clarke and Björn Ambrosiani, *Towns in the Viking Age* (Leicester, 1991).
② 参见本书第84页注①。——译者注
③ Lund et al., *Two Voyagers*, 309.
④ Charlotte Blindheim and Roar L. Tollnes, *Kaupang, vikingenes handelsplass* (Oslo, 1972); KLNM 6.133 – 138, s.v. "Handelsplasser, Norge," by Charlotte Blindheim. RGA 16.338 – 344, s.v. "Kaupang," by Th. Andersson and D. Skre.
⑤ 参见本书第159页注③。——译者注

图 16. 海象牙能够被刻成漂亮的物件，具有类似于象牙的光泽，是北极地带的宝贵物产；挪威北部的奥塔尔和格陵兰的红头埃里克这样的头领就是因海象牙致富。图中的早期中世纪海象牙的发现地为冰岛的雷克雅未克。图片摄影 Gudmundur Ingólfsson，由雷克雅未克的市博物馆提供。

必经之地。例如，考古学家挖掘出几枚法兰克王国和盎格鲁—撒克逊王国的硬币，还有 20 个阿拉伯硬币。该地发掘出来的陶器大多源自丹麦或弗里西亚，不过其中三分之一出自莱茵兰，还有十分之一是斯拉夫制造。这些陶器跨海来到挪威。考庞的繁荣只在 8

图17. 海象牙被用来制作多种豪华器物，其中包括教会的高级官员——诸如主教、住持——携带的弯头牧杖。这根12世纪的牧杖于1993年在瑞典的锡格蒂纳市的一个坟墓中被发现。图片摄影雅克·文森特，由锡格蒂纳博物馆提供。

至9世纪，为时短暂，其重要性从来都比不上奥塔尔去的第二个地方海泽比。

奥塔尔描述他怎么花了五天的时间从锡林盖斯赫尔航行至位于日德兰半岛东侧的海泽比。海泽比是重要的考古发掘地，在20世纪的绝大多数时间经历了大规模的发掘。该地看似一个殷实的商贸之城，坐落在波罗的海的一个长40公里、相当狭窄的海湾（the Schlei）尽头，离现代的石勒苏益格（Schleswig）城不远。日德兰半岛在海泽比这一段相当狭窄，宽仅七公里左右，所以当时从北海或注入北海的河上把货物运过这片土地并非难事①。

---

① Hollingstedt 位于注入北海的 Treene 河畔，以往的几代学者推测 Hedeby 的

海泽比是一个大型居民点,有考古沉积物的面积达到24公顷。据考古学家估计,该城周围大约有12000座墓穴。早在8世纪(甚至更早)这里就有一个居留地,不过到9世纪初,它才有商贸城镇的模样。在海泽比处于鼎盛的10世纪,阿拉伯使节易卜拉欣·伊本·雅库布·阿尔-图尔图什(Ibrahim ibn Yakub al-Turtushi)曾造访此地,并做了相关记载。他说城里有淡水井,居民中有异教徒,也有基督徒。鱼是他们的主打食物。他们唱起歌来难听之极:"一种从喉咙里发出的呻吟,像是狗吠,但更像是野兽在嚎叫"[①]。阿尔—图尔图什的记载仅以二手或三手资料保存于中世纪阿拉伯百科全书中,我们很难确定该如何看待其中的具体信息。他声称海泽比的居民有基督徒,也有异教徒,这一点很有意思。我们从其他文献得知,自9世纪上半叶起这里就有个教堂。

公元1000年后,海泽比丧失其重要性,人口锐减;到11世纪中

北海港口即位于此地;Dietrich Hoffmann 在 *Hollingstedt*: *Untersuchungen zum Nordseehafen von Haithabu/Schleswig*, Berichte über die Ausgrabungen in Haithabu 25 (Neumünster, 1987)一书中则指出现代学者未能在 Hollingstedt 发现维京时代的港口的任何遗迹。

[①] German translation in Georg Jacob, Arabische Berichte von Gesandten an germanische Fürstenhöfe aus dem 9. und 10. Jahrhundert ins Deutsche übertragen und mit Fussnoten versehen (Berlin, 1927), 29; French translation in André Miquel, "L'Europe occidentale dans la relation arabe d'Ibrâhîm b. Ya'qûb (Xe s.)," Annales Économies, Sociétés, Civilisations. 21 (1966): 1062; Norwegian translation in Harris Birkeland, Nordens historie i middelalderen etter arabiske kilder, vol. 1954:2, Skrifter utgitt av Det Norske Videnskaps-Akademi i Oslo, II. Hist.-Filos. Klasse (Oslo, 1954), 103 – 104. About al-Tartushi, see The Encyclopaedia of Islam, new ed. (Leiden, 1954 – 2002), 3:991, s. v. "Ibrāhīm b. Ya'ḳūb," by A. Miquel; and Lexikon des Mittelalters 5 (Zürich, 1991), 321 – 322.

期，该城湮没①。它的商贸之城的地位被石勒苏益格替代。

货物交易的痕迹在海泽比多处可见。考古学家在此发现了许多出自远方的物品。在奥塔尔声称自己运到海泽比的货物中，毛皮、羽毛和海豹皮不可能为考古留下痕迹。然而，地底下却发掘出海象骨、海象牙，还有驯鹿的角。奥塔尔没有提到做驯鹿角的生意，但他说自己拥有600头驯鹿，我们因此有理由猜测，除卖鹿皮外，他也卖鹿角。

我们在上一章看到，国王奥拉夫·哈拉尔松的扈从西格伐特·索达尔森从国王手里得到核桃很是高兴。考古学家在海泽比发现超过六颗核桃的残余②。这一点说明海泽比是诸商贸城镇之一，在此地，斯堪的纳维亚的头领们除了能弄到其他许多珍奇的货物外，还能弄到核桃这样的珍馐美味。事实上，在海泽比发掘出许多此类商贸物品，有外国首饰、阿拉伯硬币、琥珀、铁锭、铅、银和黄铜；还有水银、丝绸、玻璃、陶器、光玉髓以及水晶。其中许多出自欧洲靠南部的地区，但有些出自亚洲，像一些次级宝石、部分丝绸，以及阿拉伯硬币。海泽比显然是斯堪的纳维亚地区的一个商贸枢纽③。

从海泽比有一条商贸通道伸向瑞典的比尔卡城。在斯堪的纳

---

① 关于 Hedeby 存在的时期，树木年代学能够确定的最后年代是1020年；此外，一枚在墓冢中发现的硬币的年代是1042年。

② Behre and Reichstein, *Untersuchungen des botanischen Materials*, 31. 在1963—1964年的发掘中找到六个核桃壳的残片，而在此前至少已经发现了另外两个残片。

③ Hedeby 的发掘情况见于系列报告：Berichte über die Ausgrabungen in Haithabu (Neumünster, 1969 -)；其内容概述见 Herbert Jankuhn, *Haithabu: Ein Handelsplatz der Wikingerzeit*, 3d ed. (Neumünster, 1956), and in RGA 13. 361 – 387, s. v. "Haiðabu," by Wolfgang Laur, Christian Radtke, Marie Stoklund, and Ralf Weichmann.

维亚,唯有比尔卡能在规模和重要性上与海泽比抗衡[1]。该城坐落在斯德哥尔摩以西的梅拉伦湖(Mälarea)中的比约克(Björkö)岛,当时该湖还是波罗的海的一个海湾[2]。比尔卡城面积约为13公顷,周边至少有2000座墓穴。此城的繁荣时期在公元800年左右至10世纪末,大致与海泽比同期。不来梅大主教阿达尔伯特(Adalbert)[3]为寻找他的前辈翁尼(Unni,936年逝于此)[4]的墓冢,于11世纪60年代造访此地,这时的比尔卡城已倾圮败坏,他的寻觅终无所获[5]。

比尔卡与海泽比的情况相同,有诸多痕迹说明远道而来的货物途经该城。考古学家在已发掘的墓冢里发现许多珍奇的人工制品,如丝绸、光玉髓珠链、琥珀、外国陶器,还有首饰。考古学家在墓冢外面也发现了斯堪的纳维亚制作的货物的痕迹,这些货物肯定是用于出口。大量各色动物的脚爪留存至今,还有珍贵的毛皮——包括狐皮、貂皮,但是同类动物的骨头却鲜有发现。这些发现物说明,捕猎到的动物被粗暴地剥去皮毛。到手的皮毛随后被运至比尔卡加工准备出售,在此过程中,动物脚爪被砍下、丢弃,以便毛皮贩卖到欧洲南部、东部,乃至更远的地方[6]。

---

[1] Rimbert, *Vita Anskari*, 10, ed. Waitz, 31-32; trans. Robinson, 47;此书说明了该商贸通道的存在。

[2] Adam of Bremen calls Mälaren a bay; see Adam, *Gesta* 1.60, ed. Schmeidler, 58; trans. Tschan, 51. 在过去的一千年中,瑞典东部的陆地升高了5米左右。

[3] 约1000年出生于萨克森尼的一个贵族家庭,卒于1072年;从1043年至去世任汉堡—不来梅大主教。——译者注

[4] 关于翁尼,参见本书第208页。——译者注

[5] Adam, *Gesta*, scholion 142, ed. Schmeidler, 262; trans. Tschan, 210.

[6] Björn Ambrosiani, "What is Birka?" in *Investigations in the Black Earth*, ed. Björn Ambrosiani and Helen Clarke, Birka Studies: Birka Project (1992).

头领们尽力吸引并留住武士扈从,斯堪的纳维亚的商贸城镇在这一点上起了怎样的配合作用?文献资料以及考古发现中的证据对此做出了说明。一方面,商贸城镇及其商人为头领们创收。奥塔尔一类的头领们把自己的货物带进城,以换取多多少少有些新奇的东西用作礼物并分发给扈从。海泽比处于国王的控制之下,很难想象奥塔尔不给国王献上重礼就能做成这样的买卖。维京时期的斯堪的纳维亚没有强大的国家可以维持货币的价值,因此那里的贸易大多采取以物易物的形式。金和银用于交易,不过其价值取决于它们的重量和纯度。斯堪的纳维亚人做交易时需要使用在比尔卡、海泽比以及其他地方的墓葬中发现的那类精确的衡器,原因就在于此。斯堪的纳维亚地区的统治者们在公元1000年左右开始发行硬币,这一点说明,斯堪的纳维亚诸王国形成的历程已经进入相当高的阶段,国王们得以强制性地规定硬币的价值,赋予它高于所含贵金属的价值[①]。

西欧的斯堪的纳维亚商贸

　　关于斯堪的纳维亚人在西欧进行的商贸活动,我们了解的有

[①] Ola Kyhlberg, "Vågar och viktlod: Diskussion kring frågor om precision och noggrannhet," Fornvännen 70 (1975); Ola Kyhlberg, Vikt och värde: Arkeologiska studier i värdemätning, betalningsmedel och metrologi under yngre järnålder: 1. Helgö, 2. Birka, Stockholm Studies in Archaeology 1 (Stockholm, 1980); Steuer, "Handel der Wikingerzeit"; Ingrid Gustin, "Means of Payment and the Use of Coins in the Viking Age Town of Birka in Sweden: Preliminary Results," Current Swedish Archaeology 6 (1998).

两种环境或情况：维京人在劫掠、收到贡品后设立的临时市场，以及北海周边的商贸城镇网络。商人们在斯堪的纳维亚的商贸城镇及其他地点之间贩运货物[1]。

维京人劫掠西欧时肯定弄到了一些他们并不想带回家的贵重东西，其中，像奴隶和牛一类的可能体量过大，或者难以长途运输。明智的做法是设立一个市场，把此类货物换成银子，或其他方便长途运输的贵重物品，我们已经知道有一些维京人是这样做的。例如，一帮维京人于873年在昂热（Angers）被国王"秃子查理"的人马打败，他们在议和过程中"要求容许他们在卢瓦尔河中的一个岛上居留到2月，而且在该地开办一个市场"[2]。维京人通过这种方式不仅促进了自己家乡的商业贸易，而且也使向地中海区域输出奴隶赚取高额利润的西欧商贸更为活跃[3]。

比这些临时市场更为重要的是位于北海两侧的商贸城镇，主要指位于英格兰南部海岸和法兰克帝国北部海岸的此类城镇。英格兰最重要的商贸城市有Hamwith（在南安普敦）、伊普斯威奇（Ipswich）、Lundenwic（即伦敦），以及Jorvik（即约克）。在欧洲大陆，特别重要的则是多雷斯塔德和康托维克（Quentovic）。从7世纪早期到9世纪50至70年代，地处今天荷兰的莱茵河下游的多雷斯塔德欣欣向荣；康托维克的位置离法兰克海岸约10公里，靠近康什

---

[1] Peter Johanek, "Der fränkische Handel der Karolingerzeit im Spiegel der Schriftquellen," in *Handel der Karolinger- und Wikingerzeit*, ed. Düwel, 310.

[2] *Annales Bertiniani*, s. a. 873, ed. Waitz, p. 124; trans. Nelson, 185.

[3] Michael McCormick, "New Light on the 'Dark Ages': How the Slave Trade Fuelled the Carolingian Economy," *Past and Present* (2002).

河(Canche)，其鼎盛时期在8、9两个世纪①。这两个城镇的地点适合凭借诸条河流与法兰克帝国内地以及跨海与英格兰做贸易②。

斯堪的纳维亚与这些西欧的商贸城镇之间多有交往，这一点无人质疑。在西欧，考古学家发现了来自斯堪的纳维亚的人工制品，反之亦然。例如，从莱茵河上的多雷斯塔德镇溯流而上到达艾费尔高原(Eifel)的迈恩市(Mayen)，在丹麦发现的大量磨石即由迈恩的采石场出产的玄武岩制成。在斯堪的纳维亚乡村的主要考古发掘点，几乎每一处都发现了此类磨石；在海泽比和里伯镇也找到了许多。考古学家在多雷斯塔德找到700多块磨石碎片和400块未加工的玄武岩碎片，该镇显然是艾费尔高原出产的玄武岩的贸易中转地③。挪威出产的磨刀石和皂石情况类似，除了海泽比外，在西欧也发现了它们的踪影。奥塔尔笔下的锡林盖斯赫尔很可能是这些石材贸易的一个中转站④。

斯堪的纳维亚与西欧的商贸城镇之间的联系在文字作品中也得到证明。例如，9世纪的里姆伯特⑤撰写的《安斯加传》就证实了比尔卡与多雷斯塔德之间的联系。里姆伯特提到，瑞典的比尔卡

---

① 此城今天已不存在。——译者注
② 关于法兰克帝国与英格兰之间的商贸情况，见Johanek 的"Der fränkische Handel der Karolingerzeit"；Simon Coupland, "Trading Places: Quentovic and Dorestad Reassessed," *Early Medieval Europe* 11 (2002)。
③ Steuer, "Handel der Wikingerzeit," 119, 122, and 142–146; Volkmar Schön, Die Mühlsteine von Haithabu und Schleswig: Ein Beitrag zur Entwicklungsgeschichte des mittelalterlichen Mühlenwesens in Nordwesteuropa, Berichte über die Ausgrabungen in Haithabu 31 (Neumünster, 1995).
④ Steuer, "Handel der Wikingerzeit."
⑤ 参见本书第22页注④。——译者注

城里住着异教徒,但他们中间有一个基督徒寡妇。她做出决定,死后要把她的东西卖掉,她的女儿要把由此所得的钱带到多雷斯塔德,散给穷苦人、交给教会。我们还读到,在她去世后,这一愿望得以实现①。

毫无疑问,在维京人以暴力攫取货物之时,斯堪的纳维亚与西欧之间也以和平的方式开展了大量的贸易。

东欧的商贸

在维京时期,斯堪的纳维亚地区与阿拉伯哈里发国之间存在穿越东欧的重要商贸通道。这一商贸纽带中的一些片断在中世纪作者的著述中得到见证;而在东欧的一些河流沿岸以及波罗的海沿岸的泥土里发现的成千上万的阿拉伯硬币,则是最有说服力的证据②。

一些文字记载提到了斯堪的纳维亚与东欧之间的商贸往来,例如,不来梅的亚当③说从比尔卡到罗斯有5天的航程。他还说,斯拉夫人和桑比安人(Samlandians)定期来到比尔卡做买卖④。

---

① Rimbert, *Vita Anskarii* 20, ed. Waitz, 44–46.
② Kovalev and Kaelin, "Circulation of Arab Silver." 关于东欧的商贸概括,见 Ingmar Jansson, "Communications between Scandinavia and Eastern Europe in the Viking Age," in *Handel der Karolinger-und Wikingerzeit*, ed. Düwel.
③ 参见本书第18页注②。——译者注
④ 桑比安人为桑比亚(Samland)的居民;该地原来是普鲁士的一个地区,位于现代的加里宁格勒的西北部。

9 世纪晚期一个叫伍尔夫斯坦(Wulfstan)这一盎格鲁—撒克逊名字的人造访国王阿尔弗雷德,谈到他从海泽比向东沿波罗的海南部海岸航行到一个名叫特罗苏(Truso)的城镇,日夜兼程,共航行了 5 天,可能凭借测深铅垂使船在这片浅海保持了与海岸的适当距离①。根据在维斯瓦河(Vistula River)三角洲上的亚诺·波莫瑞村(Janów Pomorski)②的发掘成果,考古学家相信自己已经找到特罗苏城③。

特罗苏城临近该地区众多河流之一的维斯瓦河河口,这个地理位置是理解斯堪的纳维亚的东欧商贸路线的关键。波兰、白俄罗斯、罗斯的欧洲部分、乌克兰以及 3 个波罗的海国家地处平坦的大平原,鲜有山岭。这些地方的河流水流平稳,通航范围几乎直达其源头(只要水源充足)④。从波罗的海可以沿数条路线到达黑海或里海,途中的海拔升高幅度不超过 200 米,大部分旅程都有水路。

沿东欧河岸分布着一些维京商贸社区:斯堪的纳维亚人在 9 世纪已经打入这些商贸通道。位于河流注入波罗的海的河口附近的城镇起了控制通道的作用,除维斯拉河上的特罗苏城外,还有奥得

---

① Lund et al., *Two Voyagers*.
② 位于波罗的海南部海岸,靠近波兰的埃尔布隆格市。——译者注
③ Marek F. Jagodziński and Maria Kasprzycka, "The Early Medieval Craft and Commercial Center at Janów Pomorski near Elblag on the South Baltic Coast," *Antiquity* 65 (1991); Marek F. Jagodziński, "Truso—Siedlung und Hafen im slawisch-estnischen Grenzgebiet," in *Europas Mitte um 1000: Handbuch zur Ausstellung*, ed. Alfried Wieczorek and Hans-Martin Hinz (Stuttgart, 2000).
④ Rune Edberg, "Vikingar mot strömmen: Några synpunkter på möjliga och omöjliga skepp vid färder i hemmavatten och i österled," *Fornvännen* 91 (1996).

河河口的沃林城(Wollin)和沃尔霍夫河(Volkhov)上的旧拉多加镇——沃尔霍夫河在这里注入拉多加湖(Ladoga),而该湖则经由短短的涅瓦河注入波罗的海。文字资料提到从此类城镇中伸展出来的商贸路线;此外,根据地理条件和考古发现还可以推断出其他一些商贸路线。

文字资料中最重要的一份就是以古斯拉夫语撰写的所谓《往年纪事》①,其中记述了波罗的海与黑海之间的一条商贸路线:"一条商贸路线把瓦兰吉亚人与希腊人连结起来;该路线始于希腊(指拜占庭),沿第聂伯河延伸,依靠一条陆上通道抵达洛瓦特河(Lovat),沿洛瓦特河航行便能到达伊尔门湖(Il'men)。沃尔霍夫河发源于此湖,流入巨大的奈沃(Nevo)湖(即拉多加湖),而这个湖则注入瓦兰吉亚海(即波罗的海)"②。

关于这条路线的情况,考古发现以及其他的文字资料填补了一些信息。我们的考察路线的走向将与编年史相反,即自北向南。船从位于波罗的海最东端的芬兰湾起航,由今天的圣彼得堡的位置上溯两岸布满沼泽的涅瓦河。由于当年波罗的海的水面比现代更高,如今水流缓慢、短短的涅瓦河在维京时期水流更慢、流程更短③。数条河流注入拉多加湖,其中在长途运输方面最为重要的是沃尔霍夫河。拉多加湖四周是无法逾越的沼泽和森林,从该湖上溯12

---

① 参见本书第79页注②。——译者注
② Cross and Sherbowitz-Wetzor, *Russian Primary Chronicle*, 53.
③ KLNM 12.310 – 318, s. v. "Niveauforandring," by Niels Kingo Jacobsen, Lars Erik Åse, Aslak Liestøl, and Jón Jónsson.

公里,就是旧拉多加镇,它位于沃尔霍夫河畔的一个山脊上[1]。旧拉多加镇兴建于8世纪中期,原址是一个小小的芬兰—波罗的海居留地,建镇之初就与斯堪的纳维亚有密切的联系;最早的居留地地层中发掘出来的斯堪的纳维亚风格的人工制品证实了这一点。到10世纪末遭到挪威郡主拉德的埃里克·哈康松(Eirik Håkonsson of Lade)[2]的洗劫之际,该城的面积已达10公顷左右[3]。

沿沃尔霍夫河上溯可以到达其岸边的诺夫哥罗德镇(Novgorod),沃尔霍夫河就从该镇以南的发源地伊尔门湖流出。维京时期的诺夫哥罗德镇建在今天的市中心以南2公里处的一座小山上,学者们给它起名为Riurikovo Gorodishe(意思是"留里克之堡")[4],以区别于公元930年左右形成的诺夫哥罗德老城。留里克之堡占地至

---

[1] RGA 1.220 – 225, s. v. "Alt-Ladoga," by H. Arbman, W. Krause, H. Kuhn, and K. Zernack; Thomas S. Noonan, "Why the Vikings First Came to Russia," *Jahrbücher für Geschichte Osteuropas* 34 (1986): 330 – 340, repr. in Thomas S. Noonan, *The Islamic World, Russia and the Vikings, 750 – 900: The Numismatic Evidence* (Aldershot, U. K., 1998), no. I; Eduard Mühle, "Review of Srednevekovaia Ladoga," *Jahrbücher für Geschichte Osteuropas* 35 (1987); Anatol N. Kirpičnikov, "Staraja Ladoga/Alt-Ladoga und seine überregionalen Beziehungen im 8.-10. Jahrhundert: Anmerkungen zur Verbreitung von Dirhems im eurasischen Handel," *Bericht der römisch-germanischen Kommission* 69 (1988), 307 – 337; Eduard Mühle, *Die städtischen Handelszentren der nordwestlichen Rus: Anfänge und frühe Entwicklung altrussischer Städte (bis gegen Ende des 12. Jahrhunderts)*, Quellen und Studien zur Geschichte des östlichen Europa 32 (Stuttgart, 1991), 19 – 73; Clarke and Ambrosiani, *Towns in the Viking Age*, 119 – 121; Franklin and Shepard, *Emergence of Rus*, 12 – 21; RGA 29.519 – 522, s. v. "Staraja Ladoga," by S. Brather and K. Düwel.

[2] 生于960年代,卒于1020年代,挪威的统治者、拉德和诺森布里亚的郡主;参加过几场重要的战斗,跟随克努特大王出征英格兰。——译者注

[3] Eyvindr dáðaskald, *Bandadrápa* 7, ed. Finnur, *Skjaldedigtning*, B:1, 191 – 192.

[4] Vladimir L. Janin, "Das frühe Novgorod," Bericht der römisch-germanischen Kommission 69 (1988), 338 – 343; Clarke and Ambrosiani, *Towns in the Viking Age*, 121 – 122; and Franklin and Shepard, *Emergence of Rus*, 33 – 36.

少有 10 公顷，至迟到 9 世纪中叶已经有人在此定居。

数条河流注入伊尔门湖。有几条途径——包括姆斯塔河（Msta）——通向伏尔加河水系，不过使用古斯拉夫语的编年史作者建议走洛瓦特河的路线。行者顺着这几条河中的任何一条往上游走，就会来到东欧平原的最高点、海拔 343 米的瓦尔代丘陵（Valdai Hills）。古斯拉夫语编年史的作者很清楚，这些山是平原的水文地理中心，许多重要的河流都发源于此，例如注入黑海的第聂伯河，注入里海的伏尔加河，还有几条河流注入波罗的海[1]，其中的西德维纳河（Western Dvina）在里加注入波罗的海。

古斯拉夫语编年史的作者告诉我们，他描述的旅行者到达第聂伯河与洛瓦特河之间的地段时，要把船拖上陆地，拉着它走完两条河之间的距离。这个过程非常辛苦，但在运河出现之前（往往沿着两条河之间古老的陆地拖船之途开凿），河道之间的旱路行程就是这样完成的。现代人照搬当年的做法，结果表明，即使只用中世纪的技术，这一旅行方式也完全行得通[2]。内河航行时，旅客乘坐的船很可能比已经发现的维京人航海的船——例如在戈克斯塔德（Gokstad）的墓葬中或在罗斯基勒（Roskilde）发现的——小得多[3]。

在河道之间用来拖船的旱路上，人们对地形进行人工改造以

---

[1] Cross and Sherbowitz-Wetzor, *Russian Primary Chronicle*, 53.

[2] Erik Nylén, Vikingaskepp mot Miklagård: Krampmacken i Österled (Stockholm, 1987).

[3] Ole Crumlin-Pedersen, "Vikingernes 'søvej' til Byzans—om betingelser for sejlads ad flodvejene fra Østersø till Sortehav," in *Beretning fra Ottonde tværfaglige vikingesymposium*, ed. Torben Kisbye and Else Roesdahl (Højbjerg, 1989); Edberg, "Vikingar mot strömmen"; Rune Edberg, "Med Aifur till Aifur: Slutrapport från en experimentell österledsfärd," *Fornvännen* 94 (1999).

便利通行。各个拖船的团队都肯定要去除路上比较明显的障碍,例如灌木丛、不算太大的岩石、树木等等。几艘船通过后,一条路就有了雏形。只因船只来回拖行,路上便逐渐形成一条浅沟。在古老的河间旱路上,今天仍能见到此类浅沟,例如在法国中北部的布利亚尔(Briare)附近,人们在塞纳河与卢瓦尔河之间距离最短的地方拖拉船只(直至1642年建成一条运河)[1]。

旱路所在之地的居民和统治者也会提供帮助,比如平整浅沟的斜坡以维持、改善路况。最尽心尽力的旱路维护方式见于德拉盖特(Draget),它位于瑞典的梅拉伦湖的两个湖湾间的地峡,这里的旱路浅沟使用木板护坡[2]。与高低不平、旱路还未形成的地形相

---

[1] Robert J. Kerner, *The Urge to the Sea: The Course of Russian History: The Role of Rivers, Portages, Ostrogs, Monasteries, and Furs* (Berkeley, 1942), esp. pp. 15 and 107 – 151; Hildegard Adam, *Das Zollwesen im fränkischen Reich und das spätkarolingische Wirtschaftsleben: Ein Überblick über Zoll, Handel und Verkehr im 9. Jahrhundert*, Vierteljahrschrift für Sozial-und Wirtschaftsgeschichte, Beihefte 126 (Stuttgart, 1996), 92; Detlev Ellmers, "Die Archäologie der Binnenschiffahrt in Europa nördlich der Alpen," in *Der Verkehr, Verkehrswege, Verkehrsmittel, Organisation*, ed. Else Ebel, Herbert Jankuhn, and Wolfgang Kimmig, Untersuchungen zur Handel und Verkehr der vor- und frühgeschichtlichen Zeit in Mittel- und Nordeuropa 5 = Abhandlungen der Akademie der Wissenschaften in Göttingen: Philologisch-historische Klasse, 3d series, 180 (Göttingen, 1989), 324. 地名常常说明该地曾有拖船旱路,参见 Jürgen Udolph, "'Handel' und 'Verkehr' in slavischen Ortsnamen," in *Handel der Karolinger-und Wikingerzeit*, ed. Düwel, 特别是第599—606页,作者标示了出自斯拉夫语中拖船旱路一词"volok"的一些地名。此类地名集中在俄罗斯的诸河系之间的分水界地带(参见第602页和第604页上的地图);See also Christiansen, *Norsemen in the Viking Age*, 178.

[2] 护坡的木板现在看来都已荡然无存;然而当地居民记得,拖船旱路的人字形护坡在1920年代依然可见;see Björn Ambrosiani, "Birka: Its Waterways and Hinterland," in *Aspects of Maritime Scandinavia AD 200 – 1200: Proceedings of the Nordic Seminar on Maritime Aspects of Archaeology, Roskilde, 13th – 15th March, 1989*, ed. Ole Crumlin-Pedersen (Roskilde, 1991), 102.

比，把船拖过一条带木板护坡的平整的浅沟肯定快捷得多。而那位在旱路上费心费力地给护坡配上木板或以别的方式维护交通之便的人，他向来往船只收费或者要求得到赠品也就在情理之中了。

在旱路上拉船是重体力劳动，不仅因为工作本身就很繁重，也因为一路上必须保护船只及其搭载的货物免遭攻击。拜占庭皇帝君士坦丁七世波尔菲罗根尼托斯(Porphyrogennitos)[1]描述过，罗斯商旅为了避开第聂伯河上的瀑布而拖船走河间旱路时如何"高度提防会有佩切涅格人(Pechenegs)[2]出现"（一个背上了凶残名声的游牧民族）[3]。船员乐于接受外援，哪怕要为此支付一笔费用。旱路周边的居民发现，无论是提供安保，还是支援人力、提供牲口、或修补船只在旱路上受到的损伤，对河间旱路上的船只伸出援手原来有利可图。旱路船运就这样支撑了地方经济，甚至还促进了城市的兴起。以俄国的斯摩棱斯克市为例，它最早形成于连结第聂伯河与注入波罗的海的诸条河流的一条重要的拖船旱路上，时间是9世纪晚期[4]。其老城（即格涅兹多沃，Gnëzdovo）位于其现代城区以西几公里处，考古勘察挖出诸多能修船的工场。这一点表明，格涅兹多沃是船只在旱路拖运受到损伤后的一个维修地[5]。

---

[1] 生卒年为905—959年。913—959年在位。Porphyrogennitos的意思是"出生于紫室"，只有出生于君士坦丁堡的大皇宫内一栋专门的建筑（即"紫室"）的皇帝的儿子、女儿使用的尊号，在别处出生的孩子不得使用；君士坦丁七世也是学者，留下若干著作；这里的引文出自《论帝国治理》。——译者注

[2] 突厥游牧民族，居住在伏尔加河和乌拉尔河之间，后因哈扎尔人攻击而西迁。——译者注

[3] Constantine Porphyrogenitus, *De administrando imperio*, ed. Gy. Moravcsik and trans. R. J. H. Jenkins (Budapest, 1949), 50‑51.

[4] Franklin and Shepard, *Emergence of Rus*, 101.

[5] Franklin and Shepard, *Emergence of Rus*, 127.

古斯拉夫语的编年史作者和拜占庭皇帝君士坦丁七世均描述过第聂伯河的下水之旅。旅客先到达基辅(不来梅的亚当称其为一座大城市①)及其市郊的大型商贸集散地波道尔(Podol)。由此继续向黑海方向航行,便会到达第聂伯河上引起君士坦丁七世极大兴趣的大瀑布。在62公里的流程中,河的高度下降达33米,也就是说,在1930年代第聂伯罗彼得罗夫斯克的水电大坝建成之前,该河经这段流程后其高度下降33米。君士坦丁给七处湍滩起了罗斯和斯拉夫名字,讲述了罗斯人怎样驾船闯过一些小的湍滩。但是在最大的急流面前——据君士坦丁称,在罗斯语中它名叫"埃弗尔(Aifor)",而在斯拉夫语中叫"奈阿西特(Neasit)"——罗斯人下船了。部分人员被派去放哨,以防有人来进攻,其余的指挥奴隶并运送其他货物走六英里陆路绕过湍滩:"然后,他们有的人拉着船走,有的人用肩膀抬着货物,把船和货运送到急流的尽头"②。货物重新装船后,罗斯人接着驶向下一个湍滩。

一条运河建于18世纪,船只得以绕过湍滩航行,但即使此后还有哥萨克领航员以驾船驶过第聂伯河上所有的湍滩而自豪③。但名叫"渡鸦"的哥特兰人(Ravn,又作 Hrafn)却没有这么幸运。瑞典的哥特兰岛上有一块10世纪的如尼文石碑说:"赫格比约恩(Hegbjörn)竖立这块颜色鲜亮的石碑,(还有他的)诸兄弟胡罗德维苏(Hrodvisl),埃斯泰因(Eysteinn),埃蒙德[Emund[?]],他们在罗弗施泰因(Rofstein)南部竖立石碑纪念"渡鸦"。他们远途跋

---

① Adam, *Gesta* 2.22, ed. Schmeidler, 80; trans. Tschan, 67.
② Constantine, *De administrando imperio*, 50-51.
③ RGA, s. v. "Dnjepr," by Heinrich Beck, Carsten Goehrke, Helmut Jäger, Renate Rolle, and Wolfgang P. Schmid.

涉来到埃弗尔"①。四兄弟宣称他们以前就曾立碑纪念"渡鸦",立碑之处可能离他丧生之地更近一些。他们声称远途来到"埃弗尔(Eifor)",这个地名相当于君士坦丁笔下的"Aifor",换言之,看来当时"渡鸦"和他的伙伴们(可能也包括竖立石碑的四兄弟)试图驾船闯过第聂伯河上最大的湍滩,但他在此过程中丧了命。

别列赞岛(Berezanyi)位于第聂伯河注入黑海的河口,岛上的一个石碑上的古斯堪的纳维亚语碑文是:"格兰尼(Grani)垒此土墩纪念他的伙伴卡尔(Karl)"②。此碑文清楚地证明,在维京时期,斯堪的纳维亚人的足迹至少已经远达此地,而且很可能走得更远。

维京时期的行者也可以选择在瓦尔代丘陵的拖船旱路上东行寻找伏尔加河。古斯拉夫语编年史的作者对此选择有详细的说明:"伏尔加河发源于[瓦尔代丘陵上的]同一地区,但是往东流,通过70个河口注入里海。沿此河道向东就能见到保加尔人和里海周边的居民"③。

保加尔人是巴尔干地区的保加利亚人的远亲④,生活在伏尔加河上游的周边地带,位于现今的莫斯科以东。从卡马河与伏尔加河的交汇处稍稍往南就到了他们的商贸城,该城名叫保加尔(Bul-

---

① G 280;"Samnordisk runtextdatabas";Helmer Gustavson, *Gamla och nya runor: Artiklar 1982 – 2001*, Runica et mediaevalia: Opuscula, 9 (Stockholm, 2003): 9–36.

② T. J. Arne,"Den svenska runstenen från ön Berezanj utanför Dnjeprmynningen: Referat efter prof. F. Brauns redogörelse i Ryska arkeol. kommissionens meddelanden 1907," *Fornvännen* 9 (1914); Jansson, *Runinskrifter i Sverige*, 65.

③ Cross and Sherbowitz-Wetzor, *Russian Primary Chronicle*, 53.

④ 本书作者的相关说明是,今天的保加利亚人的语言是一种斯拉夫语,但他们的部分先人的语言与保加尔人的突厥语相同或类似;这是一种颇具争议的问题。——译者注

ghar)①。一个从巴格达派来的阿拉伯使团于922年造访保加尔,其中一名叫艾哈迈德·伊本·法德兰(Ahmad ibn Fadlan)②的成员写了一篇文字,报告自己在这遥远的北方的经历,我们因此得以读到关于保加尔的情况的第一手陈述③。他亲眼目睹了一艘大船上火葬一位亡故的罗斯头领,还见到了乘船经伏尔加河而来的罗斯商人。伊本·法德兰告诉我们,这些商人贩卖毛皮和奴隶;而且,保加尔是毛皮和奴隶交易中心这一点也在阿拉伯地理学家那里得到证实。当地人北上罗斯北部,在那里能弄到一些世界上最好的毛皮④。

不管是在斯堪的纳维亚定居的,还是称作斯拉夫人或别的什么,罗斯人的身份是个有争议的问题。学者们近年来似乎赞同一

---

① About Bulghar: Janet Martin, *Treasure of the Land of Darkness: The Fur Trade and Its Significance for Medieval Russia* (Cambridge, 1986), 5 - 14; Peter B. Golden, "The Peoples of the Russian Forest Belt," in *The Cambridge History of Early Inner Asia*, ed. Denis Sinor (Cambridge, 1990), 238 - 239; V. L. Ianin, *Otechestvennaia istoriia: istoriia Roccii c drevneyshikh vremen do 1917 goda* (Moscow, 1994), 306, s. v. "Bulgar," by M. D. Poluboiarinova; Franklin and Shepard, Emergence of Rus, 61 - 65; Thomas S. Noonan, "European Russia, c. 500 - c. 1050," in *The New Cambridge Medieval History*, vol. 3, c. 900 - c. 1024, ed. Timothy Reuter (Cambridge, 1999); *Encyclopaedia of Islam* 1. 1304 - 1308, s. v. "Bulghar," by I. Hrbek.

② 10世纪的阿拉伯旅行家,哈里发宫廷的伊斯兰律法专家,921年随哈里发的使团从巴格达出发,长途跋涉,922年到达伏尔加河东岸执行哈里发的亲善使命,向那里新近皈依伊斯兰教的保加尔人宣讲教义,巩固他们的信仰;关于此行,他做了记述,1923年发现的一个13世纪的手抄本里收入的记述比较完整。——译者注

③ Ahmed Zeki Velidi Togan, *Ibn Fadlan's Reisebericht*, Abhandlungen für die Kunde des Morgenlandes, 24.3 (Leipzig, 1939), reprinted as Ahmed Zeki Velidi Togan, *Ibn Fadlan's Reisebericht*, Islamic Geography 168 (Frankfurt am Main, 1994); trans. McKeithen, "The Risalah of Ibn Fadlan"; Frye, *Ibn Fadlan's Journey to Russia*. 此著作中关于罗斯的部分多次被单独译出,例如: in James E. Montgomery, "Ibn Fadlan and the Russiyah," Journal of Arabic and Islamic Studies 3 (2000)。

④ Martin, *Treasure of the Land of Darkness*.

种观点:"罗斯"不是一个种族标记,而是指活跃于东欧的一群商人。如我们在第4章中所见,考古证据显示,东欧的城镇中的商人里有斯堪的纳维亚人①。

保加尔有数条往南的路径。商旅或在伏尔加河乘船顺流而下,或沿河走旱路,就能到达哈扎尔帝国②及其在伏尔加河三角洲和周边地带的城镇。他们向哈扎尔人缴纳自己货物价值的十分之一。另一条路线则绕过哈扎尔人的地盘,往东南方向直至通向中国以及花剌子模(Khwarezm)③各城的丝绸之路。花剌子模是中亚地带的一个哈里发辖地,位于咸海东南部的阿姆河周边。伊本·法德兰从巴格达到保加尔走的就是这条路线。

考古学家们在斯堪的纳维亚找到了诸如丝绸、阿拉伯硬币等远途而来的人工制品,但此时我们不能不假思索地推测说,这些东西由斯堪的纳维亚人全程运回老家。商贸一般由众多中间人经手,虽然如古代北欧的碑文所示,有些斯堪的纳维亚商旅确实长途跋涉。瑞典有几块石碑提到有人在"萨拉森人之地"("Särkland")④——也就是阿拉伯哈里发辖地——丧生⑤。有个年轻男子去到哈里发辖地

---

① Franklin and Shepard, *Emergence of Rus*, 28–29.
② 参见本书第21页注①。——译者注
③ 10—13世纪的波斯化的突厥帝国,位于今天的伊朗的大部,属于伊斯兰教的逊尼派;13世纪上半叶败于蒙古入侵者。——译者注
④ 即自8世纪后半叶至13世纪中叶、以巴格达为首都的阿拔斯王朝;期间经济、贸易发达,科学、文学、哲学诸方面均有了不起的成就。——译者注
⑤ For example: Sö 131, Sö 279, Sö 281, ed. Brate and Wessén, *Södermanlands runinskrifter*, 98–99, 243–244, and 246–247; U 785, ed. Wessén and Jansson, *Upplands runinskrifter* 3: 368–369. See also "Samnordisk runtextdatabas"; Sven B. F. Jansson, "Några okända uppländska runinskrifter," *Fornvännen* 41 (1946), and Jansson, *Runinskrifter i Sverige*, 68–69.

并不幸遇难,对此,瑞典有一块 11 世纪早期的石碑提供了比较确切的地点:"古德列夫(Gudleif)为他的儿子斯拉格维(Slagve)竖立这个标杆,放置这些石块,他在东方的花剌子模丧生"①。(见图18)

我们无法弄清斯拉格维以及那些死于萨拉森人之地的人是商人还是什么别的角色。11 世纪的瑞典头领英格瓦尔(Ingvar)组织了一次侵袭里海的远征,然而在阿拉伯哈里发辖地遭遇到顽强的抵抗,许多远征者身亡。此次远征的悲剧性结局广为人知,中世纪盛期的一个冰岛萨迦《英格瓦尔的故事》在处理这个题材时发挥了巨大的想象力,却没有提供多少有用的信息。在瑞典有 20 多个纪念英格瓦尔的伙伴的石碑保存至今。英格瓦尔的兄弟哈拉尔与他一起出征,但未能回归。他们的母亲竖立了一块石碑以纪念哈拉尔:

托拉(Tola)竖立此碑纪念她的儿子、英格瓦尔的兄弟哈拉尔。

> 他们勇敢地踏上征途
> 到遥远的东方
> 寻找黄金,
> 饲喂苍鹰。
> [他们]死于南方,

---

① Vs 1, ed. Sven B. F. Jansson, *Västmanlands runinskrifter*, Sveriges runinskrifter 13 (Stockholm, 1964), 6 – 9; "Samnordisk runtextdatabas"; Helmer Gustavson, " Runmonumentet i Rytterne," in *Nya anteckningar om Rytterns socken: Medeltidsstudier tillägnade Göran Dahlbäck*, ed. Olle Ferm, Agneta Paulsson, and Krister Ström, Västmanlands läns museum: Västmanlands fornminnesförening, Årsbok 78 (2002).

图 18. 古德雷夫于 11 世纪早期的某个时间竖立了一块如尼文石碑,地点在今天瑞典一个名为 Stora Rytterne 的村庄的一座倾毁的教堂,目的是纪念其子斯莱格夫,石碑刻着"他在东方的花剌子模丧生",为早期中世纪斯堪的纳维亚人的长途之旅提供了鲜明的例证。斯莱格夫究竟因何目的长途跋涉到中亚地带,我们并不了解;不过,他有可能作为商人、侵袭者、雇佣兵,甚至是奴隶远赴该地。图片摄影杰茜卡·埃里克松,获准复制。

那名叫 Särkland 的地方[①]。

铭文中部分使用了古斯堪的纳维亚语的一种名为 fornyrðislag

---

① Sö 179, ed. Brate and Wessén, *Södermanlands runinskrifter*, 153 – 156; Jansson, *Runinskrifter i Sverige*, 69 – 71.

的诗体韵律①,也运用了吟唱诗歌中人们熟知的隐喻:给鹰喂食的意思是杀死敌人。由此可见,这首诗告知我们,英格瓦尔及其兄弟哈拉尔东征的目的是劫掠,而非商贸(或至少他们的母亲希望读者这样来看待这次东征)。他们走的是以前商旅勘探过的路线,这一远征与维京人驾船循前辈商旅勘探过的航线西行并没有重大差别。

头领与商贸

至此,我们已经考察了一个北方的商贸网络,它始于北海,经波罗的海,在可通航水域形成一个巨大的弧形航道,直达东欧平原的诸条河流。该网络兴盛于9、10两个世纪,而后即萎缩。通过流入波罗的海地区的阿拉伯银币(迪拉姆)的历史,我们也许可以细察该网络的兴衰变迁。在瑞典,670年至1090年的地层约有80000枚迪拉姆保存至今。波兰相应年代的数字是37000枚,而俄罗斯、白俄罗斯和乌克兰的总数是207000枚。这一数量巨大的银币流入始于8世纪末,起初只是缓慢的细流,到9世纪中叶数量变得可观;而在千年交替之际,银币在斯堪的纳维亚的数量则明显下降。东欧的银币流动持续的时间稍长②。对这一现象最恰当的解释是,东欧的统治者变得很强大,可以截留与阿拉伯人的商贸利润,不让

---

① 这一韵律也见于古英语诗歌(如《贝奥武甫》);每行分为两个半行,中间有个停顿,共有四个重读音节,两个半行之间押头韵;相邻的两行押相同的头韵,形成一组对句。——译者注
② Kovalev and Kaelin, "Circulation of Arab Silver."

斯堪的纳维亚商人把销售毛皮和奴隶的收入带回老家——他们的毛皮和奴隶本来就出自东欧。我们不禁认为，迪拉姆流入斯堪的纳维亚的速度放缓的现象与10世纪晚期弗拉基米尔大公（Vladimir the Great）①以基辅为中心创立了一个强盛的国家有关系；这一观点大概没有问题②。

9至10世纪间北欧的商贸兴旺，这是一个独特的现象；此前和此后，商贸都没有经历同样的历程。从哈里发辖地流入的白银支撑了刚刚开始起飞的欧洲经济：其中肯定有许多被铸成了西欧的银币。不过，商贸为什么恰恰于此时、在此地繁荣起来？阿富汗的银矿开采出了白银，繁荣的先决条件已经具备。然而，商贸机会存在的事实并不能充分解释为什么商贸真的就发展起来了。

在哈里发辖地的最东端新近发现了银矿，斯堪的纳维亚的头领们并不知晓这一点，他们起初也不会了解商贸的所有潜能。介入商贸，他们有自己具体、特别的理由：想增加收入，获取名气大、有异域情调的物品，以用于竞争性的礼品馈赠。他们能轻易搞到用于在斯堪的纳维亚当地的市场（如Ottar所为）或到异地的市场换取其他物品的货物；他们可出售的东西很多，诸如挪威的油石和皂石，瑞典的铁，以及斯堪的纳维亚北部到处都出产的毛皮。其中尤为重要的是毛皮和奴隶。

斯堪的纳维亚人初次把活动范围扩展至俄罗斯北部的原因可

---

① 生卒年为约958—1015年；诺夫哥罗德的一个郡主，基辅大公，980—1015年统治基辅罗斯；988年放弃异教，皈依基督教，娶拜占庭皇帝巴兹尔二世之妹为妻。——译者注

② Thomas S. Noonan, "The Impact of the Silver Crisis in Islam upon Novgorod's Trade with the Baltic," *Bericht der römisch-germanischen Kommission* 69 (1988): 423-424; Noonan, "Vikings in the East," 233.

能是为获取更多、质量更好的毛皮①。对走拉多加湖东部的水路到达毛皮的天然产地的商旅而言,旧拉多加城的地点正符合要求,该城最早的定居者中就有斯堪的纳维亚人。保加尔坐落的位置同样符合商旅的需要,该地自开启商贸活动就瞄准利润丰厚的阿拉伯市场。斯堪的纳维亚人一旦发现可以在保加尔售卖毛皮,就力图与该城建立联系,并通过它与阿拉伯市场建立借道东欧诸条河流的商贸往来。斯堪的纳维亚地区发现的大量迪拉姆硬币证明他们此举获得了成功。

关于斯堪的纳维亚人的另一宗重要商品——奴隶,我们可以提出同样的观点。在大多数西欧语言中[与阿拉伯语中的"阉人"(siqlabi)一词同理],"奴隶"一词的词源表明多数奴隶是斯拉夫人。旧拉多加以及其他东欧的商贸城镇有效地充当了抓捕奴隶的偷袭行动的基地②。

斯堪的纳维亚人发现从事商贸有利可图,维京时期商贸蒸蒸日上的原因就是利润和获取外来的珍奇物品的欲望。商贸的兴起归因于斯堪的纳维亚的头领们的政治需要,商贸活动所在地的考古发现证实了这一看法。斯堪的纳维亚地区的商贸城镇大多布局规整,棋盘式格局中的街道笔直。这一点表明,这些街道并非自发、自然形成,而是由一个管理权威建成、掌控的。这种模式在海泽比表现得非常清晰:该城与港口相邻,分布在24公顷的地块上,外侧是半圆形的防御土墙。几条平行的街道从港口伸向内陆,沿

---

① Noonan, "Why the Vikings First Came to Russia."
② McCormick, *Origins of the European Economy*, 610 and 762; RGA 29.14 – 16, s. v. "Sklave," by G. Horsmann.

街是形状规整的地块，上面盖了木头房子。海泽比由丹麦国王古德弗雷德所建，《皇家法兰克编年史》叙述了古德弗雷德如何在808年创建作为商贸中心的海泽比城："古德弗雷德［在波罗的海南部海滨与名叫奥勃德里兹（Obodrites）的斯拉夫部族①打完仗后，］捣毁了海边的一个商贸点。该点在丹麦语里叫莱利克（Reric），它上缴税款，因此对他的王国大有裨益。此后他起锚启航，班师回国，把整支军队带到斯利埃斯索普（Sliesthorp）的港口，把莱利克的商人转移到这里。"②

斯利埃斯索普是海泽比的别名。编年史中808年的建城年代与考古学家对海泽比城内可判定的最早的房子的年代完全相符。建房的木料取自最早于811年砍伐的树林，但不会更早③。并非所有的木材都适合精确的年代检测（取决于木材的砍伐方式以及保存的状态），因此，有了811年与808年相距很近这一事实，我们可以有把握地推定：海泽比就是那一年建起的商贸城。

古德弗雷德的一连串行动说明了我的论点：奥勃德里兹人与丹麦人在波罗的海西南角争夺权力，而该地区的头领们争权夺利的一个方式就是想办法弄到商旅们的货物。古德弗雷德强制奥勃德里兹人的商贸城莱利克的商人搬迁到他自己在海泽比新建的城

---

① 中世纪时期西斯拉夫部落的松散联盟，居住在今天的德国北部；他们与查理曼结盟，参与攻打萨克森人和另一支斯拉夫人，并因此得到从萨克森人手里夺来的部分土地；作为加洛林王朝和奥托王朝的盟友，他们在9—12世纪与来犯的丹麦人作战，也会利用时机从日耳曼人手中抢权，或向丹麦人和萨克森人索贡。——译者注

② *Annales regni Francorum*, s. a. 808, ed. Kurze, 195; trans. Scholz and Rogers, 88.

③ Else Roesdahl, "Dendrochronology in Denmark, with a Note on the Beginning of the Viking Age," in *Developments around the Baltic and the North Sea in the Viking Age*, ed. Björn Ambrosiani and Helen Clarke (Stockholm, 1994), 107.

里,通过该行动,他不仅打掉了奥勃德里兹人的这一优势,而且将其转入自己手中。编年史指出,除此而外,掌控一个发达的商贸中心有利可图,因为商人必须交付登陆费以及其他"税费"。

关于海泽比城的创建的情况,我们所知甚多。不过,关于其他的北方商贸城镇,我们所知的一切都表明,在它们的兴建背后也均有强大的头领在支撑。这些城镇大多有规整的格局,符合这一点的有瑞典的比尔卡,该城的街道互相平行,从伸入港口的码头通往城里。丹麦的里伯城的情况也是如此。8世纪早期的一个定居点起初建在几个并不规整的地块上,但几年后被形状规整的街区所代替,沿街的明沟起到充当街区的界限的作用[1]。位于奥得河入海口的沃林城由方形街区组成,每个街区有四座房子;在该城的港口,码头分布规则,并有伸入水中的栈桥[2]。头领们掌控着这些商贸城镇,这一结论得到文字资料的印证。安斯加于9世纪上半叶造访海泽比和比尔卡之时,这两个城镇分别由国王的一个代表统治。

商贸城镇的兴起,头领们起了促进作用。在相互竞争中,他们利用商贸夺得优势,并达到至少三个目的:首先,他们得以征收"税费"(按《皇家法兰克编年史》的作者的说法)——以登陆费和关税的方式向来到他们治下的商贸城镇的商人征收。其次,他们通过售卖毛皮和奴隶之类的商品发财;在整个维京时期,他们从东欧的

---

[1] Feveile, *Ribe studier*, 25–28.

[2] Władysław Filipowiak, "Handel und Handelsplätze an der Ostseeküste Westpommerns," *Bericht der römisch-germanischen Kommission* 69 (1988): 694–699; Clarke and Ambrosiani, *Towns in the Viking Age*, 112–115; Władysław Filipowiak, "Wollin—ein frühmittelalterliche Zentrum an der Ostsee," in *Europas Mitte um 1000*, ed. Alfried Wieczorek and Hans-Martin Hinz (Stuttgart, 2000).

市场运回老家的阿拉伯白银的数量难以想象。在北欧的地下发现了成千上万的阿拉伯迪拉姆,而且这还没有包括那些被商贸城镇里的工匠熔化做成首饰或铸成简单的银锭的硬币的数量。再次,头领们还通过商贸获取外来的珍奇奢侈品,像我们在挪威见到的核桃或在斯堪的纳维亚全境都有发现的次等宝石,在礼品互换方面,这些东西的效果非同一般。

第8章 皈依的故事

北方的商贸之网兴盛,维京人一边敛财、一边在欧洲留下难听的名声;与此同时,斯堪的纳维亚本土纳入基督教范围。这些事情的同时发生引人瞩目,看来需要做一些说明。

若对两位去到欧洲北方的旅行者做个比较,就能看清这一宗教变迁的基本性质及其范围。两位旅行者造访斯堪的纳维亚的时间相差300多年,经历迥异。一个造访者是一位红衣主教,后来还当上了教宗;另一位是修士,后来成为大主教。二者的晋升均得于他们的斯堪的纳维亚之行。

红衣主教阿尔巴诺的尼古劳斯·布雷克斯皮尔(Nicolaus Breakspear of Albano)①于1152至1154年到过斯堪的纳维亚的多处地方。他不像安斯加或波帕(Poppa)②,他去的目的不是要让斯堪的纳维亚人皈依基督教,因为让他们皈依的工作已经完成。尼古劳斯是教会官员,被派去组织、调整和规范那里的基督教信仰及教会,使该地区变成一个合格的教省,可以纳入普世教会。他在挪威的尼达罗斯(Nidaros)和瑞典的林雪平(Linköping)两地召开规

---

① 1100年生于英格兰的赫特福德郡,1159年卒于今天意大利的阿纳尼;其父遁入修院,他本人的宗教生涯始于今天法国南部的一个修院,1149年成为红衣主教,从1154年至去世任教宗。——译者注
② 关于波帕参见本书第9章,第11章。——译者注

模宏大的公会议，所到之处均大受欢迎。历史学家们认为他于1152年在特龙海姆主持圣诞节仪式，以前从未有红衣主教到过如此遥远的北方——北纬63度以北，而且此后很长一段时间里也没有任何其他红衣主教去过。尼古劳斯可能体验过从日出到日落不到四个半小时的白天。在返回意大利的归途上，他在隆德（Lund）大主教埃斯基尔（Eskil）①处逗留。当时斯堪的纳维亚地区大约有20来个主教，其中大多数为本地人。这位红衣主教肯定至少会见了瑞典和挪威所有的主教。尼古劳斯的北方之行成功之极，结果他回到罗马后不久就被选为教宗（他是唯一一位登上了圣彼得宝座的英格兰人），定名号为阿德利安四世。在12世纪50年代，挪威、瑞典和丹麦显然已经是基督教王国了②。

尼古劳斯的斯堪的纳维亚之行与法兰克修士安斯加③的情况形成鲜明对比。后者于829年与威特马（Witmar）④同行，搭乘一艘开往瑞典的比尔卡的商船，期望让该地居民皈依基督教。他们的船遭到海盗攻击，二位修士不得不游水登陆，然后徒步走完余下的路程。他们在比尔卡遇到数名基督徒，其中有几个是被俘获至此。除此而外，二位修士的工作并未给人留下什么深刻印象。为安斯加写传记的里姆伯特很虔诚，他声称人们爱听二位修士讲道；但圣徒传应该颂扬传主是何等虔诚、圣洁，说人们喜欢听其讲道实在有

---

① 约1100年生于丹麦，1182年卒于今天法国的克莱尔沃；1138年成为瑞典南部的隆德（位于今天的斯科纳省）辖区的大主教，特别致力于严格教会管理、维护教会权益；1177年卸职，在克莱尔沃以普通修士的身份度过余生。——译者注

② Arne Odd Johnsen, *Studier vedrørende kardinal Nicolaus Brekespears legasjon til Norden* (Oslo, 1945).

③ 参见本书第36页注②。——译者注

④ 来自科维（Corvey）的修士，协助安斯加在斯堪的纳维亚传教。——译者注

些轻描淡写。关于该镇的镇长赫里格(Heriger)受洗皈依基督教,里姆伯特则着力渲染。不过,安斯加在瑞典创立的基督教群体显然很小,位于日耳曼主教区最北端的前哨地带,长期处于岌岌可危的生存状态。安斯加政治运作与公然造假双管齐下,为自己搞定了该教区主教的位置①。

9世纪时安斯加是冒着一定的生命危险来到一个异教支配的地区,他派到比尔卡的其他神职人员不是在当地就是在路上被杀②。而到了12世纪,在教会眼里,红衣主教尼古劳斯造访的地方已经高度基督教化,可以建立一个常规的教会组织。这两位教会人员造访斯堪的纳维亚的情况简直有天壤之别。从9世纪早期到12世纪中叶,斯堪的纳维亚的宗教景观经历了巨大的变迁,于此期间纳入了基督教的领域。至于这一变迁是怎样发生的,原因何在,答案并不明显。而这正是本章及下面几章的关注中心③。

---

① Ekenberg et al., *Boken om Ansgar*; Bertil Nilsson, *Missionstid och tidig medeltid*, Sveriges kyrkohistoria 1 (Stockholm, 1998); Eric Knibbs, "The Origins of the Archdiocese of Hamburg-Bremen" (PhD diss., Yale University, 2009).

② Rimbert, *Vita Anskari* 17 and 33, ed. Waitz, 38 and 64; trans. Robinson, 59 and 104. 这样殉道的神职人员有 Nithard 和 Ragenbert。

③ 近年来关于斯堪的纳维亚皈依基督教的学术研究很多,如 Birgit Sawyer and P. H. Sawyer, eds., *The Christianization of Scandinavia: Report of a Symposium held at Kungälv, Sweden 4-9 August 1985* (Alingsås, Sweden, 1987); Bertil Nilsson, ed., *Kristnandet i Sverige: Gamla källor och nya perspektiv*, Publikationer Projektet Sveriges kristnande, 5 (Uppsala, 1996); R. A. Fletcher, *The Conversion of Europe: From Paganism to Christianity 371-1386 AD* (London, 1997); Nilsson, Missionstid och tidig medeltid; Dagfinn Skree, "Missionary Activity in Early Medieval Norway: Strategy, Organization, and the Course of Events," *Scandinavian History Review* 23 (1998); Thomas A. DuBois, *Nordic Religions in the Viking Age* (Philadelphia, 1999); Orri Vésteinsson, *The Christianization of Iceland: Priests, Power, and Social Change, 1000-1300* (Oxford, 2000); Guyda Armstrong and I. N. Wood, *Christianizing Peoples and*

诸多情况和形势使斯堪的纳维亚地区皈依基督教的过程显得模糊不清。最主要的问题之一是"皈依"这个词本身的含混性:它可以指多种不同的情况,正如一种"宗教"从来不是铁板一块,而是一个集诸种信仰与实践的体系[①]。研究斯堪的纳维亚地区皈依基督教的问题时,我们需要小心区分皈依一词的不同意思。一方面,它可能指基督教信念和习俗缓慢渗入斯堪的纳维亚。通过考古,我们可以从采用基督教的丧葬习俗和接受基督教的象征符号的角度研究这一缓慢的渗入,该过程始于罗马帝国接受基督教之时,到教会在斯堪的纳维亚牢固扎根之际该过程仍未终止:教会持续致力于向全民灌输基督教信念和习俗。我们可以把此类皈依称作"基督教化"。

另一方面是该地区的体制性皈依。在此过程中,斯堪的纳维亚的国王们拆毁异教的神殿,修建起基督教教堂,建立教区,并实行了基督教王权。这个过程开始较晚,但完成较快。安斯加于9世纪30年代在比尔卡和海泽比兴建了第一批教堂,这是起点,它伴随着统治者的皈依、受洗持续展开,到1164年教宗亚历山大三

Converting Individuals, International Medieval Research (Turnhout, 2000); Jón Viðar Sigurðsson, *Kristninga i Norden 750 – 1200*, Utsyn & innsikt (Oslo, 2003); Alexandra Sanmark, *Power and Conversion: A Comparative Study of Christianization in Scandinavia*, Occasional Papers in Archaeology 34 (Uppsala, 2004); Niels Lund, *Kristendommen i Danmark før 1050: Et symposium i Roskilde den 5. -7-februar 2003* ([Roskilde], 2004); Lutz von Padberg, *Christianisierung im Mittelalter* (Stuttgart, 2006); Nora Berend, *Christianization and the Rise of Christian Monarchy: Scandinavia, Central Europe and Rus' c. 900 – 1200* (Cambridge, 2007)。此外,关于维京人还有早期中世纪的斯堪的纳维亚历史的一般性书籍几乎都辟出章节讲述皈依基督教的情况。

[①] Emile Durkheim, *The Elementary Forms of the Religious Life*, trans. Karen E. Fields (New York, 1995), 44.

世建立斯堪的纳维亚地区的第3个（也是中世纪的最后一个）大主教区乌普萨拉（Uppsala）①，该过程所有的实际目标均已实现②。此过程的一个更合理的终点或许是主教首次为斯堪的纳维亚的国王加冕的年份，在挪威是1163或1164年，在丹麦是1170年，在瑞典则大约是1210年③。体制的皈依体现了教会与斯堪的纳维亚诸国王之间联盟，与其视此类皈依为心灵变迁，毋宁将其视作政治事件。

大体而言，不同的原始资料阐明不同的皈依类别，这一点增加了理解斯堪的纳维亚地区的皈依问题的难度。通常情况是，考古发现告知我们基督教化的过程，而文字资料则集中在体制皈依方面，聚焦于头领、国王受洗入教，以及兴建教堂和主教就职等事件。而且，各份书面材料均受制于一种潜在的意识形态纲领，必须先对其进行解构才能当作原始资料使用。因此，我们必须在中世纪早期的斯堪的纳维亚社会这一大背景下审视皈依问题，否则将很难有效地结合使用这两种资料。

从书面资料看，斯堪的纳维亚皈依基督教经历了三个阶段。首先是传教士来到此地，其中最著名的是科维的安斯加（逝于865

---

① 参见本书第152页注①。——译者注

② Tore Nyberg, *Die Kirche in Skandinavien: Mitteleuropäischer und englischer Einfluss im 11. und 12. Jahrhundert: Anfänge der Domkapitel Børglum und Odense in Dänemark*, Beiträge zur Geschichte und Quellenkunde des Mittelalters 10 (Sigmaringen, 1986), 11-78.

③ Thomas Lindkvist, "Ny tro i nya riken: Kristnandet som en del av den politiska historien," in *Kyrka—samhälle—stat: Från kristnande till etablerad kyrka*, ed. Göran Dahlbäck, Historiallinen Arkisto 110:3 (Helsinki, 1997), 55-56; Sverre Bagge, "Ideologies and Mentalities," in *Cambridge History of Scandinavia*, ed. Knut Helle (Cambridge, 2003).

年)。他后来成为大主教,肩负让斯堪的纳维亚人皈依基督教的任务。他未能让哪个国王或其他真正重要的人物皈依,这个任务有待后来的第二个阶段——大约在960年至1020年——来完成。按中世纪的基督徒作者的颂扬之辞,在此阶段,一个又一个的国王皈依了基督教。皈依过程的最后阶段是建立常规的教会机构,特别是确立配备固定的主教职位的主教区建制,该阶段在红衣主教尼古劳斯手上圆满地完成。作为体制性皈依展开、推进的背景,整个社会、文化的基督教化的进程却缓慢得多,本书第9章和第10章将对这一问题进行描述和阐释。

传教士

兰斯大主教埃博①于823年去丹麦,是已知最早到达斯堪的纳维亚的传道者②。当时的政治形势是,查理曼已经打败生活在莱茵河与易北河之间的萨克森人,他们被降服并被迫接受洗礼。加洛林王朝的宗教政策现在瞄向了更远的民族:向北,是斯堪的纳维亚人——主要是丹麦人;往东则是斯拉夫人。皇帝虔诚的路易把这一重要的使命交给自己的儿时玩伴兰斯大主教埃博,后者从教宗帕斯卡尔一世那里弄到一个美差——教宗派驻斯堪的纳维亚的使节③。

---

① 参见本书第22页注②。——译者注
② 大家一般把第一个到斯堪的纳维亚地区传教这一荣誉放在乌德勒支的威利布罗德(Willibrord)头上,但是我们已在第1章中看到,人们并无理由把阿尔昆——威利布罗德的亲戚和传记作者——多年后做的相关断言当做事实。
③ JE 2553, ed. MGH Epp. 5.68, n. 11.

在去丹麦的途中,不来梅主教威勒里克(Willerich)①与他会合。埃博至少"数次"回到斯堪的纳维亚,使"许多"当地人皈依基督教②。事实上,在推翻"虔诚的路易"的政变(最终)失败后,参与此事的埃博于834年携带他所能带走的全部金银,趁着黑夜溜出兰斯逃往斯堪的纳维亚,指望在那里安全避难。帮他逃亡的是"一些斯堪的纳维亚人,逃亡的路途、海港以及通向大海的河流,他们统统熟悉"③。

关于埃博具体的传教活动,我们所知甚少,因为相关的原始资料太少。而关于修士安斯加的活动,我们的信息就多得多。埃博于826或827年在北方传教时,安斯加成为他的搭档之一④。安斯加后来当上大主教,驻地在不来梅。他的继任者里姆伯特有充足

---

① 生年不详,卒于838年;不来梅的第二任主教(也有人认为是第一任),823年与埃博及另外一名主教去丹麦传教。——译者注

② *Annales Xantenses*, s. a. 823, ed. Simson, 6. *Annales regni Francorum*, s. a. 823, ed. Kurze, 163; trans. Scholz and Rogers, 114; Rimbert, *Vita Anskari* 13, ed. Waitz, 35; trans. Robinson, 54; MGH Epp. 6, 163. Ermoldus Nigellus, *In honorem Hludowici christianissimi caesaris augusti*, lines 1882 – 1993 and 2028 – 2061, ed. and trans. Edmond Faral, in *Poème sur Louis le Pieux et Épîtres au roi Pépin*, Les classiques de l'histoire de France au moyen âge 14 (Paris, 1932), 144 – 153 and 154 – 157; see also Wamers, "Kristne gjenstander i tidligvikingtidens Danmark."

③ Flodoard, *Historia ecclesiae Remensis* 2.20, ed. Stratmann, 184.

④ About Ansgar, see Odilo Engels and Stefan Weinfurter, *Series episcoporum Ecclesiae Catholicae occidentalis ab initio ad annum MCXCVIII* 5. 2: *Archiepiscopatus Hammaburgensis sive Bremensis* (Stuttgart, 1984), 12 – 16; Georg Dehio, *Geschichte der Erzbistums Hamburg-Bremen bis zum Ausgang des Mission* (Berlin, 1877), 1:42 – 92; Lauritz Weibull, "Ansgarius," *Scandia* 14 (1942), reprinted in Weibull, *Nordisk historia*, 1. 175 – 189; Ekenberg et al. , *Boken om Ansgar*; Nilsson, *Missionstid och tidig medeltid*, 42 – 51. Knibbs 的"The Origins of the Archdiocese of Hamburg-Bremen,"一文推翻了 Ansgar 的权威传记中的许多东西;See also Eric Knibbs, *Ansgar, Rimbert and the Forged Foundations of Hamburg-Bremen*, Church, Faith and Culture in the Medieval West (Farnham, U. K. , 2011).

的理由推动对其前任的圣徒崇拜,他也需要为自己和安斯加伪造的文件提供一种可信的语境,以达到为他们自己开辟一个大主教区的目的。里姆伯特撰写的《安斯加行传》谈论传主的传道工作时出乎意料地坦诚(就圣徒传这类文本而言),其原因就在于此。里姆伯特的主要目的并非夸大安斯加作为传教士有多么成功[1]。相反,埃博的生涯有浮沉、有盛衰。他可能出生为奴,在反对皇帝失败后,他的职位被革,人被囚禁于富尔达(Fulda)[2]的修道院,但最终又得到希尔德斯海姆教区(Hildesheim)[3]的主教位置。没有人特别热衷于把他当作圣徒进行宣传,所以找不到讲述他的事迹的传记。因此缘故,关于斯堪的纳维亚人皈依基督教的现代叙述中讲安斯加的就很多,而关于埃博的几乎没有。然而,我们应该明白,这种失衡反映的是原始资料的片面性或不公正。埃博在丹麦的传教活动可能比资料显示的更为成功,而且更为重要。这也可能是许多其他传教士的情况,包括埃博的亲戚、9 世纪 30 年代和 40 年代早期在瑞典传教的高斯伯特(Gauzbert)[4]。

查理曼大帝及其子路易力图扩张帝国,他们利用基督教来达到目的。通过使萨克森人受洗入教,查理曼把他们纳入帝国的基

---

[1] Rimbert's *Vita Anskari* was edited for the MGH SS rer. Germ. by Georg Waitz in 1884. Charles H. Robinson (1921) 的英语译本已经过时。有助于我们理解 *Vita Anskar* 的是 Ekenberg et al., *Boken om Ansgar* 中的评论和附文;仅有佚名氏的 *Vita Rimberti* 确认《生平》一书的作者是 Rimbert;也参见 Ian Wood, *The Missionary Life: Saints and the Evangelisation of Europe, 400 – 1050* (Harlow, U. K., 2001)。

[2] 位于富尔达河畔、今天德国黑森州境内;这里提到的修道院是圣卜尼法斯的一个追随者在 8 世纪中期建立的。——译者注

[3] 位于今天德国的下萨克森州,815 年即成为主教区的所在地,是德国北部历史最长的城市之一。——译者注

[4] 832 年被派往瑞典传教,845 年被赶出比尔卡;845—859 年任奥斯纳布吕克的主教。——译者注

督教共同体；其子则于826年看到以类似方式让丹麦人屈从的机会，他抓住了这个机会。丹麦国王哈拉尔在丹麦的权力之争中失利，现身于法兰克帝国，宣布说，如果法兰克人肯帮他夺回丹麦的权力，他就愿意受洗。此前，国王古德弗雷德于810年死后，丹麦有数人谋求这一王位，哈拉尔是其中之一，而且法兰克人已于819年帮他夺回他的王国①。当其时，他已承认法兰克皇帝虔诚的路易的最高地位。7年后，他再次被逐出丹麦。他与家人和400个追随者在美因兹受洗时，皇帝充当了他的教父。哈拉尔因此成了路易的儿子，应该服从并尊敬他②。一系列庆典过后，哈拉尔在莱茵河起航北上。然而他在丹麦收获甚微；如我们在第4章所见，路易皇帝后来把吕斯特林根(Rüstringen)地区的弗里斯兰郡划拨给他，这里离丹麦不远，他与追随者便在此定居下来。

安斯加在哈拉尔的追随者中传教、讲道一段时间，之后却继续北行去往他——或更确切地说是其上司埃博——期待的更为丰饶的瑞典领土。瑞典国王的使者已经到过沃尔姆斯(Worms)③，请路易皇帝派传教士去其国土。路易将此任务派给安斯加及其同工、修士威特马。二位传教士去到瑞典的商贸城镇比尔卡，在当地发现一些信奉基督教的奴隶，还有其他数人同意受洗，其中包括名为赫里格的该镇之长，"不久"赫里格即在自己的土地上建起一座教

---

① *Annales regni Francorum*, s. a. 814 and 819, ed. Kurze, 141 and 152; trans. Scholz and Rogers, 99 and 106.

② Böhmer, Mühlbacher, and Lechner, *Die Regesten des Kaiserreichs unter den Karolingern, 751 – 918*, 326; Angenendt, *Kaiserherrschaft und Königstaufe*, 215 – 223; Wood, "Christians and Pagans in Ninth-Century Scandinavia."

③ 位于莱茵河畔，距法兰克福约60公里；自7世纪早期即为主教辖区，后来也是查理曼大帝的领地。——译者注

堂①。安斯加和威特马在比尔卡驻留一年半后于831年回到法兰克帝国。

直至这一时段,法兰克人一直高调开展使斯堪的纳维亚地区皈依基督教的工作,实施者就是帝国最重要的教士之一、大主教埃博。而现在政治成了障碍。虔诚的路易与其已经长大成人的儿子们之间的关系向来不好,这一情况至少始于出自他第二次婚姻的秃头查理的出生之日。几个儿子由老大罗泰尔(Lothar)②领头于833年反叛父亲,而埃博站在儿子们一边。这一点有些蹊跷,因为路易皇帝第二年便得以挫败此次反叛。皇帝对儿子们的处理体现了最大限度的宽恕,但罢免了埃博大主教的职位,并或多或少把他当做囚犯送入萨克森的富尔达修道院。

皇帝的这一措施使北方的传教工作无人领导。解决的办法是授予安斯加和高斯伯特(他可能是埃博的侄子/外甥)二人不带教区的主教衔,即分别负责丹麦和瑞典的传教工作的主教③。由于只有主教

---

① Rimbert, *Vita Anskari* 11, ed. Waitz, 32; trans. Robinson, 49.

② 生卒年为795—855年;由于反对与同父异母的弟弟秃头查理分享权力,他带领两个亲弟弟(其中一个是本书第205页提到的日耳曼的路易)反叛父亲虔诚的路易;虔诚的路易死后,几兄弟为权力分配开战,直接导致其祖父查理曼营造的帝国的分裂;843年,几兄弟签订瓜分帝国的凡尔登条约,罗泰尔分得帝国皇帝的头衔以及大片领土;855年病重时,他把自己的领地分给三个儿子,其中本书第206页提到的二儿子罗泰尔二世分得罗泰尔尼亚(即10至18世纪中叶的洛林王国,包括今天法国的洛林地区、德国的亚琛地区、低地国家等地带)。——译者注

③ Gauzbert 被任命为主教的时间很可能比 Ansgar 早;见 Knibbs, "The Origins of the Archdiocese of Hamburg-Bremen," 182. Rimbert, *Vita Anskari* 14, ed. Waitz, 26; trans. Robinson, 55—56;据里姆博特称,Gauzbert 是埃博的亲戚;而亚当更确切地说明他是大主教的侄子;see Adam, *Gesta* 1.18, ed. Schmeidler, 24; trans. Tschan, 24. About Gauzbert, see Odilo Engels and Stefan Weinfurter, *Series episcoporum Ecclesiae Catholicae occidentalis ab initio ad annum MCXCVIII 5.1: Archiepiscopatus Coloniensis* (Stuttgart, 1982), 141–142.

才有资格授予牧师的圣职、为教堂落成祝圣、主持坚信礼等,传道工作需要有主教。皇帝给安斯加和高斯伯特一人一座修道院,修道院的收入可用于他们的传教活动。

9世纪40年代对安斯加和高斯伯特而言并非快乐的时光。后者被赶出瑞典,而且手下有一个教士被杀①。安斯加的根据地是汉堡的法兰克要塞里的一座教堂。虔诚的路易于840年去世后,法兰克帝国由几个儿子瓜分,汉堡和安斯加落在日耳曼的路易的王国里,而为安斯加开展皈依工作提供经济支持的图尔霍特(Turholt)的修道院却落入了秃头查理的领土范围。日耳曼的路易和秃头查理这两个同父异母兄弟的关系谈不上和谐,结果安斯加被剥夺了他应该从修道院拿到的收入。此外,如我们在第2章中所见,维京人于845年攻入并焚毁汉堡。安斯加带着圣物逃跑,捡了一条命,但丢了圣职②。他现在一无所有,而高斯伯特在瑞典的建树则被摧毁殆尽。

安斯加和高斯伯特二位最终脱险、安然无恙。高斯伯特成了奥斯纳布吕克(Osnabrück)③教区一个普普通通的主教,看似没有回到瑞典的愿望,结果瑞典基督教神职人员空缺的时间几乎长达七年。后来,安斯加把隐修士阿德加(Ardgar)派往比尔卡,时间可能是在与高斯伯特达成协议之后:严格说来,论传教任务,瑞典是高斯伯特的地盘。

安斯加本人另辟蹊径。他丢失了虔诚的路易给他的修道院财源,便试图吞并不来梅教区和易北河北岸的凡尔登教区的地盘,以此

---

① Rimbert, *Vita Anskari* 17, ed. Waitz, 38; trans. Robinson, 59.
② Rimbert, *Vita Anskari* 16, ed. Waitz, 37; trans. Robinson, 57.
③ 位于今天的汉诺威以西130公里左右;法兰克国王查理曼于780年在此设立主教区,商贸、教育渐次发展。——译者注

给自己创造出一个以汉堡为中心的主教区。为达此目的,安斯加编造谎言称,虔诚的路易实际上已经把汉堡的大主教管辖区交给他了。当初重新安排赴斯堪的纳维亚的传教工作时,路易皇帝和教宗格里高利四世给他发过赋予特殊待遇的文件,他则通过篡改文件真实给他的待遇以支撑自己的谎言。他的企图暂时不太成功,但到了848年,他却像高斯伯特一样被任命为不来梅教区的一个普通的主教。安斯加手中有了一个主教区的资源,这一点说明他能够再次开展让人皈依基督教的活动。他还得以保住位于凡尔登教区的汉堡,虽然不得不把不来梅的部分地带划给凡尔登教区,用于补偿那里的主教损失的领地。

安斯加于850年后的数年间获取丹麦国王霍里克(Horik)①的许可进入该国。当时,海泽比已经有许多在别处受洗入教的基督徒,安斯加在此建了一座教堂②。他并未忘记瑞典人,于是此行也来到比尔卡。他上次离开比尔卡后,基督徒市长赫里格已经去世,但是其他的基督徒还在。安斯加设法与国王达成协议,得到准许建造一座教堂。高斯伯特的侄子埃里姆伯特(Erimbert)被留在比尔卡,目的是"他可以在那里借[国王的]帮助和庇护颂扬神迹"③。埃里姆伯特在比尔卡待了三年,直至接替他的安斯弗里德(Ansfrid)到来。安斯弗里德是丹麦人,是埃博培养出来的,被埃博的亲戚、瑞典教会事务的挂名

---

① 卒于854年;在夺权竞争中胜出,827—854年是统治丹麦的唯一国王,而失败的对手哈拉尔—克拉克逃往法兰克帝国,获得虔诚的路易的庇护;有资料称,霍里克拒绝接受基督教,抵制安斯加让丹麦人皈依的工作。——译者注

② Rimbert, *Vita Anskari* 24, ed. Waitz, 52 - 53; trans. Robinson, 84.

③ Rimbert, *Vita Anskari* 28, ed. Waitz, 59; trans. Robinson, 95.

负责人高斯伯特派到比尔卡。安斯弗里德于859年后回到日耳曼，安斯加则另派一个新牧师雷金伯特（Ragenbert）去比尔卡。然而，雷金伯特的旅途不久即告终结。在海泽比有一艘船准备送他去比尔卡，他在去海泽比的途中遭遇丹麦强盗袭击，被杀害。作为替代，安斯加派名叫里姆伯特的人去。此人在丹麦出生（很可能不是安斯加的继任者和传记作者里姆伯特，而是同名的另一人）①，他是最后一位我们从文献获悉的比尔卡的牧师。

自第二次比尔卡之行回到不来梅的主教座堂后，安斯加必须关注丹麦的教会的命运。国王霍里克已经去世，由一个同名的亲戚继位，是为霍里克二世。海泽比的行政长官趁此机会关闭了当地的教堂，然而霍里克二世罢免了该长官的职务，并召唤安斯加前往。安斯加于850年代后期的某个日子觐见国王，国王容许他重开海泽比的教堂，而且还准许教堂敲钟，而"以前钟声在异教徒耳中相当可怕"。考古学家在海泽比港口发现了一口维京时期的教堂的钟，国王的决定由此得到有力的证实。这口钟可能是从一艘船上落入水中，它陷的太深，中世纪人无法将其打捞上来（见图19）②。除海泽比的教堂外，国王还容许在日德兰半岛西海岸的一个商贸城镇里伯再建一座教堂③，根据里姆伯特撰写的《安斯加行传》的说法，这是安斯加最后一次造访斯堪的纳维亚。

860年代的政治形势再次影响了教会，不过这次对安斯加有利。汉堡和不来梅均位于日耳曼的路易的国土上，而该国王与他的侄子、

---

① Rimbert, *Vita Anskari* 33, ed. Waitz, 64; trans. Robinson, 104.
② Birkebæk, *Vikingetiden i Danmark*, 155.
③ Rimbert, *Vita Anskari* 32, ed. Waitz, 64; trans. Robinson, 103.

罗泰尔尼亚（Lotharingia）①的国王罗泰尔二世②为敌。罗泰尔的婚姻没有子嗣，但与情妇已经生了几个孩子。他力争与合法妻子离婚，改娶情妇，这样他们的孩子就会成为他的合法继承人。路易的期待是，如果罗泰尔去世时没有合法继承人，他便至少能拿到罗泰尔的部分国土。基于这一盘算，他反对罗泰尔离婚。科隆大主教冈萨（Gunthar）是罗泰尔的一个支持者，路易因此也想削弱他的势力。作为不来梅的主教，安斯加受科隆大主教的管辖；然而教宗应国王路易的要求任命安斯加为负责丹麦和瑞典的传教工作的大主教，同时还保留其不来梅的主教位置。此举成功地让不来梅主教区脱离了科隆的管辖。这一事件发生在864年，即安斯加去世的前一年。这段历史的来源是里姆伯特撰写的《安斯加行传》，它提供了斯堪的纳维亚地区传教工作的全部详情。随着安斯加的离世，《安斯加行传》作为原始资料的价值随即告罄。关于下一世纪的传教活动，当时的书面资料中的有用信息极其贫乏。

安斯加在斯堪的纳维亚创建的教会境况如何，我们因此便不可能充分了解。史家不来梅的亚当于1070年代称，瑞典人与丹麦人不久就回归异教③，这正是现代学术中的惯常说法。但我却要把注意力集中在亚当著作中另一处的说法，他在那里告诉我们，起自安斯加直至他自己所处的时代，斯堪的纳维亚的基督教传教活动一直在持续

---

① 继承加洛林帝国的王国之一，其领土包括今天的低地国家、西部莱茵兰、今天的法国与德国的边境，以及今天的瑞士西部；这一国名得之于其国王罗泰尔二世。——译者注

② 关于日耳曼的路易和罗泰尔参见本书第202页注②。——译者注

③ Adam, *Gesta* 1. 58 and 60, ed. Schmeidler, 57 and 58; trans. Tschan, 50 and 51.

扩展①。我们之所以对斯堪的纳维亚地区在865年之后的基督教形势几乎一无所知,就是因为我们缺乏资料,而且亚当也同样缺乏资料。

只有两份中世纪文献讲述了安斯加去世后的百年间斯堪的纳维亚的宗教状况,即亚当于1070年代撰写的历史和佚名作者的《里姆伯特行传》(*Life of Rimbert*)②。里姆伯特很可能被安排为安斯加的北方传教区的大主教和不来梅教区主教的位置的双重接班人,然而安斯加去世后不久,政治形势改观。罗泰尔二世屈服,国王日耳曼的路易便再无理由侵犯科隆大主教的裁判权,因为只要无子嗣的罗泰尔去世,该大主教无论如何都会变成路易的臣民。不过,里姆伯特"继承"安斯加当上了汉堡大主教,后者编造的故事开始起作用了。里姆伯特也当上了不来梅主教,他于888年去世。《里姆伯特行传》自称撰写于其继任者阿德加 (卒于909年)③的有生之年④。这一说法是否正确并不太重要,因为该传记中没有具体细节,作为历史资料的用途不大。传记说在里姆伯特赴斯堪的纳维亚的途中,他"经常"凭借祈祷让风暴平息,并为那里的信众找来牧师⑤。这些段落太笼统、太含糊,很难不给人留下陈词滥调的印象。但《里姆伯特行传》中其他内容则包含有比较具体的信息,他被授予圣职的典礼即为

---

① Adam, *Gesta* 4.43, ed. Schmeidler, 279-280; trans. Tschan, 222.
② Edited in Rimbert, Vita Anskari auctore Rimberto: Accedit Vita Rimberti, ed. Waitz, 80-100.
③ 自888年至909年去世,担任不来梅的第3任大主教,后被尊为圣徒。——译者注
④ *Vita Rimberti* 12, ed. Waitz, 91.
⑤ *Vita Rimberti* 16, ed. Waitz, 94-95.

一例①。

亚当的著作中重现《里姆伯特行传》中对里姆伯特传道活动的叙述,同时增加了关于他的继任者阿德加的类似的笼统说法,声称他委派牧师向异教徒传教②。关于主教翁尼③,亚当知道他去了丹麦和瑞典,以及他于936年9月17日在比尔卡去世。翁尼的追随者把他的躯体埋葬在比尔卡,但将其头颅带回不来梅。考古学家对不来梅主教座堂进行发掘时,就在一份12世纪文献所称翁尼的坟墓的所在地发现了一个头颅大小的坟墩,显然证实了上述说法④。亚当称,在安斯加去世后的70年间,翁尼是唯一敢于去往斯堪的纳维亚地区的"导师"。不过这一说法仅仅表明,就亚当所知,865年后去往瑞典的第一位教士是翁尼⑤。

安斯加与翁尼的去世年份分别为865年和936年。关于二者之间的71年的情况,亚当显然只见到极少的文献。然而,凡是见到的文献他都加以巧妙地运用,写出了一个连贯、一致的故事。除《里姆伯特行传》外,他在一些编年史材料中汲取关于日耳曼通史的信息;他似乎也接触到汉堡—不来梅大主教的一个简略的名单,该名单告诉他大主教们的任期长短以及他们在哪年去世。亚当对翁尼的瑞典

---

① *Vita Rimberti* 11, ed. Waitz, 90.

② Adam, *Gesta* 1.40 and 46, ed. Schmeidler, 44 and 47; trans. Tschan 40 and 43.

③ 916—936年间任汉堡—不来梅大主教,是继安斯加和图尔霍特的里姆伯特后第三个被称作"北方的使徒"的传道者。——译者注

④ Karl Heinz Brandt and Margareta Nockert, *Ausgrabungen im Bremer St.-Petri-Dom 1974–76: Ein Vorbericht*, Bremer archäologische Blätter (Bremen, 1976), 41, and see also fig. 21 on p. 38.

⑤ Adam, *Gesta* 1.58–62, ed. Schmeidler, 57–60; trans. Tschan, 50–53.

图19. 根据传教士安斯加的继任者汉堡—不来梅大主教里姆伯特在《安斯加行传》中的陈述,安斯加在850年代说服了丹麦国王霍利克(Horik)准许他在里伯和海泽比的教堂里挂上钟。考古学家在海泽比港发现了一座早期中世纪教堂里的钟,切实地证明了里姆伯特讲述的故事。此钟看似从一艘船上坠落,深陷水中,以至于无法打捞。图片由位于石勒苏益格的海泽比(德语中叫Haithabu)的维京博物馆提供。

之行的叙述中唯一的具体细节就是他在何日、何地去世,以及他的追随者们将其头颅带回不来梅这一事实。亚当很可能是在主教名单里找到此类细节的。看来亚当拿到这一信息,然后添加他认为合适的细节,如翁尼步圣安斯加的后尘渡波罗的海时遭遇的艰难,又如比尔卡的居民经常遭到海盗的袭击,于是用巧妙的办法把海港封锁起来;再如,诸多国王对他们实施了严酷的控制,而翁尼从这些国王手上取得传道许可,向许多倒退到异教的基督徒布道,把他们挽救回来;然而,就在决定回归故里之时,他病倒、去世。"了解这些已经足够,若再多说,别人便会指责我们喜欢撒谎"[1]。亚当显然仅仅知道翁尼死在瑞典,但并不了解他传教的详情。根据亚当的记述,我们无法断定他要在那里重起传教活动。他去瑞典的目的也许是视察一个边远的教区,这是一个负责的主教分内的事情。倘若翁尼的任何一位前任为类似的目的去过瑞典或丹麦,而且并没有凑巧就在那里丧生,亚当就不可能得知这类事,而我们则不可能读到这一记述。

考察亚当的著述,我们可以推断,亚当宣称斯堪的纳维亚人在安斯加去世后放弃基督教之时,他并不确知此为事实。他只是在根据自己得到的有限信息进行推断。因此,我们应该对他的叙述打个折扣,转而以不偏不倚的态度关注确有的证据,无论是考古发现还是文字资料。由此得到的信息表明,在斯堪的纳维亚地区,基督教信仰和活动并未断线[2]。

---

[1] Adam, *Gesta* 1.61, ed. Schmeidler, 59; trans. Tschan, 52 – 53.
[2] Peter Sawyer, "The Process of Scandinavian Christianization in the Tenth and Eleventh Centuries," in *The Christianization of Scandinavia*, ed. Sawyer, Sawyer, and Wood, 75; Jan Arvid Hellström, *Vägar till Sveriges kristnande* (Stockholm, 1996), 161 – 175.

首先,亚当本人写的文本中有线索表明,在865年安斯加去世到936年翁尼视察之间的年代里,基督教存活下来。亚当谈到荷格尔(Hoger)①在909年至915年任主教期间,丹麦在异教暴君统治下的苦难,他指出,"安斯加在丹麦传播的基督教并未消失殆尽,还有一点残留。"②很难判断他的这一说法是否有充分的理由。然而,除此以外,他喜欢强调当时的野蛮行径如何毁掉了安斯加的建树。我们不禁认为,亚当的这句话不仅仅只是猜测,应该有所根据。

翁尼的继任者阿德加于948年在丹麦创建了三个常规的主教区,分别是海泽比、里伯和奥胡斯(Århus)③。倘若当翁尼十几年前造访时,基督教尚未在丹麦立足,我们便很难想象阿德加能有如此的成就。托尔托萨的易卜拉欣·伊本·雅库布(Ibrahim ibn Yakub al-Turtushi)④于965/966年间由科尔多瓦(Cordoba)⑤的哈里发派遣造访海泽比(参见第7章)时,该地尚有一座教堂。不过,居民大多"崇拜天狼星西留斯(Sirius)",即他们是异教徒。萨克森修士兼撰史人科维的威德金特⑥于960年代书写同时期的丹麦国王蓝牙哈拉尔叛

---

① 出自科维的本笃会修院,后被封圣(St. Hoger)。——译者注
② Adam, *Gesta* 1.52, ed. Schmeidler, 53; trans. Tschan 47.
③ MGH Concilia 6,1.140 and 158; see also p. 137. Adam, *Gesta*, 2.4, ed. Schmeidler 64; trans. Tschan, 57. See also Helmuth Kluger et al., *Series episcoporum Ecclesiae Catholicae occidentalis ab initio ad annum MCXCVIII* 6.2: *Archiepiscopatus Lundensis* (Stuttgart, 1992), 40–41, 67, and 100–101.
④ 阿拉伯控制的西班牙地区的犹太人,旅行家,还可能经商,短暂地从事过外交;他撰写的回忆录和评述均已失传,仅有片段在后人的作品中保留下来,其中关于海泽比的维京人、波兰的描述等为重要的历史资料。——译者注
⑤ 位于今天的西班牙南部的安达卢西亚地区;8世纪初被穆斯林军队征服,10、11世纪时在文化、政治、金融、经济诸方面达到鼎盛,位列世界先进城市之列;1236年被卡斯蒂利亚的国王费迪南三世攻克,重归基督教世界。——译者注
⑥ 参见本书第17页注④及第31页注①。——译者注

依基督教的情况,据他称,丹麦人早就是基督徒了。

换言之,有若干文字证据显示,安斯加去世后,斯堪的纳维亚地区的基督教继续存在。关于安斯加去世后一个世纪中斯堪的纳维亚的基督教的状况,1070年代的不来梅的亚当几乎没有留下任何信息,然而这一点并不意味着那里就没有基督教。文献未讲述该宗教以何种形式、在何种范围内存活下来;但是根据考古资料判断,在整个维京时期,基督教思想及习俗、实践大量渗透到斯堪的纳维亚(这一点将在第9章讨论)。斯堪的纳维亚地区的基督教极可能没有那种令不来梅的教士满意的组织形式,即受大主教监督的、按等级架构的教会。这一点也说明,教堂的档案里关于安斯加身后一个世纪间斯堪的纳维亚地区的基督教的信息为何少而又少。

国王

基督教真正在斯堪的纳维亚扎根是在10世纪,达到了国王们皈依、以基督徒自居的程度。在斯堪的纳维亚的不同地区基督教化的速度不一。丹麦最快——它离基督教欧洲最近,挪威第二,瑞典最晚。

丹麦

第一个统治丹麦的基督徒国王是成年之后才皈依基督教的蓝牙

哈拉尔①。在其父高姆②于958或959年去世后,哈拉尔在他们的驻地耶灵举行了盛大的异教葬礼。他把父亲的遗体、加上一匹马和许多墓葬品放入一个小小的青铜时期的坟墩,然后在上面再堆土,把坟墩做得非常壮观。他又在附近堆建了同样大小的第二个坟墩,也许是为他自己修建,只是里面从来没有葬过死人。如此巨大、豪华配置的坟墩在10世纪早已不流行,哈拉尔此举为的是点出他们以往的宗教。高姆的坟墩并非通常的异教殡葬,而是一种刻意的、炫耀性的反基督教殡葬方式,要强有力地表现出哈拉尔及其父亲是异教徒。这样强调的唯一原因是明确无误地告诉所有的人,他,哈拉尔,不是基督徒。哈拉尔以此方式表现自己独立于欧洲的基督教统治者,或许,特别是独立于不久——在962年——将加冕为皇帝的日耳曼国王奥托③。不过,葬完其父后不到10年,哈拉尔就于960年代中期皈依了基督教。至于什么样的事件导致他皈依,文献叙述各不相同。

不来梅的亚当声称,皈依的缘由是奥托皇帝进犯丹麦,强迫战败的哈拉尔受洗。这一说法看来纯属亚当的捏造,目的是澄清一点:丹麦人从日耳曼人那里接受了基督教,因此应该继续受德国教会的统治;在亚当提笔撰史的1070年代,这一从属关系是一个激烈的政治争端。没有任何早于亚当的著述的文献提及奥托入侵,其中值得注

---

① 此说没有计入丹麦国王 Chnuba——或称 Wurm,他在934年败于日耳曼国王亨利一世手下后接受了洗礼;参见 Widukind of Corvey, *Res gestae Saxonicae* 1.40, ed. Hirsch and Lohmann, 59, and *Annales Corbeienses*, s. a. 934, ed. G. H. Pertz, MGH SS 3 (Hanover, 1839), 4;哈拉尔有可能在此期间受洗。
② 参见本书第9页注①。——译者注
③ Knud J. Krogh, *Gåden om Kong Gorms grav: Historien om Nordhøjen i Jelling*, Vikingekongernes monumenter i Jelling 1 (Copenhagen, 1993).

意的是科维的威德金特于960年代撰写的《萨克森人英雄事记》：书中颂扬作为日耳曼的政治和军事领袖的奥托英勇无畏，但没有提及他入侵丹麦。倘若奥托确实征服了丹麦人，很难想象威德金特在书里会对这一大事件略去不提。亚当撰写此事的目的是对抗当时丹麦国王把本国教会从汉堡—不来梅大主教的监管下解脱出来的意图；斯堪的纳维亚人仍然需要其日耳曼上级教会的监护，这就是亚当撰写编年史时想要传递的感觉①。

丹麦国王哈拉尔皈依基督教后仅数年，修士科维的威德金特就撰写了《萨克森人英雄事记》。他声称，哈拉尔是在目睹教士波帕手抓烧红的铁块、经历了火的考验后皈依的。这个故事可能是威德金特编造的，因为波帕经历的考验是一种基督教实践，只能在基督教的语境中奏效，因此与哈拉尔所处的异教环境格格不入②。12世纪的一系列镀金铜板上描绘了波帕经受的考验以及故事中的其他事件，包括哈拉尔的洗礼（此事威德金特并未提及）。（见图20）

有趣的是，流传下来的还有第三个故事，而且它是由哈拉尔本人讲述的。他在耶灵的两个坟墩之间的正中点放置了一块巨大的石碑，以纪念其父母，上面的如尼文铭文是，"此碑由国王哈拉尔竖立，以纪念其父高姆、其母蒂莱（Thyre）——就是将丹麦和挪威全部置于

---

① Adam, *Gesta*, 2.3, ed. Schmeidler, 63-64; trans. Tschan, 55-57; Lauritz Weibull, *Kritiska undersökningar i Nordens historia omkring år 1000* (Lund, 1911), reprinted in Weibull, *Nordisk historia*, 1.269-274; Sawyer, *Da Danmark blev Danmark*, 237.

② Widukind, *Res gesta Saxonicae*, 3.65, ed. Hirsch and Lohmann, 140-141; Robert Bartlett, *Trial by Fire and Water*: *The Medieval Judicial Ordeal* (Oxford, 1986); Angenendt, *Kaiserherrschaft und Königstaufe*, 276-282.

其治下、并使丹麦人成为基督徒的哈拉尔。"① 石碑上还刻画了基督受难的庄严情景。哈拉尔在此又一次采用极为引人注目的方式,要达到人人皆知他与他的父母均为基督徒的目的。遗憾的是,他的话太简略,而且对自己皈依的背景没有任何说明,尽管哈拉尔似乎希望让人知道,与丹麦人的情况一样,皈依基督教给他带来荣耀。

哈拉尔也以另一种方式让其已经过世的父亲成为基督徒。他在石碑旁边建起教堂,把高姆已经腐烂的遗体从坟墩移到教堂里面的一个墓中②。

哈拉尔在960年代皈依基督教,这一点毋庸置疑。但我们不了解他皈依的原因,或在什么情势下皈依。几个文献的叙述推出各自的事件顺序。亚当希望把皈依算作日耳曼人干涉的结果,目的是捍卫他本人所属的不来梅(日耳曼)教会对斯堪的纳维亚地区的基督教的控制权。威德金特的目的是什么比较难以确认,我们只知道他想把皈依表现为一个基督教教士演示的神迹的结果。至于哈拉尔,他不可能是主动皈依的,尽管他自己的陈述表达的是这个意思。我将在第10章提出,采用他自己的说法可能有助于对问题的认识。

---

① DR 42, ed. Moltke and Jacobsen, *Danmarks runeindskrifter*, 1.65-81; "Samnordisk runtextdatabas"; Jansson, *Runinskrifter i Sverige*, 102; Birgit Sawyer, *The Viking-Age Rune-Stones*: *Custom and Commemoration in Early Medieval Scandinavia* (Oxford, 2000), 159; Anders Winroth, "Christianity Comes to Denmark," in Barbara Rosenwein, *Reading the Middle Ages*, (Peterborough, Ont., 2006); Somerville and McDonald, *Viking Age*, 440.

② Krogh, *Gåden om Kong Gorms grav*.

图 20.12 世纪左右,在丹麦日德兰半岛上的瓦埃勒城,Tamdrup 农庄的教堂祭坛正面有一组镀金的铜浮雕,表现国王蓝牙哈拉尔皈依基督教的情形。艺术家想象国王在一个水桶中接受洗礼,施行者为主教波帕。这一系列中的其他浮雕描绘波帕经受住火的考验这一奇迹。由哥本哈根市的丹麦国家博物馆提供。

挪威

根据文字资料,与挪威人皈依基督教关联的情况是,一连串的国王们在外国受洗后将此信仰带回家乡①,还带来了大多来自英格兰的牧师和主教。国王们受洗入教是因为他们在英格兰长大,不然就是与维京人侵袭北海周边地区有关。国王都遭到挪威的头领们的反抗,而且败在他们手下。至少,汇编于13世纪的古斯堪的纳维亚语的萨迦 Heimskringla② 讲述的就是这样的故事③。Heimskringla 用历史说明了当时冰岛社会的几个问题,而现代挪威的历史学家一直未能摆脱该文本的影响。几个推动基督教化的挪威国王的故事彼此很相像,这使我们产生怀疑。Heimskringla 以及之前的一些萨迦的作者们是否按照一个共同的模式改写了这些国王的故事?

---

① 以下关于挪威皈依基督教的简述主要基于如下著述:Erik Gunnes, *Rikssamling og kristning: 800 – 1177*, Norges historie 2 (Oslo, 1976); Jón Viðar Sigurðsson, *Norsk historie 800 – 1300*, Samlagets Norsk historie 800 – 2000 (Oslo, 1999); Claus Krag, *Norges historie fram til 1319* (Oslo, 2000); Knut Helle, ed., *The Cambridge History of Scandinavia* (Cambridge, 2003); and Jón Viðar, *Kristninga i Norden*.

② 古斯堪的纳维亚语的《国王萨迦》中最著名的篇章,集结了讲述一系列挪威国王的故事,由诗人、撰史者 Snorri Sturluson 于1230年左右写于冰岛,因此在相当程度上反映了冰岛社会的状况;这一题名于17世纪首次使用,出自作品的抄本的头两个字,英译为 "The Circle of the World/Around the World";参见本书第233页。——译者注

③ Snorri Sturluson, *Heimskringla*, ed. Bjarni Aðalbjarnarson, Íslenzk fornrit, 26 – 28 (Reykjavik, 1941); Snorri Sturluson, *Heimskringla: History of the Kings of Norway*, trans. Lee M. Hollander (Austin, 1964). Diana Whaley, *Heimskringla: An Introduction*, Viking Society for Northern Research: Text Series 8 (London, 1991);我赞同 Tommy Daniellsson 的观点:并无理由认为 Snorri 是 Heimskringla 的作者。

哈康·阿达尔斯坦之养子(Håkon Adalsteinsfostre)[1]被送给英格兰国王埃塞尔斯坦(Ethelstan)当养子[2],在那里成为基督徒。他于934年当上挪威国王时便努力推广基督教。挪威的权贵对此反抗极为激烈,导致他叛教。

哈康的侄子及继任者披灰大氅的哈拉尔(Harald gråfell)[3]也试图在挪威推广基督教,而且也同样失败。他的父亲血斧埃里克(Erik Bloodaxe)在被迫离开挪威后在英格兰当上约克国王(成为又一个在斯堪的纳维亚以外的地方比在老家更能有效地维持自己的权力的头领),哈拉尔则在父亲的领地诺森布里亚长大、受洗。

挪威的下一个基督徒国王是奥拉夫·特里格瓦松。他在波罗的海和北海均从事海盗劫掠,与丹麦国王八字胡王斯文一世[4]一起攻打英格兰,逼迫英格兰人在994年缴纳贡金16000镑;而他也遵照和平协议受洗,由英格兰王埃塞尔雷德充当其教父。(丹麦王斯文至迟也是在其父蓝牙哈拉尔皈依之际已经接受了洗礼。)奥拉夫把贡金用来掌控挪威。作为国王,他在让人民皈依基督教方面取得一定的成功。然而,一些权贵——特别是埃里克郡主——再次抵制这一新宗教。郡主与瑞典国王奥洛夫·埃里克森(Olof Eriksson)以及奥拉夫的前战友斯文结盟,1000年在斯沃德尔岛(Svöldr)附近进行的一场大海

---

[1] 即哈康·哈拉尔松(绰号"好人哈康",约920—961),金发哈拉尔的幼子,在英格兰国王埃塞尔斯坦(此名也拼作阿达尔斯坦)的宫廷长大;父亲死后,他回到挪威夺得王位;参见本书第97页注③。——译者注

[2] Lesley Abrams, "The Anglo-Saxons and the Christianization of Scandinavia," *Anglo-Saxon England* 24 (1995): 217-219.

[3] 卒于970年;他与几个兄弟向哈康国王开战,国王死后,他们都成为国王;961年他成为蓝牙哈拉尔的下属国王。——译者注

[4] 参见本书第10页注①。——译者注

战中他们同仇敌忾打败了奥拉夫,异教徒郡主埃里克得以在最高头领斯文底下统治挪威。

另一个奥拉夫,即奥拉夫·哈拉尔松,完成了奥拉夫·特里格瓦松开创但未竟的事业。他于1013年与1014年之交的冬季在诺曼底的鲁昂受洗,而此前他已经签约成为国王埃塞尔雷德(其英格兰国王的身份刚刚被八字胡王斯文废黜)的雇佣兵,他接受洗礼很可能就是当上雇佣兵的结果。洗礼由王后的兄弟、鲁昂大主教罗伯特施行。奥拉夫·哈拉尔松于1015年征服挪威,但此后遭到反抗,最终于1028年被赶出境。他后来带领军队打回挪威,在1030年的斯蒂克拉斯塔德(Stiklastad)一役(地点在特隆赫姆)[1]中被击败、杀死。到1035年,他的儿子马格努斯[2]成为第一个在本土受洗的挪威国王。此后的挪威国王们把奥拉夫拔高为殉道的圣徒,在他们的助推之下,他成为完成挪威皈依大业的守护圣徒圣奥拉夫[3]。

在对挪威的基督教化的探讨中,挪威西北部的一块库利石(Kuli stone)[4]上的如尼铭文起了很大的作用[5]。该铭文的内容一般被阐释

---

[1] 这是挪威历史上的一个著名战役,奥拉夫·哈拉尔松的敌人是挪威的几个大头领,打仗的地点是一个名叫斯蒂克拉斯塔德的村庄,奥拉夫的膝盖、腹部和颈项遭受重创而死。——译者注

[2] 参见本书第104页注[3]。——译者注

[3] Jón Viðar, *Norsk historie 800–1300*; Krag, *Norges historie fram til 1319*, 59–66; Jón Viðar, *Kristninga i Norden*; Sverre Bagge and Sæbjørg Walaker Nordeide, "The Kingdom of Norway," in *Christianization and the Rise of Christian Monarchy*, ed. Berend; Jón Viðar, *Det norrøne samfunnet*.

[4] 这一称谓来自石头的所在地:挪威的斯默拉岛上名为Kuløy的地方;该石位于Kuløy900多年,913年被移至特隆赫姆市,石上的如尼文铭文于1956年被发现。——译者注

[5] N 449, ed. Olsen and Liestøl, *Norges innskrifter med de yngre runer*, 4.280–286; Spurkland, *I begynnelsen var fupark*, 120–124; RGA 17.412–414, s. v. "Kuli," by J. E. Knirk.

为："托里尔（Thorir）和霍尔瓦德（Hallvard）竖立此石纪念……挪威成为基督教国度12周年〔或基督教精神成为挪威的有效戒律12周年〕……"。铭文刻制的时间被推定在1034年，理由是此石原先被置于一座用该年砍伐的木材建造的桥的旁边。倘若竖立该石与建桥发生于同一时期，则铭文所指可能是之前的1022年的某个事件。学者们认为它指发生在莫斯特（Moster）的一个事件，他们推想，奥拉夫·哈拉尔松在该地颁布了基督教法典，挪威因此正式成为基督教国家。

然而对库利石的阐释中问题重重。石头与桥之间的关系远非不探自明，因此石头何时竖立仍无法断定。至于国王奥拉夫在莫斯特把挪威变成基督教国度，近年的学术成果调低了这一推想的事件在挪威法制史上的重要性[①]。但有一点更令人生疑：石头上的铭文高度剥蚀，即使运用现代的微映射技术也难以辨认。被认作是古斯堪的纳维亚词的"kristindómr"（即如尼文中的 kristintumr）在此被译为"基督教国度"，但任何如尼文专家能够辨认的只有该词的一半（即"ris……umr"）。因此，这个字读作 kristindómr（基督教国度）的观点只是一种猜测。石头上刻着一个十分醒目十字架，目的肯定是宣传基督教；然而，这一点能让我们确定挪威正式成为基督教国度的确切日期的看法显然出于一厢情愿，而非基于事实。

瑞典

安斯加数次造访比尔卡，而此后关于瑞典皈依基督教的文献数

[①] Torgeir Landro, "Kristenrett og kyrkjerett: Borgartingskristenretten i eit komparativt perspektiv" (PhD diss., University of Bergen (Norway), 2010).

量很少,传递的信息也很有限。不来梅的亚当称,995年左右去世的瑞典国王埃里克①在丹麦受洗,但后来又倒退回归异教②。很难推测这一信息是否可靠,一个重要原因是,亚当关于埃里克受洗的情况的说法借用了科维的威德金特对波帕的记述——他以手持烧红的铁块的奇迹来说服丹麦的蓝牙哈拉尔皈依基督教。亚当说,埃里克的儿子奥洛夫③是虔诚的基督徒,致力于把基督教引进瑞典④。奥洛夫有两个儿子当了瑞典国王,亚当显然不喜欢其中的埃蒙德(Emund)⑤,把他叫作"大坏蛋埃蒙德"(Emund the Worst)。根据亚当的文字,埃蒙德的最大罪过似乎是,他把一位在波兰而不是不来梅通过祝圣仪式的主教奥斯蒙德(Osmund)引进了瑞典⑥。

记述此后一百年左右情况的资料年代晚,不可靠,充斥着矛盾重重的信息。虽然在细节上,这些叙述并不一致,它们描述政治动荡时却都断言,基督教与异教之间激烈的政治争斗的焦点是国王在古老

---

① 即胜利者埃里克(Erik the Victorious/Erik Segersäll,945？—995)。Björk Eriksson 的儿子。——译者注

② Adam, *Gesta* 2.38, ed. Schmeidler, 98-99; trans. Tschan, 80-81.

③ 即 Olof Skötkonung,980？—1022,995 年至约 1022 年在位。——译者注

④ Adam, *Gesta* 2.58, ed. Schmeidler, 118; trans. Tschan, 95.

⑤ 他是奥洛夫的私生子,1050—1060 年在位。——译者注

⑥ Adam, *Gesta* 3.15, ed. Schmeidler, 156; trans. Tschan, 125-126;Osmund 退隐到英格兰的 Ely 修道院,在院内他能够履行主教的种种职责,因此很受赏识;该修道院与林肯主教区的主教不断有争斗;见 *Liber Eliensis* 2.99 and 3.50, ed. E. O. Blake, *Liber Eliensis*, Camden Third Series 92 (London, 1962), 168-169 and 293. See also Abrams, "The Anglo-Saxons and the Christianization of Scandinavia," 235-236; Hellström, *Vägar till Sveriges kristnande*, 149-152; Nilsson, *Missionstid och tidig medeltid*, 58-59。

的献祭仪式上充当祭司角色①。对这一说法,我们不必信以为真,因为资料的作者们显然对这一时期所知不多,于是把自己掌握的几个事实按照传教就是基督教和异教之间的激烈争夺战这个元叙事进行了改编。

看来比较明确的是,当时瑞典王国尚未统一。为了替一个新教省创立大主教区,红衣主教尼古劳斯·布雷克斯皮尔于1153年造访瑞典,而此时瑞典尚未统一。他眼见该国处于暴力和动荡之中,因此位于乌普萨拉的新的大主教区要到1164年才创建②。

以叙事文献为依据,以上我们对斯堪的纳维亚地区的皈依情况做了大致的勾勒。这些文献有一个共同点:它们都把斯堪的纳维亚地区的政治暴力描述为基督教与异教之间的惨烈争斗。如果劝说不足以让对方皈依,传播基督教的国王们便使用暴力;而桀骜不驯的权贵们则以武力抗争来捍卫其异教传统。现代的研究往往接受并重复这样的叙事观点,未能考虑政治争斗的环境和条件。其实,当一个年轻人冒了出来、企图夺权时,权贵们不管持什么信仰都可能奋起反抗,奥拉夫·特里格瓦松和奥拉夫·哈拉尔松在挪威遇到的情形就是这样。基督教与异教之间的对抗是上帝为人类制定的规划的组成部分,这一脚本已先期存在;中世纪的编年史家和萨迦作者很可能把它套用到此类争斗上。我们很清楚,对抗并非仅仅出自宗教原因。

---

① E. g., Gabriel Turville-Petre and Christopher Tolkien, eds., *Hervarar saga ok Heiðreks*, Viking Society for Northern Research: Text Series (London, 1976), 70 – 71. See also Olof Sundqvist, "Cult Leaders, Rulers and Religion," in *The Viking World*, ed. Brink with Price, 225.

② Johnsen, *Studier vedrørende kardinal Nicolaus Brekespears legasjon*; Svenskt biografiskt lexikon 33 (Stockholm, 2009), 372 – 376, s. v. "Stephanus," by Anders Winroth.

身为基督徒的八字胡王斯文于994年与异教徒奥拉夫·特里格瓦松并肩战斗,敌人是英格兰的基督徒国王;在1000年斯文又跟基督徒国王奥洛夫·埃里克森及异教徒埃里克郡主一起打基督徒奥拉夫·特里格瓦松。

只要是追寻"更高的真理",中世纪的历史编撰者给历史造假时就没有太多的思想负担。八字胡王斯文于980年代反抗其父蓝牙哈拉尔,不来梅的亚当将此冲突描绘为一场宗教战争,斯文要驱除他父亲信奉的基督教,以恢复传统的异教。实际上,斯文本人一直就是基督徒。与其说亚当笔下斯文叛教的故事基于历史事件,不如说它受《旧约》中的一些故事的启发,亚当本人乐于低估丹麦的基督教化程度也是一个因素[①]。

亚当以及其他中世纪作者描述过瑞典和挪威的异教坚守者与热诚的基督徒之间的几次类似冲突。这些冲突涉及的主要是赤裸裸的强权政治的现实,而不可能是宗教。打仗的头领们很可能利用宗教来聚拢追随者,也可能把宗教用作宣传工具(这一点我们将在第10章展开)。早期现代的宗教战争主要涉及的并非宗教,维京时代的斯堪的纳维亚战争的主要关注也不是宗教。

主教

等到斯堪的纳维亚的国王们统统受洗完毕,他们的国家在当时

[①] Adam, *Gesta*, 2.27 – 28, ed. Schmeidler 87 – 89; trans. Tschan 72 – 73; Lauritz Weibull, *Historisk-kritisk metod och nordisk medeltidsforskning* (Lund, 1913), reprinted in Weibull, *Nordisk historia*, 1.274 – 287; Sawyer, *Da Danmark blev Danmark*, 244 – 245.

的记录者眼中已经成为基督教的国土。而此时,主教区仍然有待设立,教堂需要建造。大家期待斯堪的纳维亚的国王们、权贵们为此类事项捐助充足的经费,而捐助的信息一般会记录并保存下来,所以我们可以据此详细了解主教区创建的情况。

在常规的主教区建立之前,没有自己的教区的主教便在异教和新近皈依的地区工作。现代学者称此类主教为传道主教,或宫廷主教——倘若他们跟国王走得很近。安斯加和高斯伯特分别拿到不来梅和奥斯纳布吕克的主教教区之前就是传道主教①。我们也听说过其他几个传道主教。例如,亚当讲述了奥拉夫·特里格瓦松从英格兰带回其宫廷的几个主教的情况,也说到主教奥斯蒙德——11世纪时他在瑞典国王埃蒙德的宫廷,也可能是英格兰人②。亚当对传道主教的评论颇耐人寻味:"我认为造成这种情况的原因是:在基督教刚刚进入的形势下,主教们都还未分到一个固定的教区;而随着他们纷纷拓展范围,把基督教引入更遥远的地带,他们会同样尽力地向基督徒和非基督徒宣传上帝的旨意。甚至到今天(1070年代),在挪威和瑞典全境以及丹麦之外的地方,主教们的工作方式和内容似乎依然如此。"③

传道主教的工作持续至11世纪晚期,不过早在948年在英格尔海姆④举行的公会议上就有三位丹麦主教露面,分别是石勒苏益格

---

① Wolfgang Seegrün, *Das Papsttum und Skandinavien bis zur Vollendung der nordischen Kirchenorganisation*, Quellen und Forschungen zur Geschichte Schleswig-Holsteins 51 (Neumünster, 1967), 28; Britt Hedberg, *Uppsala stifts herdaminne: Från missionstid till år 1366*, Uppsala stifts herdaminne 4:1 (Uppsala, 2007), 23 and 45.

② 参见本书第221页注⑥。

③ Adam, *Gesta* 2.26, ed. Schmeidler, 85; trans. Tschan, 71.

④ 参见本书第35页注③。——译者注

（即海泽比）、里伯和奥胡斯三地的主教①。学者们怀疑这些人是否真的离开了舒适、安全的日耳曼地区去往北方。汉堡—不来梅大主教阿达尔塔格（Adaldag）②之所以把他们任命为主教，原因就是他需要有人辅佐自己；我们知道，在937年他尚未配任何副手③。大主教向这三个主教授予圣职的仪式可能在公会议期间举行，因为教会法规定他需要与另外两人共同主持仪式，而在公会议人员中可以找到这样的人。

再次提到这三个丹麦主教区是在965年和988年，后者是在丹麦增建第四个主教区——欧登塞——的年份。我们并无明确的理由断定这些主教没有在各自的教区起作用。不来梅的亚当说，948位主教中有一位——里伯的里埃弗塔格（Liefdag）——在挪威传道④。倘若这一点属实，他也应该活跃于里伯地区，因为该地距离生活条件舒适的日耳曼更近。由于诸如信众的坚信礼、牧师的神职授予仪式、为教堂祝圣等重要的圣事均只能由主教主持，教堂的运转需要有主教。因此丹麦的三个最早的主教区的历史可以往前推到948年，而欧登塞最迟于988年加入主教区之列。可能的情况是，国王八字胡王斯文把一个在瑞典服务的英格兰主教任命为隆德的第一位主教，任命的时间晚于1000年。到1022年罗斯基勒也有了主教⑤。

---

① 参见本书第211页注③。——译者注
② 生卒年为约900—988年，第七任汉堡—不来梅大主教（自937年至去世）；他出身于贵族，利用与帝国皇帝的关系为自己的教区争得许多权益。——译者注
③ Sawyer, *Da Danmark blev Danmark*, 241; Forte, Oram, and Pedersen, *Viking Empires*, 358.
④ Adam, *Gesta*, scholion 147, ed. Schmeidler, 268; trans. Tschan, 214.
⑤ Sawyer, *Da Danmark blev Danmark*, 206-297; Kluger et al., *Series episcoporum* 6.2.

我们已经看到,斯堪的纳维亚的统治者如何常常任用在波兰或英格兰通过就职仪式的主教,以此避开不来梅的大主教们的控制。至迟自1070年间起,丹麦的诸国王便力争把丹麦的一个主教晋升为大主教,以此使教宗承认丹麦教会独立于汉堡—不来梅的地位。这些工作于1103年出了成果,是年教宗帕斯加尔二世在隆德设立大主教区,权限遍及斯堪的纳维亚所有的地区①。

亚当于1076年称,挪威没有固定的主教区;因此可以推定挪威最早在1070年代才拿到永久性的主教区的地位。起初有三个主教,分别在特隆赫姆、卑尔根(即Selja)和奥斯陆;到1125年又增添了斯塔万格(Stavanger)②。教宗使节尼古劳斯·布雷克斯皮尔于1153年造访挪威时增设了哈马尔(Hamar)③主教区,并在特隆赫姆建立了大主教区。大主教也是在挪威各主教区以外的地区工作的主教们的都主教——这些地区是附属于挪威的岛屿,包括:冰岛[有分别驻在斯卡尔霍尔特(Skalholt)和霍拉尔(Holar)的主教],格陵兰,法罗群岛,奥克尼群岛,以及南部诸岛(即赫布里底群岛和马恩岛)。

11世纪中期已经存在的斯卡拉(Skara)是瑞典最早的永久性主教区;希格图纳(Sigtuna)则于1060年代成为主教区,但该教区的主教驻地却于1140年左右迁移至乌普萨拉。乌普萨拉的主教于1164年升为大主教,手下有四个分驻斯卡拉、林雪平、斯特兰奈斯(Strängnäs)和韦斯特罗斯(Västerås)的副主教。一份出自1120年代

---

① Lauritz Weibull, "Den skånska kyrkans älsta historia," in *Nordisk historia*, 2.27 – 33; Seegrün, *Das Papsttum und Skandinavien*; Fenger, "*Kirker reses alle vegne*": *1050 – 1250*, 100 – 102.

② 9、10世纪时即为经济、军事中心,12世纪初至14世纪初发展成教会的行政中心和重要的西南沿海市场;今天是挪威第三大城市。——译者注

③ 位于挪威最大的湖米约萨湖畔,三枚11世纪的硬币在此出土。——译者注

的主教名单提到了所有这些主教,此外还提到另一个不久就消失的主教区。然而要解读这份名单却颇有些难度。

至此,我们追溯了自823年大主教埃博首次造访丹麦至1164年创建乌普萨拉教省这一时段中斯堪的纳维亚地区的体制性皈依,现存的文字证据让我们得以重构这一过程。由于原始资料不足,故事不完整的问题不可避免。此外,资料的编撰者自身的偏见、利益以及视角和观点——往往为了证明某个观点或推进某项事业——也使故事遭到严重的扭曲。造成对故事的又一层扭曲的是中世纪作者理解皈依以及讲述皈依基督教的故事的方式——他们把皈依描述为瞬间完成、顷刻之间便将一个异教信仰者转变为热忱的基督徒的事件(见第9章)。要理解斯堪的纳维亚地区皈依基督教的故事,我们应该看到,基督教习俗缓慢、逐渐地渗入该地区,而这一渗入与前来的传道者无关;不仅于此,我们还要顾及斯堪的纳维亚皈依时期的社会状况,以及造成该社会能够接受一种新的宗教的种种条件(见第10章)。

第9章 撰写皈依的故事

长期以来,中世纪的皈依叙事使人们难以看清基督教塑造中世纪早期北欧的面貌的真实作用,有两个原因使我们在认识上误入歧途。首先,这些叙事往往在事件发生很久之后才成文,因此叙事者无法把握皈依行为的真切的政治和社会语境。其次,这些陈述的作者们对事情的真实情况如何并不很感兴趣,他们更着意于赞美担当皈依工作的具体人物的英勇表现,拥护他们所代表的机构,而根本目的则是颂扬上帝本身。因此,他们笔下的皈依往往进程很快,完成于瞬间。作者们自己已被教育成型,认为历史就是上帝实现自己的创造蓝图。中世纪撰写的历史一律都是人得到救赎的历史。以奥拉夫·特里格瓦松与拉德的哈康·西古尔德松之间的争斗为例,从这一视角看问题,一场本质上是政治对抗的争斗就变成基督教与异教,以及一个理想化的传播基督教的国王与恶魔力量的愚昧代表之间的一场史诗般的较量。讲述这样的故事,作者不需要多考虑真实事件究竟如何,或其他细节,而只需遵照圣奥古斯丁立下的范例、当时历史作者的惯常笔法,以及先前的传道圣徒的传记,如图尔的圣马丁(St. Martin of Tours)[①]、乌德勒支的圣威利布罗德(St. Williboard of U-

---

[①] 生卒年为316—397年,晚期罗马帝国的圣徒;早年曾在罗马军队服役,371年成为图尔(位于今天的法国)的主教;在与他同时代的圣徒传撰写者的笔下,他施行驱除魔鬼、让瘫痪者甚至死人康复等等程式化的奇迹。——译者注

trecht)①,以及美因兹的圣卜尼法斯(St. Boniface of Mainz)②等等③。

我们将仔细考察几种原始资料,这些叙事文献讲述奥拉夫·特里格瓦松在挪威不畏艰难、把一批批当地人转化为基督徒的故事。然而,有一个资料却几乎把他描绘成一个异教徒,我们要弄清这样写的原因何在。一番细察后,我们得到一个否定的结论:这些文献极度歪曲了实际情况,因此不能依靠它们来理解皈依的情况,尽管可以拿它们与其他资料进行比对,以确定一些具体情况或细节。与其说这些资料里的故事由真实事件、经历激发而成,毋宁说它们是圣徒传里的说法以及政治考虑的产物。叙述者把皈依描绘为瞬间发生的事件,而在现代学者眼里,皈依(意思是成为基督徒)是一个缓慢的过程,无论个人还是群体,均不可能在短期内改变其全部信仰及其宗教习俗。相反,基督教化是旷日持久的过程,可能延续了几代人之久,这一点我们将在下文察看。

奥拉夫·特里格瓦松,自身皈依及转化他人

我首先以挪威国王奥拉夫·特里格瓦松(1000年去世)为案例,

---

① 参见本书第17页注②。——译者注
② 生卒年为约675—754年;原名Winfrid(或拼作Wynfrith),出生在英格兰的西撒克斯;给今天的德国的异教徒带去基督教的首要传教士,就任美因兹的第一任大主教,去世后成为德国的守护圣徒。——译者注
③ Wood的 *Missionary Life* 一书探讨早期中世纪圣徒传的作者们如何互相启发。关于 *Life of Ansgar*,也见Wood, "Christians and Pagans in Ninth-Century Scandinavia。

从四个不同的角度进行审视。我们将根据同时代或接近同时代的原始资料来判断哪些事情是可以确认的。接下来要考察的是日耳曼的编年史作者不来梅的亚当关于奥拉夫的陈述,还有 12 世纪的斯堪的纳维亚的一些叙事——这些叙述借用基督教的惯常话语构建奥拉夫的故事。我们最后讨论的是,皈依在关于奥拉夫的不同叙事中得到了一些什么样的描述①。

作为历史人物的奥拉夫·特里格瓦松

关于奥拉夫·特里格瓦松的生平和事迹,同时代或接近同时代的原始资料比较稀缺,总共只有一些吟唱诗歌和《盎格鲁—撒克逊编年史》中的几则通告。然而,现代史学家有可能在此基础上写出奥拉夫的生平梗概。

奥拉夫先从事维京人的劫掠活动,然后在 994 年与丹麦国王斯文②一起征收一种名为丹麦金的税金。奥拉夫与英格兰国王埃塞尔雷德达成和平协议,根据该协议奥拉夫在安多弗(Andover)受洗为基督徒③。他回到挪威,打败了几个头领,挪威至少有部分地带落入他的统治。他捣毁异教的祭坛,为自己赢来了声名。据他的宫廷吟唱

---

① Albrams 的"The Anglo-Saxons and the Christianization of Scandinavia," 220 - 223 对原始文献做了精心的概述。
② 这里的丹麦国王斯文即八字胡王斯文(此后的 150 年间,丹麦还有过斯文二世和斯文三世)。——译者注
③ 见本书"绪论"。

诗人称,他砸烂了露天石头祭坛①,还为一个手下的吟唱诗人主办了洗礼。奥拉夫首次征服挪威后过了几年,有两个国王与一个郡主联合起来在斯沃尔德岛(Svöldr)的一场大海战②中打败并杀死了奥拉夫。

不来梅的亚当对奥拉夫的描述

描述奥拉夫·特里格瓦松的最早的原始资料是《汉堡—不来梅大主教之事迹》,由不来梅的亚当于1070年代写成。亚当先后在几位大主教手下工作,显然是为赞颂他们而撰写这段历史。他的著作说明了教会在斯堪的纳维亚传播福音、推动该地基督教化时做了多少耐心、艰苦、崇高的工作。亚当写作之时正逢汉堡—不来梅教会紧张不安之际:丹麦国王正试图说服教宗建立一个斯堪的纳维亚大主教区,该规划于1103年实现(我们在第8章已经提到),比亚当撰写此书晚了30年左右。斯堪的纳维亚教会应该继续隶属于不来梅大主教——我们可以把亚当的著作视为这一论争的拓展。亚当含蓄地提出,因为那些大主教们使斯堪的纳维亚地区皈依了基督教,所以该地区应该由他们管理。

---

① Cleasby, Vigfússon, and Craigie, *An Icelandic-English Dictionary*, 311:所谓"horg"是一个石头祭台……建于户外,……竖立在高处或举行献祭的锥形石堆上;……由此出现了"'break' the horg",但是"'burn' the temple"这样的短语;See also Olaf Olsen, *Hørg, hov og kirke*: *Historiske og arkæologiske vikingetidsstudier* (Copenhagen, 1966)。

② 此海战是维京时期最著名的战斗之一;根据文献,它发生于1000年,而关于地点的说法不一,本书取斯沃尔德岛附近的海域的说法。——译者注

这一背景说明了亚当对待奥拉夫·特里格瓦松的态度。亚当谈到这位挪威国王时口气十分严厉:"有些人说奥拉夫是基督徒,还有些人说他摒弃了基督教;然而,大家都断言他占卜有术,奉行拈阄,把全部希望寄予禽鸟显示的预兆……他也惯于行巫术,在家里豢养了大批巫师做伴——巫师出没于挪威各地,他们出了差错,他被骗,结果丧命。"①亚当就这样把奥拉夫描绘成一个迷途的基督徒;然而,就在几页前他刚刚说过奥拉夫受了洗礼,与在挪威工作的英格兰主教有交往。关于奥拉夫的基督教热忱,斯堪的纳维亚的原始资料很少质疑,亚当的描述则与它们形成鲜明的对比。

那么亚当为什么对奥拉夫持这样的否定态度?他的文本说,"有些英格兰的主教和教士为了[到挪威]传道而背井离乡",这点给了我们一个提示。他声称某个主教或教士为奥拉夫施行了洗礼,这个说法错误(除非奥拉夫违背了教会法不止一次受洗)。亚当的问题在于,这些主教既非由汉堡—不来梅教会派出,也未获该教会的认可,他们是在不列颠诸岛获得圣职的。亚当假惺惺地表态说,"哪怕不相干之辈对其会众施惠,位于汉堡—不来梅的上级教会也没有意见。"②不过,当其他教会涉入汉堡—不来梅教会视为自己的领地的事务时,他便愤愤不平起来③。他认为,他的教会,而且只有他的教会才可以指导斯堪的纳维亚地区的教会事务;然而,其他教会资助该地

---

① Adam, Gesta 2.40, ed. Schmeidler, 100 – 101; trans. Tschan, 82.
② Adam, *Gesta* 2.37, ed. Schmeidler, 98; trans. Tschan 80. See also Abrams, "The Anglo-Saxons and the Christianization of Scandinavia," 229.
③ 亚当也因同样的原因谴责奥斯蒙德主教(他在波兰被祝圣为主教,活跃于瑞典);参见本书第221页注⑥。

区的基督教的事实使他的论点无法立足。亚当绕过这一问题的最好办法是提出其他教会的工作成绩不佳,因此他就把奥拉夫描绘成一个半心半意的基督徒。亚当暗示,英格兰的教士们掌管教会事务时,情况便不佳,只有汉堡—不来梅教会才有能力在斯堪的纳维亚做好培育基督教的工作。①

了解了这样的背景,我们就不能从字面上理解亚当关于奥拉夫·特里格瓦松统治时期挪威的基督教状况的叙述。

12 世纪的叙事中的奥拉夫·特里格瓦松

与亚当相反,12、13 世纪的斯堪的纳维亚著述者对奥拉夫的宗教身份不存任何怀疑。最著名的叙事见于 13 世纪早期的萨迦 *Heimskringla*[一般认为其作者是斯诺里·斯托尔罗森(Snorri Sturluson)]②中的《奥拉夫·特里格瓦松的故事》。作者展开故事的文学技巧极高,而正因为如此,这个故事对重新建构奥拉夫的经历几乎完全无用③。不过,它对挪威皈依基督教的历史的现代叙述仍有各种影响。

Heimskringla 的作者在撰写奥拉夫的故事时使用了四个原始叙

---

① Konrad von Maurer, Die Bekehrung des norwegischen Stammes zum Christenthume in ihrem geschichtlichen Verlaufe quellenmässig geschildert, 2 vols. (Munich, 1855 – 56; reprint, Osnabrück, 1965).

② 参见本书第 217 页注②。——译者注

③ Theodore M. Andersson, "The Conversion of Norway according to Oddr Snorrason and Snorri Sturluson," *Mediaeval Scandinavia* 10 (1976); Whaley, *Heimskringla: An Introduction*, 112 – 143.

事资料，这四个资料保存至今，我们都能读到。其中一个是冰岛修士奥德尔·斯诺尔拉森（Oddr Snorrason）于1180年代写成的萨迦，这个故事相当厚重，译为现代英语超过120页①。其他三个故事即出自12世纪下半叶（或更晚）的所谓对观挪威史：修士西奥多里库斯（Theodoricus）的《古代挪威国王史》，佚名氏的《挪威史》以及同样出自佚名氏的《阿格里普》（Ágrip）②。这些故事各有几页的篇幅讲述奥拉夫·特里格瓦松，总体上与奥德尔讲述的故事相同。这四个叙事之间的确切关系是什么？学者们虽然研究了一个世纪，但仍没有肯定的结论③。四个叙事均利用了一个讲述奥拉夫国王的叙事，该叙事时间更早、也更简略，被艾利·索吉尔松④收进12世纪早期的《冰岛人之书》中。但是除此而外，这四个故事肯定还有其他已经佚失的

---

① Oddr, *The Saga of Olaf Tryggvason*. Oddr 的萨迦以拉丁文写就，但是流传下来的只有古斯堪的纳维亚语的翻译本。

② Theodoricus is edited in Gustav Storm, *Monumenta historica Norvegiae: Latinske kildeskrifter til Norges historie i middelalderen*, Skrifter utg. for Kjeldeskriftfondet (Kristiania, 1880; reprint, Oslo, 1973), 1-68, translation in Theodoricus, *Historia de antiquitate regum Norwagiensium: An Account of the Ancient History of the Norwegian Kings*, trans. David McDougall and Ian McDougall, Viking Society for Northern Research: Text Series 11 (London, 1998). The *Historia Norwegie* is edited and translated in Inger Ekrem, Peter Fischer, and Lars Boje Mortensen, *Historia Norwegie* (Copenhagen, 2003). Ágrip is edited in Bjarni Einarsson, *Ágrip af Nóregskonungas Qgum: Fagrskinna = Nóregs konunga tal*, Íslenzk fornrit 29 (Reykjavik, 1984), and translated in Matthew James Driscoll, *Ágrip af Nóregskonungas Qgum: A Twelfth-Century Synoptic History of the Kings of Norway* (London, 1995). 上述文献中关于奥拉夫·特里格瓦松的章节已译成英语，收在 Oddr 的 *The Saga of Olaf Tryggvason* 的附录中(151—165)，便于阅读。

③ See, most recently, Danielsson, *Sagorna om Norges kungar*, and Theodore M. Andersson, *The Growth of the Medieval Icelandic Sagas (1180-1280)* (Ithaca, N.Y., 2006).

④ 见本书第111页注①。——译者注

来源①。艾利讲述的重点是奥拉夫对冰岛皈依基督教做出的贡献。

这五个叙事有一个共同点：它们把奥拉夫·特里格瓦松颂扬成一个传教的国王，一个圣徒式的人物，远非亚当的文本中那个半心半意的基督徒。五位作者无一简单地传播过去的传说，而均为自觉的、富于技巧的讲述者；他们精心塑造情节，以突出奥拉夫在挪威皈依基督教上的成就。他们借用许多资料来建构奥拉夫的故事，包括一些根本与奥拉夫没有关系的东西。

基督的生平即为他们借用的一种资料。在 12 世纪的传说中，奥拉夫无父出生，跟基督一模一样。奥拉夫的仇敌哈康郡主（Earl Hákon）企图找到这个婴儿并杀死他，"好像是一个希罗式的人物"（见《挪威史》）②。正如耶稣在 12 岁时在神殿里与犹太律法专家辩论，进入公共生活，奥拉夫长到 12 岁时为养父报了仇，首次引起公众的注意。基督的尸体在复活节星期日从坟墓里消失，与此相同，奥拉夫于 1000 年战败后，谁也找不到他的尸体。按《挪威史》的推测，可能是众天使把他送上岸了，而《阿格里普》则称他在一道闪光中消失。奥德尔比较实际，他的说法平淡无奇：奥拉夫脱下铠甲，游水上岸。数位作者提到一些传闻，说后来有人见到奥拉夫活了，就像基督复活后的情况③。

在其他段落中，相对于奥拉夫·哈拉尔松的"基督"角色——他死后被称作圣奥拉夫，奥拉夫·特里格瓦松被描述成施洗约翰的角

---

① Jakob, ed., *Íslendingabók*; translation in Grønlie, *Íslendingabók*.
② Mortensen in Ekrem, Fischer, and Mortensen, eds. and trans., *Historia Norwegie*, 207.
③ Lars Lönnroth, "Studier i Olaf Tryggvasons saga," *Samlaren* 84 (1963); Ekrem, Fischer, and Mortensen, eds. and trans., *Historia Norwegie*, 207.

色。奥德尔和西奥多里库斯均（错误地）声称,老奥拉夫为小奥拉夫施了洗礼,而奥德尔明确地将此比作基督受洗。他还把奥拉夫·特里格瓦松刻画成他的同名者的先驱,宣称奥拉夫·特里格瓦松仅仅完成了沿海地区的基督教化,而圣奥拉夫却把内地人转化为基督徒,从而完成了全挪威的皈依大业[1]。实际上,根据更为可靠的诺曼编年史作者瑞米耶日的威廉(William of Jumièges)[2]的记述,奥拉夫·哈拉尔松十几岁时在诺曼底受洗[3];而对于威廉的文本的情况,西奥多里库斯是了解的。奥德尔提到施洗约翰,这一例证说明斯堪的纳维亚的作者是怎样运用基督教的比喻手法进行叙事——哪怕他们了解事情的真相。奥德尔说奥拉夫·特里格瓦松为奥拉夫·哈拉尔松施洗礼,其原因并非他掌握了这一信息,而是因为他想要把前者树立为先驱,确立他为圣奥拉夫的传教活动,并由此为挪威皈依基督教奠定基础的地位;而要达到这一目的,把他们二人与施洗约翰和基督相提并论是最好的办法。

---

[1] Oddr, *Óláfs saga Tryggvasonar* 44/54, ed. Ólafur, 271–272; trans. Andersson, 102. Theodoricus, *Historia* 13, ed. Storm, 22; trans. McDougall, 17.

[2] 瑞米耶日位于今天法国上诺曼底鲁昂市以西20余公里处的塞纳河畔,有建于7世纪晚期的修道院;威廉是修道院的修士,经历了1066年的大事件;1070年左右,他在一部更早的史著的基础上编撰了"诺曼底大公英雄事迹"。——译者注

[3] William of Jumièges, *Gesta Normannorum ducum*, 5.12, ed. and trans. Elisabeth M. C. Van Houts, *The "Gesta Normannorum ducum" of William of Jumièges, Orderic Vitalis, and Robert of Torigni*, Oxford Medieval Texts (Oxford, 1992–1995), 2.26. See also 1. li. 关于他在鲁昂受洗一事,斯堪的纳维亚地区的作者均有了解;见 Theodoricus, *Historia* 13, ed. Storm, 22; trans. McDougall, 17; *Passio S. Olavi*, ed. Storm, *Monumenta historica Norvegiae*, 128; trans. Carl Phelpstead and Devra Levingson Kunin, *A History of Norway, and the Passion and Miracles of Blessed Óláfr* (London, 2001), 27.

故事中如何讲述皈依

四个原始叙事资料的中心都是奥拉夫把挪威转变为基督教国度;每个作者都强调他是一位传教国王,他言辞与刀剑双管齐下,说服挪威人相信基督是他们的救世主。

然而奇怪的是,这些作者关于奥拉夫传道的叙述都很含混、没有特色。《奥拉夫·特里格瓦松的故事》尤其如此:它讲述了奥拉夫劝人皈依的诸多具体经历,但它们均为类型化的俗套。看来这些情节不是基于10世纪后期在挪威可能真实发生过的事情,而是受了中世纪大量关于异教徒遭遇传教士的情景的浮夸文字的影响。事实上,除了奥拉夫是让挪威皈依基督教的国王而外,这些叙述并未告诉我们任何有关皈依的具体信息。

《奥拉夫·特里格瓦松的故事》常常提到,国王通过布道取得众多民众同时皈依基督教的效果。例如,在即位的第二年,奥拉夫把大群人招到一个叫做斯塔德(Stad)的城镇①,他的布道对象"人数多到数不清,……有男有女,有青年也有老者":

> 据说,国王在以上帝的名义布道时,他说的话威力极大,他悦耳、动听的话语和雄辩奇迹般地打动了那些原本心肠冷酷、顽固抗拒基督教信仰的人,他们心怀感激,接受了他传播的福

---

① 在北欧语言中,"stad"一词的意思是"城镇";本书作者解释说,这里指一个名为"Stad"的具体城镇,但它已不见于现代地图。——译者注

音……

许许多多接受了这一真信仰的人受了洗礼,在国王和主教身边住了一些日子。国王和主教强化他们神圣的信仰,传授基督教习俗,要求他们在各地兴建教堂①。

奥德尔告诉我们奥拉夫讲道何以如此令人信服:是图尔的圣马丁教他说些什么;圣马丁曾向奥拉夫显灵,答应教他讲道。奥德尔关于圣马丁教奥拉夫讲道的说法,我们可以把它视为一种隐喻,说明马丁和奥拉夫各自的传记作者之间的关系。

除此之外,陈词滥调和各类比喻也充斥其中。故事里没有任何具体的细节(除了奥拉夫召唤民众去往某地的地名)。不过,我们倒是发现奥拉夫以和蔼、好听的话语打动了同胞们的心,他们随之接受了真信仰,真正地皈依了基督教。按奥德尔所述,挪威人接受洗礼并非勉强,他们热忱地接受了新信仰,热切地希望对它有更多的了解。在这一点上,他们与神灵降临节时在耶路撒冷听到圣彼得传道的以色列人颇为相像:"于是领受他话的人就受了洗。那一天门徒约添了三千人"(《使徒行传》2:41)。奥德尔著作中的这些细节都是圣徒传里司空见惯的东西。

这段叙述体现了编造的故事的所有特征。一如始于圣彼得的无数前辈,(由于神助,)奥拉夫布道雄辩之极,导致异教听众纷纷转变信仰,这就是一个传教士应有的姿态和风采。

关于奥拉夫的传道方式,《挪威史》中的信息量甚至更小:"与此

---

① Oddr, *Óláfs saga Tryggvasonar* 37, ed. Ólafur, 231–232; trans. Andersson, 84.

同时,奥拉夫把沿海的同胞全部带入万王之王的怀抱。倘若主教无法以其精神之剑达到这一目标,国王则举起他的尘世武器,抓住贵族与平民、吃奶的婴儿以及白胡子老者,把他们统统带入基督之国"①。

修士西奥多里库斯对《挪威史》里"尘世武器"的意思做了解释:倘若"祈祷和讲道"不能起到期望的效果,奥拉夫便动用"威胁和恐怖的手段"使人皈依②。西奥多里库斯还引用福音书中基督的话:"勉强人进来,坐满我的房子"(《路加福音》14:23),以此说明运用暴力转变人的信仰的神学根据。

皈依具体是怎样发生的?原始叙事资料除了陈词滥调外实际上再次没能提供任何信息。奥德尔的萨迦讲述的也是传道叙事中最广为人知的老故事——国王在特龙海姆地区的麦里恩(Mærin)捣毁了一座异教神祇的雕像:"奥拉夫国王来到雷神索尔(Thor)的雕像前,举起斧子,照着索尔的耳朵砍下去,偶像便前倾扑倒在地上。"③据诸圣徒传的作者们的描述,从图尔的马丁到圣卜尼法斯,再到查理曼大帝,传教士以及皈依了基督教的国王们都砍倒了异教的偶像或圣树④。写圣徒传的人以此证明传教士的大无畏精神以及他们坚定的信仰。正如圣徒传文本中的通常模式,奥拉夫的事迹导致大批民众

---

① Ekrem, Fischer, and Mortensen, eds. and trans., *Historia Norwegie*, 94–95.
② Theodoricus, *Historia* II, ed. Storm, 18; trans. McDougall, 14;我的引文出自 Andersson 的 Oddr 的 *Saga of Óláf Tryggvason* 的英译本,155。
③ Oddr, *Ólafs saga Tryggvasonar* 46/56, ed. Ólafur, 279–280; trans. Andersson, 105.
④ 参阅亚当关于一个英格兰传教士在瑞典砍倒异教神灵 Tor 的雕像的叙述,*Gesta* 2.62, ed. Schmeidler, 122; trans. Tschan, 97–98. Saxo Grammaticus 关于一支丹麦军队在征服 Ancona 后砍倒斯拉夫战神 Svantevit 的雕像的文字可能是真实报道;见 Saxo, *Gesta Danorum* 14.39.31–33, ed. Jørgen Olrik and Hans Raeder, eds., *Saxonis Gesta danorum* (Copenhagen, 1931), 472。

皈依。照奥德尔的故事的说法,那一天就有600人受洗。

12世纪讲述奥拉夫·特里格瓦松的故事里有圣徒传式的陈词滥调,以及诸多一厢情愿的想法,长期以来这一点为人熟知。至于奥拉夫劈倒索尔的雕像,从而导致600人皈依基督教;或者圣马丁借奥拉夫之口在斯塔德的集会传道,让众人转变信仰等等,这类故事现代历史学家已经不再讲述。但是讲述挪威皈依基督教的情况的教科书和一般的历史著作都声称奥拉夫起了举足轻重的作用。在挪威史中,他和奥拉夫·哈拉尔松是两位"实现国家基督教化的国王"。①他们在挪威播下的基督教信仰的种子确实结出了果实。这一观点有些道理,不过奥拉夫费力让人皈依基督教更多是出于政治目的,而不是信仰方面的考虑,这一点我们将在第10章察看。他传道的主要目的不是拯救灵魂,他搭建的宗教网络同时起到政治忠诚网络的作用。由于得到了超验的力量——即神的支持,这一网络坚强而牢固。

现代史学家们把两位奥拉夫描绘为挪威皈依基督教历程中的转折点,从而继续传播12世纪撰史者讲述的基本情节。然而,如果我们不认可奥德尔关于600人在麦里恩瞬间转变信仰的故事,那我们为什么要接受他描述的基本时序——奥拉夫·特里格瓦松在挪威皈依基督教过程中起了关键作用?奥德尔以及其他采用类似时序的叙事者毕竟都是在奥拉夫去世150多年后才写下这段历史。倘若我们依靠的资料仅限于《盎格鲁—撒克逊编年史》及吟唱诗篇(如我前面的做法),奥拉夫的形象依然会是一个受过洗礼,并捣毁异教圣地的基督教国王。但是这一点并不足以让我们把他描绘成一个转变民族

---

① Krag 的佳作 *Norges historie fram til 1319* 中的第4章"Kristningskongene ca. 995 – 1035"(56 – 66)有四个部分,其中两个部分关于两位奥拉夫,一个关于教会的组织结构,还有一个关于奥拉夫·哈拉尔松战死疆场。

信仰的伟大的国王。如果加上不来梅的亚当的记载——他写作的时间不晚于奥拉夫去世后的80年,我们便绝无可能把奥拉夫表现成一个转变大众信仰的伟大国王:亚当提出,尽管(或可能因为)奥拉夫与英格兰的主教们有联系,他可能还是背离过基督教。

当时的原始资料显示的是,奥拉夫征服了挪威的大片土地,在挪威王国的统一或缔造过程中,他肯定起了关键的作用。12世纪的撰史者们从吟唱诗篇中获悉,他捣毁了异教的祭坛,这一点便足以让他们断定,奥拉夫倾力征服挪威的目的是拯救同胞们的灵魂。现代史学家则实事求是,不相信这就是奥拉夫动武征服该国的目的,但是他们接受一点,即他是让民众皈依基督教的国王。事实很可能就是这样,但是主要是指第二种类型,即体制意义上的皈依,而不是指挪威社会方方面面的基督教化。奥拉夫打烂异教的祭坛,让其追随者受洗,还把主教和其他教士引进挪威。我们将在第10章看到,他致力于把基督教会打造成挪威的一种体制,目的是扩大忠于自己的群体。而人的基督教化的故事则与此有很大的区别。

皈依是一个过程

在诸如《奥拉夫·特里格瓦松的故事》和《安斯加行传》的中世纪故事里,皈依通常是一种清晰明确的事件。以《安斯加行传》为例,它说,洗礼救治了一些濒临死亡的人,此后"大批民众被转化,皈依了对主的信仰"①。《奥拉夫·特里格瓦松的故事》中的简单情节与其

---

① Rimbert, *Vita Anskari* 24, ed. Waitz, 53; trans. Robinson, 85.

相似："〔聆听奥拉夫布道后，〕大批民众接受了这一真信仰，受洗成为基督徒"①。皈依被描绘成一种顷刻之间发生的彻底变化，从一端转移到了另一端。在种种神迹或传教士雄辩动人的布道的激励之下，异教徒的信仰骤然间发生了转变。做出此类描述的原因是，大多数的故事——如我们所知——都是颂扬奥拉夫·特里格瓦松和安斯加这类人物至善的美德。要证明他们圣洁，但如果在他们的肖像里放入任何含混、模糊的色彩就会产生相反的效果。上帝无所不能，且以神秘的方式行事，中世纪的人们对这些故事都习以为常；他们或许会觉得有些具体的故事神奇非凡，但是肯定不会认为它们不可能发生。作为历史学家，我们必须以不同的眼光加以审视②。与中世纪叙事者笔下的描述相比，现实生活中的皈依带有多种模糊的色彩、杂乱不清的情况。人们相信的事情、举行仪式的方式、或穿着等等都是其宗教的组成部分，一夜之间改换这些东西的情况即使有，也是少之又少。

在斯堪的纳维亚，改变信仰——即人们信仰的东西及他们的行为方式——是一个历经数个世纪的缓慢过程；在此过程中，基督教的方方面面缓慢渗入这一地区。安斯加和奥拉夫·特里格瓦松这样的传道者有可能引入了基督教的一整套信条、仪式以及其他习俗。与此相反，各色商人及其他行走各地的人则零零星星地带来种种工艺品、象征物和观念；这种情况存在于斯堪的纳维亚地区与基督教欧洲互动、往来的整个时期，也就是说，它们之间互动的历史与基督教欧

---

① Oddr, *Ólafs saga Tryggvasonar* 35, ed. Ólafur, 232; trans. Andersson, 84.

② 参见 Brit Solli 的"Narratives of Encountering Religions: On the Christianization of the Norse around AD 900 – 1000," *Norwegian Archaeological Review* 29 (1996)一文中富于说服力的评论。

洲的历史一样长,可能始于君士坦丁大帝皈依基督教、甚至更早。一种宗教的传播并不一定需要教士和做传道工作、让人民皈依的国王,它可以随雇佣兵、商人以及其他各色行走各地的人传播开来。

即使传教士带来了基督教各个层面的东西,斯堪的纳维亚人对它们也不一定立刻照单全收。他们接过对自己有吸引力的东西,往往还对其进行调整以适应自己的具体情况①。从这一观点看,斯堪的纳维亚地区皈依基督教的起点远远早于823年埃博的第一次造访,而且此后这一过程延续了很长的时期。与圣徒传的作者们想要呈现的情况不同,无论传教士们来到此地,还是国王们致力于大众的皈依,这些事件都不是与过去的断然决裂。

维京时期之前的斯堪的纳维亚并没有与欧洲的其他部分隔绝,相反,它与基督教国家之间的边界双向渗透。人们越过边界,带来了观念、时尚和习俗。考古证据——例如墓葬中的发现——说明斯堪的纳维亚人是如何缓慢地吸收特定的基督教观念、象征物和人工制品。当我们细察皈依的文本,故事的作者偶尔会让我们一窥通常规整、利落的文本背后凌乱、纠葛不清的事实,我们由此看到斯堪的纳维亚各地分别、渐次接受基督教的情况。

边界多孔,并非密封

考古发现告诉我们,在远早于维京时期的年代,斯堪的纳维亚与

---

① James C. Russell, *The Germanization of Early Medieval Christianity*: *A Sociohistorical Approach to Religious Transformation* (New York, 1994).

欧洲其他地区之间就有货物交流①。在斯堪的纳维亚发现了欧洲的人工制品,反之,在欧洲也找到了斯堪的纳维亚的人工制品,这些显然就是双方文化交往的证据,在这个问题上不存在争议。例如,几乎没有人会提出斯堪的纳维亚完全隔绝于罗马帝国。我在本节将集中讨论斯堪的纳维亚出口毛皮和驯鹿角、进口罗马帝国的商品的情况。然后在下面几节说明,这些商贸往来使得基督教的观念、象征物和习俗得以渗入斯堪的纳维亚地区,这一渗入与传教士的工作完全无关。

在北方的出口货物中总是有毛皮这一项。动物生活的地带越冷,它们的毛皮质量便越好。在6世纪的君士坦丁堡,瑞典人便以"通过诸多中介"出售漂亮的毛皮闻名②。如本书第7章所述,毛皮贸易贯穿整个维京时期,一直持续到其后的年代。斯堪的纳维亚地区的另一种出口物品是驯鹿的角,它有多种用途,特别是做梳子。奥克尼群岛上发现了7世纪的驯鹿角梳子,由于奥克尼群岛或不列颠诸岛上从未有过驯鹿,这些鹿角肯定来自别处,而且几乎肯定来自挪威③。这一点不仅证实斯堪的纳维亚与不列颠诸岛之间在维京时期之前就有文化往来,也说明在这样的早期,斯堪的纳维亚人或奥克尼

---

① See, for example, Ulf Näsman, "Sea Trade during the Scandinavian Iron Age: Its Character, Commodities and Routes," in *Aspects of Maritime Scandinavia AD 200 – 1200: Proceedings of the Nordic Seminar on Maritime Aspects of Archaeology, Roskilde, 13th – 15th March, 1989*, ed. Ole Crumlin-Pedersen (Roskilde, 1991); Skree, "Missionary Activity in Early Medieval Norway: Strategy, Organization, and the Course of Events," 2.

② Jordanes, *Getica* 3.21, ed. Mommsen, 59; trans. Mierow, 7.

③ B. Weber, "Norwegian Reindeer Antler Export to Orkney: An Analysis of Combs from Pictish/Early Norse Sites," *Universitetets Oldsaksamlings Årbok 1991 – 1992* (1993); J. Hines, "På tvers av Nordsjøen: Britiske perspektiver på Skandinaviens senare jernalder," *Universitetets Oldsaksamlings Årbok 1991 – 1992* (1993).

人,或二者均已有能力跨越北海航行。

维京时期之前的斯堪的纳维亚与罗马帝国有着密切的、多方面的联系,最重要的证据便是在北方发现的成千上万的罗马人工制品和硬币[1]。人工制品的范围从颇为普通的陶器到豪华的礼仪性的玻璃饮酒器皿;从罗马制造的刀剑到特别发行的金币——用于串成项链、佩戴在颈部当装饰品。这些商品通过不同的途径来到斯堪的纳维亚。罗马晚期的军队里大部分是帝国境外的蛮族雇佣兵,斯堪的纳维亚士兵退伍或开小差脱离部队时肯定带回家一些东西。事实上,考古学家已经提出,斯堪的纳维亚地区的一些墓穴里埋葬的就是此类士兵的尸体。前罗马军队的士兵回到斯堪的纳维亚的老家时可能会讲拉丁语,而且甚至可能已经是基督徒了[2]。

有些物品可能通过商贸来到斯堪的纳维亚,特别是那些日用品,如玻璃珠或陶器,以及钱——银币。斯堪的纳维亚地区发现的大量此类物品是通过出口毛皮或其他的北方物产换来的。例如,瑞典的厄兰岛(Öland)上的居民看似为罗马的市场生产过皮革。考古学家的这一结论的根据是厄兰岛上的墓穴中的物品:妇女的墓中往往有

---

[1] Ulla Lund Hansen, *Römischer Import im Norden*: *Warenaustausch zwischen dem Römischen Reich und dem freien Germanien während der Kaiserzeit unter besonderer Berücksichtigung Nordeuropas*, Nordiske fortidsminder. Serie B—in quarto 10 (Copenhagen, 1987); Lennart Lind, *Roman Denarii Found in Sweden*, Stockholm Studies in Classical Archaeology 11 (Stockholm, 1981); Joan Marie Fagerlie, *Late Roman and Byzantine Solidi Found in Sweden and Denmark*, Numismatic notes and monographs 157 (New York, 1967); Kent Andersson and Frands Herschend, *Germanerna och Rom*: *The Germans and Rome*, Occasional Papers in Archaeology 13 (Uppsala, 1997).

[2] Gad Rausing, "Barbarian Mercenaries or Roman citizens?" *Fornvännen* 82 (1987); Andersson and Herschend, *Germanerna och Rom*: *The Germans and Rome*, ch. 4, at n. 50.

马具匠人的整套工具,如弯刀、直刀、锥子以及曲形缝针等。岛上发现了不少黄金,其中有约 350 枚新铸的东罗马帝国的金币。考古学家因此推断,厄兰岛上的居民肯定生产过某种获利丰厚的物品,对此的合理猜测是皮革。从衣服、靴子到帐篷,罗马士兵对皮革有大量的需求[1]。

在斯堪的纳维亚地下发现的最奢华的物品很可能是作为外交礼物北上到达此地。罗马人惯于给蛮族头领赠送精美、花哨的礼物,以笼络其感情。一个著名的实例是,在丹麦的罗兰岛(Lolland)上一个叫霍比(Hoby)的地方有一座极其豪华的墓,里面发现了两个银杯(见图 21)。这两个银杯上描绘的是荷马的《伊利亚特》中的场景,质量精美。银杯是一位在奥古斯都统治的时代生活于意大利南部的银匠的作品。银匠名叫克伊里索弗斯(Cheirisophos),杯子上有他的署名。杯子的底部刻上了第一个所有者的名字:西里奥斯(Silius)。他很可能就是盖乌斯·西里奥斯·阿厄洛斯·卡伊基娜·拉各斯(Gaius Silius Aulus Caecina Largus),一位前执政官,公元 14 年被奥古斯都皇帝任命为上日耳曼尼亚的军事统帅,大本营设在特里尔。学者们认为,西里奥斯把这两个杯子作为外交礼物送给了某个他希望搞好关系的蛮族首领。也有可能是他把杯子送给了罗马军队里的一个蛮族指挥官,指挥官退伍后便把杯子带回了老家。与杯子同葬在霍比的墓中的不一定就是从西里奥斯手里收到杯子的人;这两个杯子有可能是他继承、购买或者偷窃到手的,甚至可能是他收到的转

---

[1] Ulf Erik Hagberg et al., *The Archaeology of Skedemosse* (Stockholm, 1967), conveniently summarized in Ulf Erik Hagberg, "Offren i Skedemosse på Öland och handeln med romarriket," in *Arkeologi i Norden*, by Göran Burenhult (Stockholm, 1999).

手或再转手的礼物①。

图 21. 前执政官盖乌斯·西里奥斯·阿厄洛斯·卡伊基娜·拉各斯于公元 14 年作为罗马帝国驻上日耳曼尼亚的军事统帅居住在特里尔(位于今天的德国西部)。这些精美的银杯可能是他从罗马带来此地,上面装饰着荷马史诗中的场景,并标上了"Silius"(西里奥斯)这一名字。通过某种途径,这些杯子最后被埋入丹麦的一个坟墓中,说明罗马帝国与以北的"蛮族"之地的边界存在诸多缝隙,没有阻挡地中海地区的人工制品和文化理念一路传入斯堪的纳维亚。图片摄影伦纳特·拉森,由哥本哈根市的国家博物馆提供。

由于刻上了《伊利亚特》里的场景,霍比的银杯便把地中海沿岸的意识形态带到了波罗的海的周边地区。这一点并不说明赞赏杯子的斯堪的纳维亚人必定对那些观念有"正确"的理解。然而,考古发现有时却让我们瞥见了流传到北方的非基督教的希腊—罗马宗教观念。例如,斯堪的纳维亚地区的几座墓穴里有黄金物件,看起来它们当初是被放置在死者的嘴里。其中在丹麦的西兰岛上的西姆林格耶(Himlingøje)有一个特别富有的女子的墓葬:她下葬时嘴里衔着一块

① Forte, Oram, and Pedersen, *Viking Empires*, 24 – 27.

金子,身旁放着一枚(为皇帝提图斯铸造的)罗马钱币。考古学家解释说钱是付给卡戎(Charon)①的劳务费,罗马人和希腊人一般把它放在亡者的嘴里,这样卡戎便会用船渡他们过斯提克斯(Styx)和阿刻戎(Acheron)这两条冥河以送至冥界。由于斯堪的纳维亚地区不使用硬币,人们便用其他的贵重物品替代②。如果这种解释属实,墓葬中发现的东西就能证明希腊—罗马的宗教习俗流传到了斯堪的纳维亚;此后,基督教习俗则沿类似路线传入。

考古发现中的宗教模糊性

在整个北欧,考古工作者都发现了无法确认为是基督教的还是异教的早期中世纪的墓葬。我认为,追问此类墓葬究竟是基督教徒的还是异教徒的并无意义,因为它们只是体现了当地吸收基督教习俗的不同阶段。

考古学家们以六条或更多的标准来确定一个墓葬究竟是基督教的还是异教的。第一个标准是,基督教采用土葬安葬亡者,几乎没有例外;意为,在埋葬之前并不焚烧遗体。对早期基督徒而言,火化是一种禁忌。例如,查理曼大帝在780年左右立法规定,焚烧亡者的处

---

① 古希腊神话中冥王哈得斯的船夫,负责把新近的亡灵从人间经冥河渡到冥界。——译者注

② Anne-Sofie Gräslund, "Charonsmynt i vikingatida gravar?" *Tor: Tidskrift för nordisk fornkunskap* 11 (1967); Kent Andersson, "Intellektuell import eller romersk dona?" *Tor: Tidskrift för nordisk fornkunskap* 20 (1985); Kent Andersson, *Romartida guldsmide i Norden*, Occasional Papers in Archaeology 6 (Uppsala, 1993); Andersson and Herschend, *Germanerna och Rom: The Germans and Rome*, note 45.

以死刑①。他立此法令的原因是焚烧遗体与异教风俗密切相关。不过,这一点并不一定说明只有基督教徒才土葬,因为异教徒有时对遗体也不加焚烧便进行掩埋,这一点证明他们做事的方式是有变化的,而有些变化则是受到了基督教风俗的影响。考古学家们发现,在斯堪的纳维亚地区,早在6世纪就有土葬②。有数个头领埋在瑞典中部的文岱尔(Vendel)和瓦尔斯高(Valsgärde)两地的大坟场里,其中有几具遗体是焚烧过的,另几具则没有③。焚烧与否似乎与他们的宗教信仰无关,因为根据所有其他的标准,这些头领都是异教徒。

区别异教和基督教墓葬的第二个标准是,基督教的葬法往往是让死者的头朝西。然而,异教徒也可能这样安置死者的遗体,而我们也不妨再次怀疑这里是否有基督教的影响。从9世纪开始,斯堪的纳维亚地区的土葬也让死者的头朝西④。

---

① *Capitulare de partibus Saxoniae 7*, ed. Alfred Boretius. *Capitularia regum Francorum* 1, MGH (Hanover, 1883), 69. 有助于我们了解火化与土葬的问题的著作包括 Anne-Sofie Gräslund, "Den tidiga missionen i arkeologisk belysning—problem och synpunkter," *Tor*: *Tidskrift för nordisk fornkunskap* 20 (1985): 297-298, and Caroline Walker Bynum, *The Resurrection of the Body in Western Christianity, 200-1336*, Lectures on the History of Religions New Series 15 (New York, 1995), 51-52。

② Anne-Sofie Gräslund, "Arkeologin och kristnandet," in *Kristnandet i Sverige*, ed. Nilsson, 28-29; Nilsson, *Missionstid och tidig medeltid*, 35; Inga Lundström, Claes Theliander, and Pirjo Lahtiperä, *Såntorp: Ett gravfält i Västergötland från förromersk järnålder till tidig medeltid: anläggningsbeskrivningar, dokumentation och analyser*, GOTARC, series C: Arkeologiska skrifter, 49 (Göteborg, 2004); Claes Theliander, *Västergötlands kristnande: Religionsskifte och gravskickets förändring 700-1200*, new ed., GOTARC, series B: Gothenburg Archaeological Theses 41 (Göteborg, 2005).

③ Ann Sandwall and Björn Ambrosiani, *Vendeltid*, Historia i fickformat (Stockholm, 1980).

④ Gräslund, "Arkeologin och kristnandet," 28-29; Nilsson, *Missionstid och tidig medeltid*, 35; Lundström, Theliander, and Lahtiperä, *Såntorp*; Theliander, *Västergötlands kristnande*.

区别二者的第三个标准是墓葬品。异教徒的墓葬里往往有被认作死后用得上的种种器物,而基督徒下葬时只有身上穿着的衣服。用在实例中就是,在基督徒的遗体上只能找到颈项上的饰品,以及衣服上的金属配件(特别是腰带上的小零件和拢住女人衣衫的饰针)。相反,富裕的异教徒的陪葬物可能有马、家畜、武器、家具、炊具、食物、车、船,甚至还有仆人。斯堪的纳维亚各地都发现了豪华的异教徒墓葬,最著名的大概在挪威的奥斯伯里,瑞典的文岱尔,还有丹麦的耶灵①。

余下的标准都不太重要,我之所以提及是因为它们在对皈依的探讨中有一定的作用:基督徒通常不会葬在土墩之下②;在丹麦的两个坟墓(分别位于耶灵和马门)里发现的蜡烛可能说明它们是基督徒的墓葬地③。基督徒的墓穴可能彼此靠得很近,甚至互相搭接,原因是得到祝圣的墓地面积有限,而所有亡故的基督徒又都必须葬于其中。此类坟地在瑞典的比尔卡和索恩托普(Såntorp)均有发现④。

由于不同方面设定的标准不同,我们往往无法判断某个墓穴究竟是异教徒的还是基督徒的。马门墓穴里发现的骸骨即为一例:他于971年或其后不久的时间被葬于日德兰半岛的一个装饰豪华的墓穴。墓穴本身应该是异教的,因为它位于一个土墩之下,而且与亡者

---

① Brøgger et al., *Osebergfundet*; Sandwall and Ambrosiani, *Vendeltid*; Krogh, *Gåden om Kong Gorms grav*.

② Gräslund, "Den tidiga missionen."

③ Bodil Leth-Larsen, "Mammenlyset," in *Mammen*, ed. Iversen; Anne-Sofie Gräslund, "Var Mammen-mannen kristen?" in *Mammen*, ed. Iversen; Krogh, *Gåden om Kong Gorms grav*.

④ Anne-Sofie Gräslund, *The Burial Customs: A Study of the Graves on Björkö*, Birka: Untersuchungen und Studien 4 (Stockholm, 1980), 83; Theliander, *Västergötlands kristnande*.

为伴的有丰富的墓葬品,包括那把著名的马门斧子(见本书第5章)。然而,墓穴里也有一根蜡烛,对诸多阐释者而言,这一点表明葬在这里的是一个基督徒。公认的解释是,此人是一个头领,而头领的丧葬方式需要显示其地位(于是就有了斧头和坟墩)。不过,此人是一个早期基督徒,去世时该地区还没有任何基督徒墓园,因此便代之以蜡烛圣化他的墓穴①。

我认为,我们最好摆脱中世纪作者遗传下来的非此即彼的类别观念,不要试图确定马门墓穴中的人是基督徒还是异教徒②,宗教信仰实际更为灵活多变。在中世纪,人们通常一次接受一种或几种事物,而不是在"皈依"某种宗教之际便接受其全盘的信仰和习俗。在采用蜡烛这一新习俗的同时也沿袭砌坟墩、放入墓葬品的做法,这在筹划马门的丧事的人的眼中并不矛盾。蜡烛对于他们究竟是代表基督教或只是一种新潮?他们可能知道也可能不知道这一新潮是由基督教引起,这个问题肯定永远无法弄清。

我们也许读过一个又一个关于墓葬和其他遗址的考古调研报告,注意到了许多类似的含混不清的东西。然而,只是在那些坚持以非异教徒便是基督徒的方式看问题的人的眼中,这些东西才会含混不清。有一种比较有效的做法,即把所谓的不清晰、不明确的东西看做从许多不同的源泉汲取创意的一种宗教文化的证据。从这一视角出发,考古证据便绘制出一幅基督教习俗及象征物如何在斯堪的纳

---

① Gräslund, "Var Mammen-mannen kristen?"
② 学术文献中经常出现非此即彼的问题,参见 Birgit Sawyer and Peter Sawyer, "Scandinavia enters Christian Europe," in *Cambridge History of Scandinavia*, ed. Helle, 154; Stefan Brink, *Sockenbildning och sockennamn: Studier i äldre territoriell indelning i Norden* (Uppsala, 1990), 374; Skree, "Missionary Activity in Early Medieval Norway: Strategy, Organization, and the Course of Events," 8-9。

维亚地区传播的图画,而这个传播过程也时常引起我们可以称之为异教的一种反向运动。在考古发现中,我们能辨认的只有象征物和(某种程度上的)习俗,我们不妨对导致这些象征和习俗或伴随它们的观念、信仰做一番推测。

研究十字架和锤子——两个使用于维京时期的富含宗教意义的象征物——对我们有特别的启发作用。十字架当时已经是一个极重要的基督教信仰的象征物,象征对人类通过救世主之死获得救赎的信仰[1]。而雷神之锤(Mjöllnir)是异教中掌管战争和闪电的神灵索尔的象征(索尔借助锤子制造闪电[2])[3]。

欧洲的基督徒在诸多情况下使用十字架。斯堪的纳维亚地区的商人、强盗以及其他旅行者可能见到有的十字架挂在人们的颈项上,有的装饰建筑物,也有独自竖立在不列颠诸岛上的石制十字架。他们也可能见到人们划十字。在远早于作为体制的基督教传入的年代——早在6世纪——北方人就已经用上十字架了。自维京时代的斯堪的纳维亚地区保留至今的大约有50个银质小十字架以及400个铁十字架[4]。

---

[1] DuBois, *Nordic Religions in the Viking Age*, 139 – 172.

[2] 雷神之锤是北欧神话中最可怖的武器之一,可以击毁山岭;最早见于本书第233页提到的诗人斯诺里·斯托尔罗森所著的埃达;现代的日耳曼新异教信徒把它用作信仰标志的挂件。——译者注

[3] KLNM 18. 502 – 506, s. v. "Torshamrar," by Olav Bø and Krister Ström; Anne-Sofie Gräslund, "Kreuzanhänger, Kruzifix und Reliquiar-Anhänger," in *Birka*, ed. Greta Arwidsson (Stockholm, 1984); John Lindow, "Thor's 'hamarr,'" *Journal of Germanic and English Philology* 93 (1994); DuBois, *Nordic Religions in the Viking Age*, 159.

[4] Gräslund, "Kreuzanhänger, Kruzifix und Reliquiar-Anhänger"; Gräslund, "Arkeologin och kristnandet," 37 – 40; DuBois, *Nordic Religions in the Viking Age*, 139 – 172.

十字架的传播似乎也激发起人们有意识地使用异教象征物、特别是用索尔的雷神之锤来对抗十字架。与十字架相对照,锤子用作挂件或佩戴在衣服上时要倒着挂。这两种象征物表面的相似性显然提升了锤子这一象征物的使用率,表明这一点的事实是,维京时期遗留的许多十字架和锤子形象的物件的尺寸、用途和形态都有明显的相似之处①。有些人心安理得地同时佩戴十字架和锤子:一个妇女葬在海泽比附近的托姆比-比奈拜克(Thumby-Bienebek)的墓地,她的颈项上有一个十字架挂件,但她的尸体却被放置在一辆装饰着若干锤子的车上下葬②。

许多维京时代的锤子挂件保留至今,其中有一个发现于瑞典西部,上面既有锤子也有十字架的形象③。做这个挂件的工匠同时使用两种宗教的象征性语汇。另一位工匠拥有的一个皂石质地的模子现身于丹麦的日德兰半岛,他能用该模子做出锤子和十字架这两种东西④。瑞典、芬兰和俄罗斯的一些墓葬里有十字架挂件,它们与异教的护符一起挂在死者的颈项上⑤。丹麦国王蓝牙哈拉尔在其父高姆于958年去世后,以盛大的旧式异教葬礼把他埋在一个巨大的坟墩里。典型的异教陪葬品在坟墓里陪伴着老国王:家具,一匹马,还有

---

① Birkebæk, *Vikingetiden i Danmark*, 119.

② Michael Müller-Wille, *Das wikingerzeitliche Gräberfeld von Thumby-Bienebek* (*Kr. Rendsburg-Eckernförde*), Offa-Bücher 36 (Neumünster, 1976), 54 – 55.

③ Anne-Sofie Gräslund, "Tor eller Vite Krist? Några reflektioner med anledning av Lugnås-hammaren," *Västergötlands fornminnesförenings tidskrift 1983 – 1984* (1983).

④ Graham-Campbell, *Viking Artefacts*.

⑤ Gräslund, "Kreuzanhänger, Kruzifix und Reliquiar-Anhänger," 118; DuBois, *Nordic Religions in the Viking Age*, 153, Franklin and Shepard, *Emergence of Rus*, 174; Christiansen, *Norsemen in the Viking Age*, 266.

一个木头十字架——考古学家视其为基督教象征物[1]。

其他的证据也都说明这一点,以某些如尼文铭刻为例,埃斯基尔斯蒂纳城(Eskilstuna)位于瑞典中部,城外名叫拉姆松达(Ramsunda)的地方的铭刻享有盛名,异教和基督教的特点在其中均有体现。它极其详尽地描绘了关于西古尔德·伐弗尼斯巴尼(Sigurd Fafnisbani)的异教传说,即沃尔松格萨迦(Völsunga Saga)中那个先砍了金匠雷金(Regin)的头、后又杀死那名为伐弗尼尔(Fafnir)的龙、炙烤其心而啖之的年轻主人公。这一切,还有更多的情节均在雕刻中得到描绘;而如尼文的铭刻则是为纪念一个名叫霍姆盖伊尔(Holmgeir)的人的灵魂。然而,灵魂的观念是基督教观念;如果没有这些图像,铭文会让我们把霍姆盖伊尔看作一个基督徒;而如果铭文中没有"灵魂"这个词,这些图像便会使我们认为他是个异教徒[2]。由于铭刻保存至今,我们的结论只能是:霍姆盖伊尔的后代并不认为铭刻里掺杂的信息中有什么自相矛盾之处,而循他们的先例则不失为稳妥之途。

书面文献中的宗教模糊性

几乎所有现存的关于斯堪的纳维亚地区皈依基督教的书面文献都出于基督徒的笔下。如我们在本章前面所见,他们关注的就是把皈依描绘为一种霎时间发生的、弃恶从善的、全面彻底的变化。然

---

[1] Krogh, *Gåden om Kong Gorms grav.* Cf. Jörn Staecker, "Jelling – Mythen und Realität," in *Der Ostseeraum und Kontinentaleuropa 1100 – 1600: Einflußnahme – Rezeption – Wandel* (Schwerin, 2004).

[2] Sö 101, ed. Brate and Wessén, *Södermanlands runinskrifter.*

而,尽管心愿如此,关于皈依过程的缓慢、渐进的性质,这些作者间或还是透露了一些信息。

艾利·索吉尔松的《冰岛人之书》写于12世纪,该编年史中提到冰岛议会于999年或1000年决定冰岛接受基督教的著名事件,其中关于为此达成妥协的部分非常坦率,颇为罕见。所有的冰岛人均受洗入教,因此可以称作基督徒了。然而,倘若他们私下继续向异教神灵献祭、吃马肉,或把不要的孩子扔掉,没有人会出来反对,尽管这三种行为都违反了基督教戒律。

修士科维的威德金特于960年代晚期撰写萨克森的历史,几乎同期,丹麦皈依了基督教。威德金特的书记述了皈依的情况,其中有几处与我们的讨论相关。他在开始这一议题时说:"丹麦人早就是基督徒了,但他们仍然以异教仪式供奉其偶像"①。

丹麦人奉行异教的献祭习俗,然而也肯定遵循了一些基督教习俗,这一点使威德金特得以把他们描述为基督徒。他们可能像999年或1000年的冰岛人一样已经受洗。他们至少相信基督是神,或者说,在那段记述之后,威德金特浓墨重彩地描述在国王哈拉尔出席的宴会上发生的一场争吵时做出的这一断言。哈拉尔新近将其父葬在一个豪华的、明知是异教样式的墓冢里。争吵的内容是哪些神最了不起:"丹麦人称基督肯定是一个神,但别的神比他还了不起,因为实际上他们向人显示的神迹和征兆更为炫目。"如果威德金特的记录无误,他的话就说明丹麦人已经接受了基督教信仰中的一个特征,但不是全部特征。这一点与考古发现很相似:考古成果说明中世纪早期的斯堪的纳维亚人已经接受了一些基督教习俗,但不是全部。

---

① Widukind, *Res gestae Saxonicae* 3.65, ed. Hirsch and Lohmann, 140.

出席宴会的还有一个名叫波帕的教士,他为"唯一的真神"做见证,陈述了偶像是魔鬼而非神灵的信念。国王请他伸手拿起一块烧红的铁以证明其信仰,波帕抓起铁块,通过了考验,于是国王"皈依",并下令让其臣民停止偶像崇拜。从此他也"给予教士和其他的上帝之仆应有的尊重"。

这段叙述中有两点值得注意。首先,一个教士现身该宴会。丹麦人很可能刚向自己的异教神灵献祭,而国王哈拉尔也许刚刚把父亲以异教徒的身份埋入坟冢。然而,不论谁是宴会的主人(最大的可能就是国王哈拉尔本人),他请来了一个基督教教士。这个教士来自日耳曼,代表的是那个基督教国家的光荣和威望,以及该国的统治者奥托大帝。

其次,威德金特并未说国王哈拉尔在皈依后受了洗礼。我们可能不该对此做过多的文章,但是如我们在本章前面所见,皈依叙事的一种类型就是皈依后接下来就行洗礼。威德金特未提洗礼这一点可能说明,哈拉尔已经受过洗礼,这可能就是威德金特说丹麦人已经是基督徒的一个原因。

威德金特让我们窥见皈依过程本身的一些含混不清的东西。丹麦人是向异教神灵献祭的基督徒;国王尚需皈依,但他看来不需要受洗,而这个国王身边又有个教士。如果按故事所述来理解,当国王下令只能崇拜基督,其他神灵一律摒弃之时,皈依的过程达到顶点。那么,威德金特的看法似乎就是,禁止对任何基督教上帝之外的信仰是皈依进程中本质性的事件。同样,在艾利关于冰岛的皈依的叙事中,该过程的顶点是人人受洗,而公开向异教神灵献祭成为非法。由此可见,在威德金特和艾利看来,所谓皈依就是统治者或统治机构把非基督教的宗教习俗定为非法,同时欢迎基督教教士进驻。换言之,他们接受了第二种、即皈依的体制性特点。如同大多数中世纪关于皈依的叙事者,他们二位对人们真实信仰的是什么并不感兴趣。基于这一点,我们不难向前再迈一步——很可能是正确的一步,得出结论说,哈拉尔这样的皈依者也不在意人们相信什么,只要他们不公开献祭就可以。

中世纪关于皈依的叙事者的关注点落在皈依过程中的制度方面,而现代史学家追随这种模式过于长久。我们已经考察了中世纪的皈依叙事是怎样建构起来的,接着又勾画了漫长的吸收、融合过程,斯堪的纳维亚人在此过程中接纳、承袭了一个又一个的基督教习俗。我们可以根据考古记录来研究这一过程——它始于罗马晚期,持续了若干个世纪。习俗反映信仰,但是信仰通常并不直接显现于考古记录。当某人承袭了一个或数个基督教习俗时,我们无法因此断言,他或她接受基督教信条的方式使我们有理由称其为基督徒。事实上,在这一阶段问"是基督徒还是异教徒"这一问题毫无意义。早期中世纪的斯堪的纳维亚人在对要相信什么、该怎样行动、怎样埋葬死者等作出决定之时,除了践行我们称作异教的习俗外,也遵循基督教习俗。虔诚的中世纪撰史者们想要在异教徒和基督徒之间划出一条分明的界线,后来者中也有许多人跟随了他们的足迹。

第10章 基督教的礼物

斯堪的纳维亚的头领们在搜寻高档次贸易商品的同时,也在追求声名卓著的意识形态,而在维京时期的欧洲,论声望,没有哪种意识形态能与基督教相匹敌。它是欧洲实力强大的统治者——其中包括位于君士坦丁堡和亚琛的皇帝们——的宗教。头领们把基督教带到斯堪的纳维亚的目的是让自己也分享一份声望;换言之,这与他们带回商业物资的意图同出一辙。对自己的追随者,他们既分发货物,也传播基督教,为的是招来新的追随者,并且强化已有追随者的忠诚。这就是他们把基督教引入斯堪的纳维亚的直接目的。他们引进基督教的根本缘由不是贯彻基督对追随者的训诫:"所以你们要去,使万民作我的门徒"(《马太福音》28∶19)。即便他们有此抱负,也肯定位列组建忠诚的武士团体这一紧迫的政治需要之后。

我认为,在斯堪的纳维亚地区皈依基督教的时期,很少有人特别考虑信仰的问题。皈依涉及的是群体的表面行为及他们的忠诚。头领们利用基督教习俗、特别是洗礼来构建自己的群体,因为基督教有各种好名声,能取得比其他宗教更好的效果。

宗教一直被定义为构建群体的整套信仰和习俗①。要考察斯堪的纳维亚地区的皈依情况,不妨以这个定义为起点,因为它提醒我

---

① Durkheim, *The Elementary Forms of the Religious Life*, 44.

们,宗教所包含的不仅仅是信仰。中世纪早期的人们,包括教士,对信仰的态度实际上相当随便。执行把欧洲的异教徒转变为基督徒的任务时,似乎只要皈依者承诺信仰基督就行,接下来他或她就可以受洗礼;此外,在对基督徒的教育方面,除了最基本的东西外,真正信仰方面的指导则可以从缓,等教父、教母以及来了什么教士再操办①。就我们所知,在基督教传入之前,斯堪的纳维亚已有的宗教并不禁止人们接受基督教的洗礼或践行基督教其他的习俗。在中世纪早期的斯堪的纳维亚地区,一个又一个的基督教习俗被缓缓吸收,没有任何东西来阻止或延缓这一进程。

12世纪的艾利·索吉尔松在叙述冰岛于999年或1000年皈依基督教的情形时,他的着力点是宗教习俗而不是信仰,这一点给我们留下了明确的印象②。他说,所有的人都应该是基督徒,因此大家都应该受洗礼。只要受了洗礼,艾利并不操心他们到底相信什么。人们以为只要受了洗礼,自己就是基督徒了。相反,艾利操心的是群体以及习俗,即人们的实际行为。即便如此,在皈依基督教的冰岛,与基督教戒律相反的习俗继续存在。人们可以举行异教的献祭,只要是暗中操持,不至于公然干扰社会秩序就行。此类异教活动数年后

---

① Heinz Löwe, *Die karolingische Reichsgründung und der Südosten: Studien zum Werden des Deutschtums und seiner Auseinandersetzung mit Rom*, Forschungen zur Kirchen-und Geistesgeschichte 13 (Stuttgart, 1937), 116-124. Löwe edits the *Ordo de cathecizandis rudibus*, containing advice for missionaries and ascribed to Alcuin on pp. 171-177. See also Russell, *Germanization of Early Medieval Christianity*, 198; Richard E. Sullivan, *Christian Missionary Activity in the Early Middle Ages*, Variorum Reprints: Collected Studies Series 431 (Aldershot, U. K., 1994); Gunhild Kværness, *Blote kan ein gjere om det berre skjer i løynd: Kristenrettane i Gulatingslova og Grágás og forholdet mellom dei*, KULTs skriftserie 65 (Oslo, 1996).

② 关于这一点见本书第11章。

才绝迹,撰写萨迦的基督徒作者论及此事时有些尴尬,我们则不必在这一点上过于当真。该文本的要点是,冰岛仍然是一个统一的社会,因为所有的冰岛人都接受了洗礼、从而成为基督徒——虽然该事实并不一定说明他们真正接受了一套新的信仰。从艾利的眼睛看去——而且实际情况也很可能如此,冰岛人皈依基督教的本质并非信仰,而是社会和习俗的转变。我们没有理由认为,在这一点上任何其他斯堪的纳维亚地区的皈依情况不同于冰岛。

社会建构:异教形态还是基督教形态?

本章讨论之初提到过宗教的定义,这一定义也有助于强调宗教创建社会的力量。斯堪的纳维亚的头领们以前争相通过礼物交换来创建战斗的群体,利用宗教来达到这一目的与之并无多大差别。

任何宗教都有建构群体的功能,北方的头领们显然利用当地的异教来达到这一目的。丹麦国王蓝牙哈拉尔于960年代的某年皈依基督教,但是在此之前他赞同过一种有意识地效仿基督教、并有复兴之势的异教信仰,例如,他父亲、国王高姆去世后,他将其葬在一个坟墩里,放入传统的异教装备——其中有一匹马——作为陪葬品①。哈拉尔的做法是数百年前就已经过时的老传统。

我们可以根据在哈拉尔位于耶灵的居住地的考古发现来重构他早期的宗教政策。该政策看来与基辅大公弗拉基米尔②于988年皈

---

① Krogh, *Gåden om Kong Gorms grav*.
② 参见本书第188页注①。——译者注

依基督教前试图贯彻的政策很相像。《罗斯大编年史》告诉我们,弗拉基米尔试图以异教神灵为核心构建罗斯社会①。这两位统治者均谋求利用宗教的社会建构能力,他们发挥一种非基督教的宗教的功能,有意识地对抗近旁的基督徒统治者。但直至他们皈依基督教,此二人的对抗均非完全有效。这一点说明了我的观点:对中世纪早期的头领而言,若要达到自己的目标,基督教比异教更加有效。这里的原因在于,基督教有一个额外优势——它联合了欧洲势力最为强大的统治者,因此声望很高。在斯堪的纳维亚地区渴求权力的诸头领眼中,查理曼大帝、君士坦丁堡的皇帝以及不列颠诸岛的国王们相信的宗教就一定是个好宗教。无论到修道院劫掠财富的维京强盗,还是见到君士坦丁堡、罗马和伦敦等地的辉煌的大教堂的商人和雇佣兵,他们都完全有理由把基督教视为一种昌盛、声名卓著的宗教。同理,基督教圣餐包含的献祭仪式具有与异教的膳食献祭同样的功能,然而圣餐中包括当时稀有且昂贵的葡萄酒,因而吸引力更大。一个有能力提供基督教的头领值得自己拥护。

宗教的礼物

正如我们陈述冰岛的皈依故事时所言,人们受洗便能成为基督徒,头领们就是运用这种入教仪式将其追随者带入基督教。受洗仪式在维京时期出现了两个要素,洗礼需要一个施行者——通常由教士担任,此外教父母也要出席;由于这两个要素,洗礼对头领们格外

---

① Cross and Sherbowitz-Wetzor, *Russian Primary Chronicle*, 93.

有用。斯堪的纳维亚地区缺教士,能找到基督教教士的头领就尽力把受洗的人纳入自己的掌控之中。此外,教父、教母的体制在受洗者与其教父、教母之间建立起一种牢固而且密切的关系。正如教父母这一复合词的后半部分所示,这种关系或纽带几乎与血缘关系一样牢固有力,因此在巩固头领及其追随者之间的关系方面,教父母制起到了完美的作用。在这一点上,这一体制与联姻和歃血弟兄情——这种关系也构建起一种准家庭关系——相类似[①]。

现在我们把注意力转到两个挪威的头领身上——这二位的名字碰巧都叫奥拉夫,以探究这份基督教礼物的实际操作情况。

奥拉夫·哈拉尔松的宗教网络

挪威头领奥拉夫·哈拉尔松于1015年成为国王,从此他要求全挪威对其效忠。我们能够部分地再现他身处其中的那个基督教精神网络。奥拉夫通过自己的洗礼(他成年后才受洗)与北海周边的一些最有势力的统治者——统治英格兰和诺曼底的家族——建立了关系。他利用洗礼拉近部下与自己的关系。从保存下来的文献中我们得知,奥拉夫至少充当了两个扈从的教父;此外,还有一个扈从当了他的儿子马格努斯的教父。奥拉夫对这些洗礼的安排的直接目的就

---

① Ursula Perkow, "Wasserweihe, Taufe und Patenschaft bei den Nordgermanen" (PhD diss., Hamburg University, 1972); Angenendt, *Kaiserherrschaft und Königstaufe*; Joseph H. Lynch, *Godparents and Kinship in Early Medieval Europe* (Princeton, N. J., 1986); Joseph H. Lynch, *Christianizing Kinship: Ritual Sponsorship in Anglo-Saxon England* (Ithaca, N.Y., 1998).

是增强自己与部下之间的纽带。放到更大的背景之下，这些洗礼是挪威皈依基督教进程中的几个阶段，只不过奥拉夫更为关注的是他本人的直接政治目标。

1010年代早期，奥拉夫作为维京人袭击、劫掠波罗的海和北海周边地区，1012年他参加了向英格兰索取丹麦金的远征。维京队伍在拿到丹麦金后解散，其头领索基尔（Thorkil）带领45艘船只投奔英格兰国王埃塞尔雷德为其效力，而奥拉夫则继续沿法国和西班牙海岸抢掠。当丹麦国王八字胡王斯文于1013年进攻并征服英格兰之时，埃塞尔雷德及其妻子爱玛跑到诺曼底——爱玛的娘家避难。埃塞尔雷德动手组织雇佣军以夺回英格兰，奥拉夫加入了他的队伍。在1013年与1014年之间的冬天，奥拉夫由鲁昂大主教罗伯特主持仪式受洗①。该大主教是诺曼底公爵理查以及英格兰国王埃塞尔雷德的王后爱玛的兄弟。奥拉夫在埃塞尔雷德手下效力，通过受洗入教巩固了彼此的关系。与北海沿岸一些最有权有势之辈拉上关系也给奥拉夫带来了名望。

奥拉夫把自己的部分名望转给扈从。他后来当上了一个住在阿格德尔（Agder）的奥德内斯[Oddernes，位于挪威南部，靠近克里斯蒂安桑（Kristiansand）]、名叫埃伊维恩德（Eyvind）的男子的教父。关于此人，我们所知不多。但他肯定颇有资财，很可能本身就是个头领，有武士效忠于他；他建起一座教堂——当然属于财力充裕之辈。奥拉夫于1015年出发征服挪威之时，需要像埃伊维恩德及其扈从这样的人力支援，而埃伊维恩德的受洗入教之举则可能铸成了他与奥拉夫之间的联盟。当上了埃伊维恩德的教父后，奥拉夫便与之分享与

---

① 详见第9章。

国王埃塞尔雷德及理查公爵的关系。

我们从一块如尼文石碑上获知埃伊维恩德与奥拉夫的关系。教父亡故之后,埃伊维恩德把该碑竖立在自己建起的教堂之旁,碑上刻着"圣奥拉夫之教子埃伊维恩德在自己的领地上建起此教堂"的字样①。埃伊维恩德建起了教堂,自己的追随者便能进去参加仪式(包括洗礼),以此方式,他把基督教及随之而来的声望传递到他们身上。

奥拉夫·哈拉尔松的一个扈从就是诗人西格伐特·索达尔森,奥拉夫也充当了西格伐特的女儿托娃·西格伐特之女的教父。在前几章里我们看到西格伐特收到奥拉夫的数种礼物,其中有一把包金的剑,一个核桃以及黄金臂章。奥拉夫还利用洗礼拉近西格伐特与自己的关系,充当了他女儿的教父。西格伐特对此深感满意,1030年奥拉夫死后,他在诗中写道:"主啊,那个把我的女儿从异教中搭救出来、给她起了托娃这个名字的人(你的旨意是何等宝贵),请你看顾他;在洗礼上,哈拉尔的英勇、智慧的兄弟(即奥拉夫·哈拉尔松)抱着我的孩子,那个上午我成了最幸福的人"②。看起来,西格伐特也当上了奥拉夫的儿子马格努斯·奥拉夫松(他日后成为挪威的国王)的教父,这一安排增强了他与奥拉夫之间业已存在的纽带,而且使他

---

① N 210, ed. Olsen and Liestøl, *Norges innskrifter med de yngre runer*, 3.73 - 100; Spurkland, *I begynnelsen var fupark*, 124 - 128. 关于应该如何翻译被译为"holy"的这个词仍需研究。铭文中的"hala"(属格、单数)一词也可以理解为"油滑,不老实的",而非"halga"(圣);也见 James E. Knirk, "Arbeidet ved Runearkivet, Oslo," *Nytt om runer* 2 (1987): 9。

② Sighvatr, Lausavísa 11, ed. Finnur, *Skjaldedigtning*, B:1, 248. 奥拉夫是国王哈拉尔·西居尔松(Sigurdsson)的同母异父兄弟,因此"哈拉尔的兄弟"是绕着弯指奥拉夫。

在奥拉夫死后必须辅佐其子马格努斯①。

由于文献很少,我们对于奥拉夫·哈拉尔松所属的宗教网络的了解只是零星的碎片。我的看法是,该网络——如同他身处其中的礼物交易网络——肯定比我们所确知的要大得多。我们已知的情况表明,奥拉夫有意识地利用基督教仪式来巩固部下与自己的关系,这种做法给他带来了传教士国王的名声。他于1030年在尼达罗斯(Nidaros)②的恶战中惨烈丧生后,以传教士国王的身份被封圣,尊为圣奥拉夫。奥拉夫出于直接的政治需要,在埃伊维恩德和托娃·西格伐特之女的洗礼中充当了他们的教父,而在他死后多年才书写其经历的基督教作者对他直接的政治需求并不特别感兴趣。在他们眼中,奥拉夫的生平更契合救赎人类的圣史。因此,在诸种叙事文献中,他的形象主要是传教士而非政治家。而与他同时代的文献却大相径庭,把他描绘成一个武士型的头领,为了招募更多的追随者、攫取更大的权力而不惜动用包括宗教在内的任何手段。

---

① Sighvatr, *Bersöglisvisur* 18, ed. Finnur, *Skjaldedigtning*, B: 1, 238 – 239: meðal okkar alt's háligt ["the relationship between us two is truly sacred"(我们二人之间的关系确实神圣)],命名为 *Heimskringla* 的萨迦集对此的解释是,西格伐特是马格努斯的教父;不过这并非唯一可行的阐释。讲述11—12世纪的挪威国王的故事的萨迦 *Morkinskinna* 没有让我们想到这一阐释;比较这一行 Gade 的过于模糊的英译:"between us two all is well";Theodore M. Andersson and Kari Ellen Gade, *Morkinskinna: The Earliest Icelandic Chronicle of the Norwegian Kings (1030–1157)*, Islandica 51 (Ithaca, N.Y., 2000), 108。

② 尼达罗斯是特隆赫姆中世纪时的名字;奥拉夫的这一最后一战发生在该地以北约80公里的一个名为 Stiklestad 的农庄。——译者注

奥拉夫·特里格瓦松的宗教网络

奥拉夫·特里格瓦松的生平在诸多方面都与比他年轻的同名者相似。此奥拉夫也是在西欧从事军事冒险期间受洗入教,而且他也通过礼物交换和基督教仪式打造起追随自己的队伍。

奥拉夫·特里格瓦松伙同丹麦国王八字胡王斯文一世一起劫掠英格兰。英格兰国王埃塞尔雷德支付了16000镑丹麦金后,他们于994年与其言和。此时斯文已经是基督徒,但埃塞尔雷德却把异教徒奥拉夫招到了安多弗,由主教艾尔夫赫亚克对其施行洗礼,而埃塞尔雷德则"把他从主教手中接过来",即充当了奥拉夫的教父①。通过洗礼,奥拉夫·特里格瓦松开发出奥拉夫·哈拉尔松日后将要利用的同一宗教网络。前者于994年赢得两种用于募集追随者的资本——银币及基督教,把这两样东西分发给(可能网罗到的)追随者,他招募到足够的武士回归挪威,顺利地着手为自己创建一个王国,以前控制挪威的郡主哈康·西古尔德松被他击败。根据埃纳·赫尔加森(Einer Helgason)出色的颂歌 *Vellekla*②,哈康代表的正是那类慷慨

---

① *Anglo-Saxon Chronicle*, s. a. 994, ms E, ed. Irvine, 62; ed. Katherine O'Brien O'Keeffe, *MS C*, vol. 5, *The Anglo-Saxon Chronicle: A Collaborative Edition*, ed. David Dumville and Simon Keynes (Cambridge, 2000), 87; trans. Swanton, 128 – 129. Cf. Dorothy Whitelock, *The Anglo-Saxon Chronicle: A Revised Translation* (New Brunswick, N. J., 1962), 83. Whitelock claims that Olav was confirmed, not baptized. See also Angenendt, *Kaiserherrschaft und Königstaufe*, 272 – 273.

② 参见本书第154页注①。——译者注

的斯堪的纳维亚头领,他们通过交换礼物以及异教信仰来赢得拥戴。"这位慷慨的头领"征服了16个郡主的土地,统治着7个郡县——即奥斯陆峡湾以北的全部挪威领土①。我们从埃纳的诗歌中得知,诸神赞许地望着哈康的祭品,结果大地重新成为沃土。"慷慨的哈康让武士们再次涌入各个神庙,"②通过这样的诗行,埃纳清楚地说明了宗教与社会(以及头领的慷慨豪爽)之间的联系:武士群集神庙,感到自己有义务为慷慨的头领效劳。哈康企图以弗拉迪米尔大公和国王蓝牙哈拉尔在皈依基督教前采用的方式利用异教信仰,但他和他们一样未能成功。

995年,哈康郡主面对奥拉夫——一个采用同样手段笼络住手下武士的敌人,然而奥拉夫的手法更为高明。由于在英格兰搞到了丹麦金,他对武士发放的财富更多;而且,由于在国王埃塞尔雷德手里受了洗礼,他提供的宗教声望更高。奥拉夫在与郡主的竞争中胜出,接下来成了统治全挪威的国王,直至1000年——是年他与哈康郡主的儿子埃里克(Eirik)以及瑞典和丹麦的国王们打了那场赫赫有名的斯沃尔德之战③,战死沙场。

我们知道哈康郡主有个扈从投奔到奥拉夫的阵营,但这个事件究竟发生在奥拉夫取得决定性胜利之前、之时还是之后,我们并不清楚。该扈从就是本书开篇时出场的诗人霍尔弗莱德·奥塔森,他从奥拉夫·特里格瓦松那里拿到期待的礼物:一把剑,还有黄金④。霍

---

① Einarr, *Vellekla* 13, 17, and 37, ed. Finnur, *Skjaldedigtning*, B:1, 119–124.
② Einarr, *Vellekla* 15–16, ed. Finnur, *Skjaldedigtning*, B:1, 119.
③ 参见本书第231页注②。——译者注
④ Hallfredr, *Óláfsdrapa* 4, Lausavísa 4, 11, and 25, ed. Finnur, *Skjaldedigtning*, B:1, 149, 158, 159, and 162–163.

尔弗莱德受洗时,奥拉夫充任其教父①。换言之,霍尔弗莱德新近被奥拉夫纳入麾下,他从994年的英格兰冒险的战利品中拿到了自己的足份——财富加上基督教徒身份。

奥拉夫在挪威掌权之后就向异教礼仪开刀:根据当时的诗歌,他拆毁神庙,禁止献祭②,以此行动完成一个基督教国王的使命,同时也关照了自己的政治利益。我的看法是,在他眼中,后者更为重要。奥拉夫和哈康利用两种不同的宗教来构建自己的武士群体,奥拉夫急需消灭敌人的宗教并传播自己的宗教。如霍尔弗莱德本人所述,在此形势下,他加入奥拉夫国王的扈从队伍后就不可能保留自己异教徒的身份。这种转变完全基于政治现实,其中的宗教信仰因素则微乎其微。

---

① Sighvatr, *Erfidrápa Óláfs Tryggvasonar* 26, 28, ed. Finnur, *Skjaldedigtning*, B:1, 156. There is no reason to doubt the authenticity of the Erfidrápa; see Strömbäck, *Conversion of Iceland*.

② Hallfredr, *Óláfsdrápa* 4 and Lausavísa 6, ed. Finnur, *Skjaldedigtning*, B:1, 149 and 158; 也参见本书第9章。

第 11 章　承蒙上帝之恩的国王们

斯堪的纳维亚地区出现了一种新型的政权,它于 10 世纪晚期首先现身于丹麦,是一种欧洲类型的王国。此类王国的生存所依赖的不是凭借礼物交换增强关系的一小群武士,而是形成了体系、并有适当的意识形态(其中一部分由教会提供)撑腰的权力关系。丹麦王国在中世纪盛期的成长是一个缓慢的过程,它始于蓝牙哈拉尔首次在"他打下的"丹麦全境布防兵力,并因此得以把国土置于自己的掌控之下。他独自统治丹麦,我们便首次能够正确地谈及丹麦的国王,而不是丹麦地区的一个国王或丹麦人的一个国王。

基督教在这一进程中起了关键的作用,因为对国王们而言,第二类的皈依——即体制和政治层面的皈依——是建立他们独享权力的国家的途径;他们达到这一目的的诸种手段之一就是垄断和控制宗教。基督教适应了他们的这一目的,因为其仪式需要由获得专门授权的人操作,在专门的建筑物里进行;而之前的斯堪的纳维亚的本地宗教却没有这些要求。只有主教才有资格给牧师、助祭等授予圣职,或给教堂祝圣。在中世纪早期的斯堪的纳维亚地区,国王在皈依基督教后变成他们"国家"教会的实质上的首脑,而主教则是国王的忠实仆人。

基督教的运作方式与异教有很大的差异,这一点说明,我们为什么常常看到稳定的王国的创建与这些王国正式皈依基督教这两种事件同时发生。斯堪的纳维亚的各个王国的统一都与其皈依基督教密切相连，国王们通过正式接受并强行推广基督教达到了两个目的。首先，他们解除了竞争对手利用宗教来构建友情的和宗教关系的网络。对手们无法利用异教构建网络，因为公开的异教仪式已成非法；他们也无法利用基督教达此目的，因为国王们控制了主教，从而控制了利用基督教仪式的机会。其次，他们获取了基督教带来的一切利益，包括对其政权合法性的认可，教士的行政技能，以及教会在国际上的显赫关系。

斯堪的纳维亚皈依基督教的原因并非传教士的工作持之以恒，而是因为皈依在教士与国王之间造就了一种互利的共生共荣。国王们和其他人经由教士及传教士的劝说皈依基督教，这一传统的阐释模式可能是由科维的威德金特、不来梅的亚当以及奥德尔·斯诺尔拉森等中世纪的撰史者传播开来的，然而使斯堪的纳维亚地区皈依基督教的并非外来的传教士，而是本地的国王们。

根据我们的了解，举行异教仪式不需要专门指派的专家、权威，也不需要专门指定的地点。因此，任何首领都能够利用异教崇拜来创建自己的群体。但基督教是独占性的宗教信仰，因此不是什么人都能这样利用它。斯堪的纳维亚地区的国王们在皈依基督教之时急于取缔异教，而且在皈依的早期就热衷于控制自己境内的基督教会，其原因就在于此。

异教

对于斯堪的纳维亚地区的异教的礼仪，我们确有所知的少之又少，因此很难对前基督教时期的此类仪礼做出描述①。然而，所有的证据都说明，异教的礼仪分布面广，对举行礼仪的房屋没有特别的要求，也不需要特别指定的神职人员操办。宗教史学家们通常认为，异教礼仪几乎可以在任何地方举行，由任何人操办。有些仪式肯定在家里由一家之主执行，而比较重要的礼仪则似乎在户外由头领执行。此类献祭更为重要，其原因是它们由显要人物执行，而不是因为不同的仪式举行地点之间存在严格的等级关系（如基督教的规矩）②。对前基督教时期的斯堪的纳维亚的宗教状况的这一勾勒大致上得到文字资料、考古发掘和一些地名的证实。

关于异教的献祭仪礼，基督徒写的一些文献提供了许多情况；但是几乎无一例外的问题是，这些报道均基于道听途说或作者自己的想象。中世纪作者讲述斯堪的纳维亚的异教献祭情形时也受到《旧约》中关于献祭的故事的影响。13世纪及其后几个世纪的冰岛萨迦里，关于异教及其礼仪的很多故事写得珠玑璀璨，但这些故事有时出自被误读的吟唱诗歌；其作者距离实际的异教徒不啻千里之遥，因此我们没有理由把他们的叙述视为事实③。斯诺里·斯托尔罗森在

---

① 近期的一篇相关概述：Robert Bartlett, "From Paganism to Christianity in Medieval Europe," in *Christianisation and the Rise of Christian Monarchy*, ed. Berend.

② Olsen, *Hørg, hov og kirke*; Berta Stjernquist, "Offerplatsen och samhällsstrukturen," in *Uppåkra: Centrum och sammanhang*, ed. Birgitta Hårdh, Acta archaeologica Lundensia, series in 80 34 (Lund, 2001); Anders Hultgård, "The Religion of the Vikings," in *The Viking World*, ed. Brink with Price, 215–216; RGA 23. 424–435, s. v. "Priester und Priesterinnen," by O. Sundqvist.

③ Olsen, *Hørg, hov og kirke*, 19–54; Klaus Düwel, *Das Opferfest von Lade: Quellenkritische Untersuchungen zur germanischen Religionsgeschichte*, Wiener Arbeiten zur germanischen Altertumskunde und Philologie 27 (Vienna, 1985).

《散文埃达》(*Prose Edda*)①中对北方信奉的神祇做了概述,这些神祇因此广为人知(为明智起见,我们大概不能轻率地相信史诺里所有的叙事)。可叹的是,他的概述的用途有限,因为不管多么熟悉异教神灵的名字和冒险经历,我们也无法因此了解宗教在斯堪的纳维亚运作的实际情况,特别是宗教怎样起到一种政治工具的作用。

除冰岛的萨迦外,提到异教礼仪的还有几个更早且同样不可靠的叙事文献。以日耳曼编年史家梅泽堡的蒂特马尔为例。他在论述1015年左右的"斯堪的纳维亚人和丹麦人"时说道:

> 不过我既然听到一些关于他们古老的献祭礼仪的事情,我不会不加笔墨而放过这些引人瞩目的情况。这个国家有个地方——王国的首都——名叫勒伊莱,位于一个叫西兰岛的地区。在每隔9年的1月,我们基督徒庆祝主显节后,这里的全体居民都会聚集起来,向他们的神灵献上99个人,以及同样数量的马,加上狗和鸡(而非鹰隼),深信(如我所述)这样做会充分满足那些栖息于冥界的生灵的需要,并且平息他们对自己所犯的罪孽的怨怒②。

蒂特马尔指出上述情况只是道听途说,而这一叙述很容易让我

---

① 又称 The Younger Edda, Snorri's Edda 或 Edda,13世纪早期以古斯堪的纳维亚语成文于冰岛,以无韵体散文讲述神话故事和英雄传奇;学者兼撰史人史洛里·斯图拉森被视为作者或编撰者;古斯堪的纳维亚的异教神话大多见于它和《诗体埃达》。——译者注

② Thietmar, *Chronicon* 1.17, ed. Holtzmann, 23-24; trans. Warner, 80. 这里最后一句中的"自己"指蒂特马尔论及的"斯堪的纳维亚人和丹麦人"。

们觉得,它——至少是里面的细节——反映的是祭司们的恐惧和想象力,而不是作者获得的真实可信的信息。既然蒂特马尔提笔于国王蓝牙哈拉尔取缔异教献祭之后 50 年左右,与据称这些献祭发生的时间距离过远,我们因此无法将此陈述当真。我们也应该看到,考古发掘在勒伊莱进行了多年,虽然发掘出武器和动物的骨殖——我们有理由将此理解为规模、意义比较小的异教仪式,但能证明举行过如此大规模献祭的任何蛛丝马迹都没能找到①。

蒂特马尔报道的是远早于他本人的时代的事情。与他相反,不来梅的亚当声称自己写的是位于瑞典的乌普萨拉的一座异教神庙。他于 1070 年代写作时,该神庙依然真实存在。他对神庙以及其中举行的献祭仪式有详细、具体的描绘:

> 当地的习惯是,每隔 9 年也在乌普萨拉举行一种通行瑞典各地的常规宗教节日。……献祭的特点如下:每一种活的雄性动物,他们都按惯例献上 9 个(头),以它们的血安抚此类神灵,而动物的躯体则悬挂到毗邻神庙的神圣的小树林里。树林由此在异教徒眼中变得极其神圣,据信,由于被献祭的动物死亡或腐烂,树林里的每一棵树都变得神圣。甚至连狗、马都跟人一起挂在树林里。一个 72 岁的基督徒告诉我,他看见这些动物的尸体杂乱地悬挂在那里。此外,此类献祭仪式上惯常使用的咒语种类繁多,而且很不得体,因此最好对此缄口不语②。

---

① Marijane Osborn, "Legends of Lejre, Home of Kings," in *Beowulf and Lejre*, ed. Niles, Christensen, and Osborn, 123 – 124.

② Adam, *Gesta* 4.27, ed. Schmeidler, 259 – 260; trans. Tschan, 208. See also Olsen, *Hørg, hov og kirke*, 116 – 166.

亚当引用的目睹者没有看到献祭的场面，但至少亲眼看见了悬挂的尸体。然而，依然让人生疑的情况是，亚当像蒂特马尔一样宣称该献祭每9年举行一次。要么这是遍布斯堪的纳维亚地区的一种传统，要么就是亚当读过蒂特马尔的著作，从他那里搬来了这一细节①。

更令人生疑的是，在理应是乌普萨拉神庙当年的所在地，考古学家却一直未能找到任何残迹。在老乌普萨拉（这是该地当今的地名）现在有一个教堂，考古学家在教堂附件发现了一个头领的大厅，但是没找到神庙②。还有一个蹊跷之处：在乌普萨拉周边地带的许许多多11世纪的如尼文石碑带有诸多的基督教特点，让人难以想象就在这些石碑中间有一个明确无误的异教神庙③。看来无法回避的结论是：亚当纯粹是基于想象，或借用早先的文献编造出乌普萨拉有个神庙的说法。他把神庙的位置定在乌普萨拉的原因是，瑞典的这个地区的基督教统治者们拒绝承认汉堡—不来梅大主教的权威。当时的瑞典国王埃蒙德（Emund）④新近从波兰而非不来梅弄来一个名叫奥斯蒙德的主教。与此类似，丹麦国王斯文从英格兰而非不来梅招募主教时，亚当也指责他几乎像个异教徒。由此可见，我们既不能相信蒂

---

① J. Asmussen, *De fontibus Adami Bremensis commentarius* (Kiel, 1834), and J. M. Lappenberg, "Von den Quellen, Handschriften und Bearbeitungen des Adam von Bremen," *Archiv der Gesellschaft für ältere deutsche Geschichtskunde* 6 (1838); 它们并未把蒂特马尔的叙述当做亚当的著作的一种可能的出处，Schmeidler 在为自己编辑的 *Gesta* 撰写的前言中持同样观点，lvii – lxiv。

② Anne-Sofie Gräslund, "New Perspectives on an Old Problem: Uppsala and the Christianization of Sweden," in *Christianizing Peoples and Converting Individuals*, ed. Gyuda Armstrong and Ian N. Wood, International Medieval Research (Turnhout, 2000).

③ Henrik Janson, *Templum nobilissimum: Adam av Bremen, Uppsalatemplet och konfliktlinjerna i Europa kring år 1075*, Avhandlingar från Historiska institutionen i Göteborg 21 (Göteborg, 1998), 22 – 23.

④ 指 Emund the Old,, 1050年（左右）至1060年在位。——译者注

特马尔,也不能相信亚当能对瑞典前基督教时期的礼仪做出诚实的描述①。

斯堪的纳维亚地区留存至今的唯一一份关于异教仪式的报道出自一个声称亲历现场的人,虽然这个见证者没有获准目睹献祭的实际场面②。吟唱诗人西格伐特·索达尔森写了一首名为"东行的旅行者之歌"的诗,诗中讲到他代表挪威国王奥拉夫·哈拉尔松赴瑞典的一次外交之旅。西格伐特描绘了走陆路穿越瑞典幽暗的蛮荒林地时的种种艰难。有一次,他和旅伴在寻找过夜的地方,来到一个农庄,看见门已关闭。西格伐特伸头往里探看,但里面的人叫他走开:

"你不能再走近一步,

你这个可怜虫,"那个女人说。

"我们是异教徒,

我害怕奥丁发怒、"

她把我推出门外,好像我是一头狼。

那蛮横的悍妇声称,

她正在向她家里的精灵,

行献祭的礼仪。③

---

① Janson, *Templum nobilissimum*. About Olav, see ch. 8.

② 有关斯堪的纳维亚地区在前基督教时期的宗教习俗,人们经常使用的原始资料就是 Ibn Fadlan 关于 Bulghar 周边的一个罗斯头领的丧葬仪礼的记述;然而,依然很难确定的一点是,这些礼仪究竟在何种程度上反映了斯堪的纳维亚的习俗。

③ Sighvatr, *Austrfararvísur* 4-5, ed. Finnur, *Skjaldedigtning*, B:1, 221; trans. R. I. Page, *Chronicles of the Vikings*: *Records*, *Memorials*, *and Myths* (Toronto, 1995), 50. Snorri Sturluson, *Heimskringla* 中有 Lee M. Hollander 的不很严谨的译文 (Austin, 1964), 336-337;对这节诗的论述很多,如 Finnur Jónsson, *Austrfararvísur* (Oslo, 1932), and Olsen, *Hørg, hov og kirke*, 86-91。

换言之，农庄上的人正在举行献祭的礼仪，不想让任何外人进来，于是，西格伐特及其旅伴只能去别处寻找过夜的地方。对我们而言，这个故事的要点是，这场向精灵（一种级别较低的异教神灵①，西格伐特提到这一点的原因可能是想诋毁那个不友善的妇人）的献祭说明，异教徒在住所举行宗教仪式（若非住所，西格伐特怎么会请求在那里过夜？），有一个妇人参加了仪式，或至少在那里看门。这一证据表明，异教的宗教礼仪不需要在专门的建筑物里举行。

关于前基督教时期的斯堪的纳维亚的异教的状况，考古成果让我们有更多的了解。近年来最令人激动的发现之一是，在弗勒苏（Frösö，位于瑞典北部的耶姆特兰[Jämtland]省的一个岛的中心地带）的一个中世纪教堂底下发现了动物祭品的残留物。在一棵被焚毁的树桩（桦树）四周有几只动物——至少包括五头熊——的遗骨，这个遗址就是大规模献祭的明确物证，祭礼的场所显然就在露天的一棵树下②。与西格伐特遇到的"非公开的"仪式不同，弗卢苏的献祭仪式大概涉及了整个社群。弗卢苏的考古发现表明，异教的宗教仪式按地区组织，如果当地的头领能够掌控此类仪式，它们便可以完全服务于他的需求。

在瑞典南部的斯堪尼亚省的乌普克拉，考古发现的异教神

---

① Catharina Raudvere, "Popular Religion in the Viking Age," in *The Viking World*, ed. Brink with Price, 237.

② Gräslund, "Arkeologin och kristnandet," 22–24; Elisabeth Iregren, "Under Frösö kyrka—ben från en vikingatida offerlund?" in *Arkeologi och religion: Rapport från arkeologidagarna 16–18 januari 1989*, ed. Lars Larsson and Bozena Wyszomirska, Institute of Archaeology Report Series 34 (Lund, 1989); Neil S. Price, *The Viking Way: Religion and War in Late Iron Age Scandinavia* (Uppsala, 2002), 61–62; Anne-Sofie Gräslund, "The Material Culture of Old Norse Religion," in *The Viking World*, ed. Brink with Price, 253.

庙——或称异教膜拜场所——证明此类建筑确实存在。这个神庙始建于公元200年左右,至少重建过七次,在9世纪被拆毁之前,其基本布局没有任何变动。在那里发现了一个极富美感的大口酒杯和一只玻璃碗——在当时均为昂贵、奇异的人工制品,这说明,该建筑是举行铺张的节庆、盛宴的场所,或至少是饮酒之所;另有110多个贴着金箔的小人,增强了这是一个异教宗教场所的印象。建筑物外又发现了许许多多被故意毁坏的武器,说明这里举行过武器的献祭,而动物和人的骨殖则说明还有其他的献祭①。这个场所再次证明,当初有过地方性的异教仪式,很可能由一个头领组织、张罗。

异教仪式是遍布各地的现象,地名作为证据更增强了这一印象。众多的北方地名中有异教神灵的名字,或者包含了指代一个举行仪式的地方的名词,而有些地名则二者均包含在内。弗卢苏——那个发现用做牺牲的熊的头骨的地方——就包含了这样的名字,它是由两个字组成的复合词,第一部分是司繁殖、丰产的神灵弗雷亚(Freya或Freyr)的名字,而后半部分是瑞典语中"岛屿"这一常用词。在瑞典至少有80个地方的名字以一个神的名字开头,再以古斯堪的纳维亚语的 *vé*——意为"圣地"——的派生词结尾②。奥登斯维(Odens-

---

① Lars Larsson and Birgitta Hårdh, "Kulthuset i Uppåkra," in *Odens öga—mellan människor och makter i det förkristna Norden*, ed. Anders Andrén and Peter Carelli, Stadshistoriska avdelningen, Dunkers kulturhus, Skrifter 6 (Helsingborg, 2006); Birgitta Hårdh and Lars Larsson, *Uppåkra—Lund före Lund*, Föreningen Gamla Lund: Årsbok (Lund, 2007), 39 - 58; Birgitta Hårdh, "Viking Age Uppåkra and Lund," in *The Viking World*, ed. Brink with Price.

② Olsen, *Hørg, hov og kirke*, 112 - 114; Thorsten Andersson, "Orts-und Personennamen als Aussagequelle für die altgermanische Religion," in *Germanische Religionsgeschichte: Quellen und Quellenprobleme*, ed. Heinrich Beck, Detlev Ellmers, and Kurt Schier, Ergänzungsbände zum Reallexikon der Germanischen Altertumskunde (Berlin, 1992).

vi)是一个地名,由主神奥丁(Oden)的名字和 *vé* 复合而成,人们推测向奥丁献祭的仪式即在此地举行。以 *vé* 结尾的地名在丹麦和挪威却比较少见,而包含 *hof* 的地名在挪威很常见,*hof* 的定义是"一个农庄,膜拜团体定期在此聚会,参加者不仅是农庄的居民"。挪威有 22 个地名由一个神的名字加上 *hof* 复合而成,有 85 个地方的名字索性就是 *Hov*,还有 41 个地名由 *hof* 与非神灵的名字的什么字组成①。西格伐特把拒绝收留他过夜的地方称作"*hof*",但是"*hof*"应该被理解为一个地名还是一个普通名词,我们无法确定。许多地名包含的成分被理解为异教崇拜的证据,"*hof*"和"*vé*"只是其中最有意思的例子。

对个体地名的阐释或有可争议之处,然而地名作为证据总体上给我们的一种强烈印象是,异教神灵崇拜在当时遍布各地。我们没有理由认为凡是有异教的地方都取了一个反映该异教的地名,因此可以断定,许许多多的地方确实举行过异教膜拜的礼仪。没有证据说明异教组织越出了本地的范围,也没有证据说明异教拥有类似基督教的专门指派的神职人员。文字资料、考古发现以及地名证据造成的一致印象是,异教礼仪是分散的,没有等级区分,而且大多数人都不难参与其中。因此,头领无法完全控制异教。但基督教不同,它有可能被人垄断。

取缔异教

根据以上对异教礼仪的描述,我们就不难理解那些针对异教

---

① Olsen, *Hørg, hov og kirke*, 92 – 93. "hof"一词的英语界定见该书第 280 页。

发起的攻势——此类攻势有时非常凶猛。基督教国王们把攻打旧宗教视为自己夺取政治霸权的战斗的组成部分,他们出于政治原因要把基督教确立为唯一的宗教①。一旦成功,他们实际上就控制了自己领地上的宗教,因为他们赞助、控制了教会。特别在斯堪的纳维亚这类新近皈依的地区,教会与国家之间的激烈争斗尚未发生。国王们把其他宗教铲除之后,与之相争的头领或有当国王之念的人就再也无法利用宗教来构建与之匹敌的人际关系网。国王们掌控了自己境内的宗教,由此便拥有了增强带有宗教色彩的人际关系,并且将这种关系制度化的手段,以期把这一掌控延伸至广大的人群。

国王们取缔基督教之外的一切宗教,这是皈依过程中的一个关键时刻②。中世纪基督教作者欣喜地记述此类事件,在他们眼中,基督教是唯一真正的宗教这一愿景已经实现。然而对国王而言,禁止其他宗教的原则也服务于政治目的,而且这一用途更为重要。

根据科维的威德金特的记载,蓝牙哈拉尔于960年代中叶在丹麦禁止异教礼仪:"国王已经皈依,因此判定,基督应该是受人崇拜的唯一神。他下令让国人摒弃偶像。"③挪威的奥拉夫·特里格瓦松于990年代如法炮制,当时的诗人称其为 hörgbrjotr 和végrimmer,意思是砸烂异教神坛、残暴对待(异教)庙堂的人④。后来的萨迦中的叙事以更为具体的细节拓展了对此类特征的描绘:

---

① Jón Viðar, *Det norrøne samfunnet*, 69-70; Lindkvist, "Ny tro i nya riken," 43.

② 中世纪斯堪的纳维亚的律法通常包含有此类禁令;见 Kværness, *Blote kan ein gjere*, 148-149.

③ Widukind, *Res gestae Saxonicae* 3.65, ed. Hirsch and Lohmann, 141.

④ Hallfredr, *Óláfsdrápa* 3-4, ed. Finnur, *Skjaldedigtning*, B:1, 149.

奥拉夫举起斧子,劈碎了异教神灵的塑像;对拒绝改宗的人,他则施以酷刑(见第8章)。与其说我们从这一故事了解到历史,毋宁说是见识了叙事作者的想象力。

关于立法取缔异教的最精细的描述出自冰岛。艾利·索吉尔松于12世纪早期撰写了发生于999年或1000年的皈依故事,他叙事的高潮是法律宣示官在议会①宣布的判决,艾利将此概述如下:"然后法律宣布,所有的人都应当是基督徒,本国内尚未受洗者应当受洗;但是关于把婴儿丢弃于户外任其冻死以及吃马肉的问题,以前的旧法律仍应有效。有意行献祭仪式者有权暗中操办;但倘若有人作证,行献祭仪式者则将以次等违法罪受罚。数年后,这些异教性质的条款被废除,但相关基督教的规定仍然保留。"②

皈依的重点扎扎实实地落在社会群体上:每个人都应该受洗,这样他们便都成为基督徒了;然而,只要是暗中操办,异教的献祭可以存在。其他两种习俗——弃婴和吃马肉——则显然被视为生活中不可或缺的部分③。

冰岛禁止公开操办献祭,但同时容忍私下的仪式,这是我们理

---

① 冰岛语中"议会"(即众头领商讨大事的集会)一词是"Althing";于930年首次在今天的首都雷克雅未克以东约45公里的地方召开,是欧洲最早的议会。——译者注

② Ari, *Íslendingabók* 7, ed. Jakob, 17; trans. Grønlie, 9. See also Jenny Jochens, "Late and Peaceful: Iceland's Conversion through Arbitration in 1000," *Speculum* 74 (1999).

③ 关于马肉的问题,比较称之为 Grágás 的冰岛法典中的禁令,见 Andrew Dennis, Peter Godfrey Foote, and Richard Perkins, trans., *Laws of Early Iceland: The Codex Regius of Grágás with Material from Other Manuscripts*, University of Manitoba Icelandic Studies 3 (Winnipeg, Man., 1980), 49, and see KLNM 7. 280 – 281, s. v. "Hästkött," by Brita Egardt; Kværness, *Blote kan ein gjere*, 79 – 81, and Landro, "Kristenrett og kyrkjerett," 131 – 146。

解当时的皈依形势的关键。很明显,这一点首先是政治,而非宗教问题。倘若该禁令仅仅出于宗教考虑,那么私下操办的仪式也会被禁,因为它们与公开的献祭一样违背了基督教上帝的律法。公开举行的异教礼仪是一种高度政治化的行为,它在某个时刻将社群集中于某地,提高了其执行者或主办者的地位。主持者们利用礼仪达到聚拢一批追随者的政治目的,禁止公开的献祭活动就是要阻止他们达到这种目的。

基督教有众多按规定被授予圣职的教士,因此掌控基督教的仪式要容易得多。尽管现有的文献零散、不完整,但它们均表明,在皈依后的斯堪的纳维亚地区,教士寥寥无几[①]。国王们及其他统治者规定只有基督教可以公开举行礼仪,而基督教教士又都在他们的掌控之中,他们因此得以控制公开的礼仪。在冰岛,独揽社群的宗教大权的是各位头领,造成新生力量很难挤入头领的行列[②]。在斯堪的纳维亚大陆地带,国王们采取类似措施,以此堵塞了自己的对手赖以赢得支持的重要途径。

国王及其教会

这里勾勒的图景使我们有可能对早已了解的文献做出新的解

[①] 在诸如 *The Christianization of Iceland*, 37 等处,Vésteinsson 的观点颇具说服力:在皈依后的第一个百年,冰岛少有神职人员,丹麦的情形类似,见 Michael H. Gelting, "The Kingdom of Denmark," in *Christianization and the Rise of Christian Monarchy*, ed. Berend, 96。

[②] Nora Berend, "Introduction," in *Christianization and the Rise of Christian Monarchy*, ed. Berend, 36.

读。以位于耶灵的蓝牙哈拉尔的巨大的如尼文石碑为例：石碑的内容显然与权力有关，特别是哈拉尔的权力。除了虔诚纪念其父母的套话外，哈拉尔宣布自己征服了丹麦和挪威，并且使丹麦皈依了基督教。哈拉尔刻此铭文的主要目的是宣告、并由此巩固自己的政治成就，为父母立碑只是此类宣告采取的传统形式："哈拉尔王立此碑纪念其父高姆及其母蒂莱；此哈拉尔为自己赢得整个丹麦和挪威，并使丹麦人成为基督徒。"[①]哈拉尔声称是他本人使丹麦人变成基督徒，他由此表明自己起到了丹麦教会事实上的首领的作用。这段文字上方的基督受难的动人雕刻更增强了铭文的效果。哈拉尔此时掌管丹麦，同时掌管了那里的宗教（根据威德金特的记述，异教礼仪已经被取缔）。铭刻的信息给人留下清楚、明白的印象，镌刻铭文本身就是一种宣示权力的行动。

我们应该从同样的视角审视 11 世纪竖立于瑞典北方的耶姆特兰省的一块如尼文石碑（见图 22）。上面镌刻的内容包括一个简朴的十字架，文字部分则声称一个名叫乌斯特曼（Östman）的人使该省皈依了基督教："古德法斯特（Gudfast）的儿子乌斯特曼竖立此碑，并建起这座桥，他使整个耶姆特兰地区皈依基督教。"[②]他使整个地区皈依这句话的意思应该理解为他自称是该地教会的首领，

---

① Winroth, "Christianity Comes to Denmark."
② Henrik Williams, "Runjämtskan på Frösöstenen och Östmans bro," in *Jämtlands kristnande*, Projektet Sveriges kristnande: Publikationer 4 (Uppsala, 1996); Henrik Williams, "Vad säger runstenarna om Sveriges kristnande?" in *Kristnandet i Sverige: Gamla källor och nya perspektiv*, Projektet Sveriges kristnande: Publikationer 5 (Uppsala, 1996); Sawyer, *The Viking-Age Rune-Stones*, 133; "Samnordisk runtextdatabas."

因此拥有掌控该地的权力。耶姆特兰只是个小区域，因此我们或许应该把乌斯特曼当作一个头领而非国王（虽然无人知晓他是把自己当作头领还是国王）[1]。他是典型的地方上的强人，那种一心想制服他人、当上国王的人。

乌斯特曼所立的石碑至今仍在离弗勒苏的教堂仅几公里的地方，考古学家们在教堂底下发现了本章前面提到的异教献祭场所。这两种场所彼此紧挨，我们因此不由得推断，乌斯特曼关闭异教献祭场所，并在原址以基督教礼仪取而代之，结果那里就建起了一座教堂。

乌斯特曼究竟是谁？他是在什么样的形势下使耶姆特兰地区皈依基督教？对此我们并没有确切的了解。但是，我们可以想象他是一个头领，曾在弗勒苏的桦树上宰杀了几头熊举行祭礼。

担负此类职责的头领很容易被拥有军事资源的其他头领取代，但皈依基督教则造成只有一个拥有圣职的教士可以施行礼仪的局面。乌斯特曼能够把教士置于自己的掌控之下，或许他本人就被授予了圣职（正如冰岛有多个头领获授圣职）[2]，这就增加了别的头领夺权的难度，除非那个竞争者回归异教。我们可以想见，乌斯特曼会设法让所有的人都明白基督教比异教优越，就像他在如尼文石碑上所下的功夫，向大家表明是他把基督教引进耶姆特兰。我们也可以想见，丹麦国王哈拉尔在决定"把丹麦人变成基督徒"、并在石碑上刻此铭文时，他的思路与乌斯特曼何其相似。

---

[1] Sawyer, *Kings and Vikings*, 147.

[2] Vésteinsson, *The Christianization of Iceland*, 26–37 and 182–194.

图 22. 乌斯特曼·古德法松于 11 世纪竖立一块如尼文石碑，夸耀说他使瑞典的耶姆特兰地区皈依了基督教。距离石碑安放地不远，就是异教徒行献祭仪式的场所：一株桦树，以几头熊为祭品的献祭围绕该树（以及在树上？）施行。大致就在乌斯特曼竖立石碑的时间，桦树被毁。图片摄影本特·A.伦德伯格，由斯德哥尔摩市的瑞典国家遗产委员会提供。

国王要把教会为己所用有一个障碍:教皇已经正式把斯堪的纳维亚的教会交给汉堡—不来梅大主教——因此就是日耳曼国家教会——监管,其结果是,日耳曼皇帝(他手里紧紧抓着日耳曼教会的领导权)可以宣称自己有权监管斯堪的纳维亚地区的基督教信仰。这一点让斯堪的纳维亚的国王们恼怒不已。他们寻找各种办法绕过大主教的合法权威,大主教手下的撰史者——不来梅的亚当用明确的语言向我们说明了这一点。蓝牙哈拉尔的儿子八字胡王斯文把不来梅派到他领土上的大多数主教都赶跑了,代之以从英格兰找来的主教。作为回应,亚当把斯文称作异教徒。挪威的国王和头领们通常也从英格兰而非不来梅引进主教。瑞典国王大坏蛋(即拉丁文中的 pessimus)埃蒙德引进一个在自己的盟国波兰被授予圣职的主教,从而绕过了不来梅的控制①。汉堡—不来梅的大主教们进行了不折不扣的反击:克努特国王手下的一个主教格尔班德(Gerband)在从英格兰去丹麦的路上被昂瓦恩(Unwan)大主教(1013—1029 年在任)捕获,他被迫屈从并起誓效忠昂瓦恩,后者并致信克努特国王加以责骂②。事件的最终结果是,从 1103 到 1164 年,每个斯堪的纳维亚的国家自成教省,都有直接听命于教宗的自己的大主教。这一阶段,斯堪的纳维亚的国王们在大多数时间里都抵制住了不来梅的教会,肯定达到了利用地方教会为自己的政治目的服务的程度。斯堪的纳维亚的教士们个体上都过于依附于国王,因而——至少在 12 世纪之前——无力唱反调。而国王们则各自控制本国的教会,把它当成自己追逐权力的工具。

① 见本书第 8 章。
② Adam, *Gesta*, 2.55, ed. Schmeidler, 116; trans. Tschan 93.

冰岛皈依基督教时并没有变成一个王国，因此看似是个反例。确切地说，皈依的决定是于 999 年或 1000 年在议会上做出的。现代文献中对该议会的描述往往与艾利·索吉尔松在 12 世纪初期想象的情况类同：有些冰岛人成了基督徒，有些还是异教徒，因此整个社群有分崩离析的危险。调停者在议会聚集，促成了一种妥协，使安宁的社群得以继续生存——这与冰岛人解决世仇、争斗时喜欢采用的方式相同[1]。

这种阐释颇有可取之处，但是它忽略了挪威的奥拉夫·特里格瓦松想要说服冰岛皈依基督教时施加的压力。该国王派来几个传教士充当自己的代理人，倘若冰岛人在这些教士手上——也就是通过他们在奥拉夫国王手上——接受了基督教，他们就会受他控制。因此，议会决定采用一种让冰岛人得以绕过国王奥拉夫及其传教士的途径，结果，来自奥拉夫的威胁至少部分被消除，冰岛人建立起自己的教会，他们接受基督教的方式使他们不必受制于该国王。

艾利列出了冰岛皈依后若干年间的 12 个主教的名单，以此突出冰岛的独立性[2]。艾利的描述表明，这些主教中有多位游走于冰岛各地，并不一定与哪个具体的统治者有什么密切的关系。与文献给我们留下的印象相比，此类主教在斯堪的纳维亚皈依基督教的阶段很可能更为多见。有趣的是，艾利把其中三个主教——彼

---

[1] Byock, *Feud in the Icelandic Saga*.

[2] Ari, *Íslendingabók* 8, ed. Jakob, 18 – 19; trans. Grønlie, 10. About these bishops see also Grønlie's commentary, pp. 26 – 27; Vésteinsson, *The Christianization of Iceland*, 20 – 21; and Byock, *Viking Age Iceland*, 303.

得、亚伯拉罕和司提凡——描绘为亚美尼亚的主教[①]。人们很容易把他们想象为沿着东欧的商贸路线进入斯堪的纳维亚地区的冒险家或战俘。关于游走于冰岛各地而且勤奋传教的伯恩哈特(Bernhard)主教的情况,我们知道的比其他主教的要多:他是英格兰人,是挪威国王奥拉夫·哈拉尔松手下的一名扈从,此后来到冰岛,最后变成斯堪尼亚的主教,为统治丹麦和英格兰的克努特大王效劳[②]。罗德尔弗赫(Hrodolfr)也位列奥拉夫国王手下的英格兰主教,不过他很可能不是被国王,而是被汉堡—不来梅的大主教利班提乌斯(Libentius)[③]派到冰岛的。他后来回到英格兰,在阿宾登(Abingdon)当上了修道院的住持。借助于流动主教,冰岛人得以继续独立于挪威国王。此类主教施行只有主教才有资格主持的祝圣仪式,他们给岛上长期处于头领个人控制之下的私有教堂祝圣,也把多名头领任命为教士[④]。

等到冰岛有了常驻主教之时,当地的权贵伊斯莱夫·吉泽尔松(Isleif Gizursson)——他是冰岛1000年皈依之际的一个重要人

[①] 也有人提出,应该这样理解形容词 *ermskr*(即"Armenian"):它说明这几位主教并非来自亚美尼亚,而是来自波罗的海东南沿海的一个叫 Ermland 的地区,见 Grønlie, trans., *Íslendingabók*, 27, with references;但是,这个坚信异教的地区在11世纪并无主教,ermskr 的意思肯定是"亚美尼亚";也见 Cleasby, Vigfússon, and Craigie, *An Icelandic-English Dictionary*, 133;不懂拉丁文的主教很可能活跃于冰岛,这是最早的冰岛法典 Grágás 能够施行的基本条件,见 Dennis, Foote, and Perkins, *Laws of Early Iceland*, 38. See also Margaret Cormack, "Irish and Armenian Ecclesiastics in Medieval Iceland," in *West over Sea: Studies in Scandinavian Seaborne Expansion and Settlement: A Festschrift in Honour of Dr. Barbara E. Crawford*, ed. Beverley Ballin Smith, Simon Taylor, and Gareth Williams (Leiden, 2007)。

[②] Kluger et al., *Series episcoporum 6.2*, 13-14.

[③] 自988年至1013年去世,任大主教。——译者注

[④] Vésteinsson, *The Christianization of Iceland*.

物的儿子——于1056年去往不来梅接受祝圣,情况类同于他此前去日耳曼的黑尔福德(Herford)受教育①。该省的都主教按照教会法给这位新主教祝圣,冰岛就这样在汉堡—不来梅大主教手下有了自己的教会,暂时仍然独立于挪威。

斯堪的纳维亚地区皈依阶段流传下来的原始资料颇具说服力,表明国王们自皈依之始就是他们的"国家"教会的实际首脑,而11和12世纪出现的更为丰富的原始资料增强了这一印象。斯堪的纳维亚全境的主教均由国王指派,主教们往往向其国王宣誓效忠②。阿沃考(Avoco)主教死于1043年到1059年之间的某个日子,亚当记述了他死后在"斯堪尼亚教区"发生的事情③,说明国王对教会的掌控:"然而近期以来,阿沃考去世后,国王斯文把斯堪尼亚教区划分为两个主教管辖区,把其中一个(位于隆德)交给亨利④,另一个(位于达尔比[Dalby])交给埃金诺(Egino)⑤。事实上,(汉堡—不来梅)大主教为后者晋牧;此前亨利是奥克尼郡(Orkneys)的主教,

---

① About Isleif, see Ari, *Íslendingabók* 9, ed. Jakob, 20 – 21; trans. Grønlie, 10 – 11, and commentary, 27 – 28; Adam, *Gesta* 3. 77 and 4. 36, ed. Schmeidler, 224 and 273; trans. Tschan, 183 and 218. See also Vésteinsson, *The Christianization of Iceland*, 19 – 24; Byock, *Viking Age Iceland*, 306.

② Eljas Orrman, "Church and Society," in *The Cambridge History of Scandinavia*, ed. Helle, 443 – 448; Carl Göran Andræ, *Kyrka och frälse i Sverige under äldre medeltid* (Stockholm, 1960); Carsten Breengaard, *Muren om Israels hus*: *Regnum og sacerdotium i Danmark 1050 – 1170*, Kirkehistoriske studier (Copenhagen, 1982); Knut Helle, "The Organisation of the Twelfth-Century Norwegian Church," in *St. Magnus Cathedral and Orkney's Twelfth-Century Renaissance*, ed. B. Crawford (Aberdeen, 1988).

③ Kluger et al., *Series episcoporum* 6. 2, 80

④ 即隆德的亨利,11世纪的主教、传教士,卒于1060年代中期。——译者注

⑤ 1060—1066年任斯堪尼亚的达尔比的主教,卒于1072年。——译者注

而且据称为克努特王掌管他在英格兰的财富。……甚至有人说,他放纵自己狂饮,损伤身体,最后窒息,肚腹崩裂。"[1]

这里的核心问题是,亚当承认是国王把主教区一分为二,而且是由他决定谁任主教。根据教会法,只有教宗才可以分割主教区,也只有教宗才能把主教从一个教区调到另一个教区[2]。然而,在这个事例中,教宗对这里的事态进展鞭长莫及。汉堡—不来梅大主教应该负责自己手下所有主教的晋牧事项,但他无能为力。埃金诺显然是他选中的人,但在亨利的任命问题上,国王的势力太大,他无法对抗。亚当对亨利进行了报复,把他贬损为酗酒直至肚腹崩裂,很像犹大的行径(见《传道书》1∶18)。亚当所述清楚地说明,亨利是国王的人,此前一直忠心耿耿地为他所用。

不过,到了12世纪,斯堪的纳维亚的主教们终于开始反对国王对教会的掌控了,这一立场是受到教宗的改革运动激励的结果。由于主教们力求在斯堪的纳维亚地区严格执行教会法,国王们和各教会之间在12世纪的下半叶发生了一系列的冲突。这种形势危及国王作为教会首脑的地位,他们因此进行对抗。结果,斯堪的纳维亚的三个大主教在12世纪下半叶的某个时段全都被迫流亡[3]。然

---

[1] Adam, *Gesta* 4.8, ed. Schmeidler, 235-236; trans. Tschan, 191-192.

[2] Paul Hinschius, *System des katholischen Kirchenrechts mit besonderen Rücksicht auf Deutschland* (Berlin, 1869-1897), 2.400.

[3] Lund 的 Eskil 于1161—1167年在法国(但在此期间他也造访了圣地巴勒斯坦和意大利),见 Lauritz Weibull, "Skånes kyrka från älsta tid till Jacob Erlandsens död 1274," in *Lunds domkyrkas historia*, ed. Ernst Newman (1946), 237-241, repr. in Weibull, *Nordisk historia*, 2.507-509. Øystein of Nidaros was in England from c. 1180 to 1183; see Erik Gunnes, *Erkebiskop Øystein: Statsmann og kirkebygger* (Oslo, 1996). Stephanus of Uppsala was in Italy and Denmark in 1169 and 1170; see Svenskt biografiskt lexikon 33.373-374.

而，在此之前，斯堪的纳维亚的国王们在各自的教会都是无可争议的首脑，这一地位帮助他们在面临对抗时保住了王位。

名副其实的国王登上舞台

在斯堪的纳维亚的三个王国中，我们对丹麦王国的生成过程了解最多。9世纪头10年的编年史撰写者提到一个名为古德弗雷德的丹麦国王，他的势力大到让法兰克人注意到他，并谋求与他签订和约。在他的统治期间，丹麦不存在稳定的国家，以下的史实清楚地说明了这一点：古德弗雷德于810年被杀（据《法兰克皇家编年史》称，凶手是他的一个扈从）之后，数人——其中包括他的两个儿子——为夺权而战，其中两人在814年被杀[1]。至于谁在此后的一百多年里操控丹麦的权力，我们的信息支离破碎、模糊不清，不可能列出一个连续的国王的名单，虽然其中有几个强有力的统治者颇引人注目[2]。对这一形势的最合理的解释是，在丹麦，头领们的夺权之争不断，权势经常易手，很像古德弗雷德死后的十几年间的情况。有的统治者间或得以掌控或大或小的地盘，但他们需要时刻捍卫这点权力。其实，许多头领要的就是自己有一份领地和权力。了解了这一背景就不难明白一些头领为什么不留在斯堪的纳维亚老家与强大的竞争者打斗，而是带领手下扬帆驶向欧洲，去找一片土地定居、执掌大权，或攫取财富以扩充队伍，以便驶回老

---

[1] *Annales regni Francorum*, s. a. 814, ed. Kurze, 141; trans. Scholz and Rogers, 99.

[2] Gelting, "Kingdom of Denmark," 76.

家去夺权。

丹麦国家形成过程中的转折点出现于10世纪中期之后。国王高姆死于958年,其子蓝牙哈拉尔把他埋葬在一个巨大的坟墩里,并将近旁的一块大石作为父母的纪念碑,刻下如尼文碑文。哈拉尔的碑文告诉我们,他"赢得了整个丹麦"。对"丹麦"在这里的确切所指或可争议,但多数人一致认为,哈拉尔声称统一了中世纪的丹麦范围内的土地:日德兰半岛,斯堪尼亚,再加上两地之间的诸岛。由于10世纪中期建立的主教区都位于日德兰半岛,史学家们进而推断,哈拉尔的权力的根基就在该地,而且他只是在其统治的末期才得以将权势进一步东扩①。碑文所述表明,哈拉尔的父亲高姆统治的地域没有这么大。假如我们把哈拉尔的话当作事实,那么丹麦就是在高姆死后的几十年间缔造出来的国家。这个王国局势稳定,得以向下传到哈拉尔的儿子和孙子的手中,而到了重孙辈,则爆发了权力争夺之战。

哈拉尔的王国中央集权,他能够掌控王国的各个地区。980年左右,他建起了一系列圆形城堡,即被称作trelleborgs②的建筑。其中五座已经找到,两座在日德兰半岛,菲英岛和西兰岛上各有一座,还有一座在斯堪尼亚。最大的一座在北日德兰的阿格斯堡(Aggersborg),直径达240米。这些堡垒非常精确地按照统一的设计图修建,只是因建造地点不同有些差异。外墙是精确的圆形,中间的区域划分为4个"街区",两条木头铺设的街道直角相交。街区里有功能不同的建筑:居所,作坊,储藏室,马厩等。武士和妇女

---

① Sawyer, *Da Danmark blev Danmark*; Gelting, "Kingdom of Denmark," 82.
② 据本书作者,"trelleborgs"一词的词源和确切意思或所指并无定论。——译者注

均在这里生活和劳作,但是这些城堡建成后不久便被弃之不用。

哈拉尔统治期间建造的五座堡垒分布于丹麦各地,这一点有力地说明,他有能力支配国内各地臣民替他工作。日耳曼皇帝奥托二世于974年征服了包括海泽比在内的日德兰半岛南部,哈拉尔建的这些堡垒可能就是用来应付此类外来威胁的防御工事。然而,更重要的一点是,它们标志着哈拉尔对丹麦人的掌控能力。堡垒雄辩地显示了哈拉尔的统治实力,堡垒里有他派驻的武士,肯定使企图反对国王的人踌躇再三。堡垒巩固了哈拉尔的统治,便于他控制丹麦的资源,包括民众必须给他缴纳的种种税费①。

在哈拉尔统治期间的980年左右建起了两座木桥,这显然也表明他想要控制境内的暴力活动。其中一座位于拉弗尼恩·昂格(Ravning Enge),横跨瓦埃勒河(Vejle)周边的大片沼泽地②。有了这两座桥,哈拉尔得以在日德兰半岛更迅速地向南或向北调集军队,从而可在外来入侵之时更有效地保卫半岛,而且能更有效地控制内部暴力以及该地区的资源。

哈拉尔的基建项目说明他竭力要掌控其领土及治下的民众,是一个新型的统治者。他在丹麦遍布要塞,谋求把暴力完全掌控在自己手中,这跟他在960年代取缔异教崇拜以达到掌控宗教的情况如出一辙。与其说哈拉尔是靠抢劫他人获得财富的维京头领,他看上去更像一个以向自己的臣民征收税费获取收入的欧洲

---

① Roesdahl, *The Vikings*, 136–139; Birkebæk, *Vikingetiden i Danmark*, 201–205. Cf. Sawyer, *Da Danmark blev Danmark*, 305–306; Gelting, "Kingdom of Denmark," 82;位于今天的斯堪尼亚省的Trelleborg市的堡垒与其他四座稍有不同。

② Sawyer, *Da Danmark blev Danmark*, 91–92; Birkebæk, *Vikingetiden i Danmark*, 207; Gelting, "Kingdom of Denmark," 82.

中世纪国王。换言之,哈拉尔是一个击败了所有其他头领的头领,他建立了中世纪的丹麦王国。

考古发掘成果让我们得以一窥被击败的头领的状况。直至10世纪的某个年代,在哈兰的斯留英格有个大殿,在此前的数百年间,头领请手下的武士来此宴饮、祭祀,直至斯留英格的居民点于1000年左右消失,后来该地空空荡荡,连一个简陋的农庄也没有。选择把大殿建在斯留英格并非因为它有农耕价值,而是因为它居高临下、俯视当地的交通路径的位置;也就是说,修建该大厅的头领在争夺权力。大殿消失后,原址变成周围农庄的放牧地[1]。大殿是头领的权力中心,也是他举行宗教仪式的地方。然而一个有本事说到做到的国王取缔了这些仪式,于是头领的势力便所剩无几了。

与上述情况相似,大殿以及头领们权力的其他平台于1000年左右在整个斯堪的纳维亚地区消失。勒伊莱的巨型大殿——整个北欧最大,而且可能就是《贝奥武甫》中的希奥罗特大殿的样本——于10世纪末被毁,事件大致发生在与蓝牙哈拉尔在十公里

---

[1] Lars Ersgård, "Two Magnate's Farms and Their Landscape—a Postscript," in *Slöinge och Borg: Stormansgårdar i öst och väst*, ed. Lars Lundkvist, Anders Andersson, and Richard Hedvall, Arkeologiska undersökningar (Stockholm, 1996); Johan Callmer and Erik Rosengren, "*Gick Grendel att söka det höga huset*": *Arkeologiska källor till aristokratiska miljöer i Skandinavien under yngre järnålder: Rapport från ett seminarium i Falkenberg 16 – 17 november 1995*, Slöinge projektet 1 (Halmstad, 1997); Johan Callmer, "Extinguished Solar Systems and Black Holes: Traces of Estates in the Scandinavian Late Iron Age," in *Uppåkra: Centrum och sammanhang*, ed. Birgitta Hårdh, Acta archaeologica Lundensia, series in 8o 34 (Lund, 2001); Lars Lundqvist, *Slöinge 1992 – 1996: Undersökningar av en boplats från yngre järnålder*, GOTARC, series C: Arkeologiska skrifter (Göteborg, 2003).

外的罗斯基勒(Roskilde)建起一座教堂的同一时期,他可能在那里还盖了一座皇家宅邸①。国王建起了隆德城,在北面离城约四公里处建了一座教堂和一个铸币厂,于是乌普克拉的居民点在此期间也丧失了重要性②。

斯留英格、乌普克拉以及其他地方的头领们的命运如何?当"大殿溅上了敌人的鲜血时",他们是否像芬恩(Finn)③一样,"被杀戮,国王与他的兵士一起被杀"④?有些头领的命运肯定如此,而其他的则选择顺应形势,归顺了征服者。中世纪有些贵族是没有当上国王的头领的后代,这一假设是否过于大胆?这种看法可以用在索凯尔(Thorkell)郡主身上:他在英格兰和丹麦均为克努特国王效力,而他本人的势力似乎是在斯堪尼亚。原始文献模糊不清,不过有人提出他属于斯堪尼亚的一个郡主家族,这些郡主可能就是居住在乌普克拉的头领。无论如何,他们都是有权有势的头领,在克努特的祖父蓝牙哈拉尔"赢得整个丹麦"之时还可能是他的主要对手。索凯尔肯定有自己的独立盘算,他与克努特的关系并非没有摩擦⑤。

变化的模式似乎很清楚:国王哈拉尔夺取了整个中世纪丹麦的领土,在国内没有给势力强大的头领或异教礼仪留下任何空间。

---

① Niles, Christensen, and Osborn, *Beowulf and Lejre*; Gelting, "Kingdom of Denmark," 83; Tom Christensen, "Lejre and Roskilde," in *The Viking World*, ed. Brink with Price.

② Hårdh, "Viking Age Uppåkra and Lund."

③ 传说中弗里西亚的国王的儿子,出现在《贝奥武甫》《远行客》等古英语诗歌以及《布立吞史》。——译者注

④ *Beowulf*, lines 1151–1152, ed. Fulk, Bjork, and Niles, 40–41; trans. Liuzza, 88.

⑤ Bolton, *The Empire of Cnut the Great*, 202–240.

老辈头领率领部下献祭、举行节庆,还有买卖珍奇货物的地方逐渐衰败,这些地方的许多功能转移到国王和基督教会所在的城镇,此类城镇成为斯堪的纳维亚地区的政治和经济版图中的新要素。海泽比、比尔卡、勒伊莱、乌普克拉和斯留英格消失了,出现的是皇家兴建的石勒益苏格、希格图纳(Sigtuna)①、罗斯基勒以及隆德这样的城镇②。

丹麦王国的建立并非一日之功,哈拉尔仅仅走出了中世纪君主政体的头几步。除建筑工程和建立城镇外,他以及紧接下来的继承者如何构建对王国的治理?对这样的问题,原始文献基本上没有提供任何信息。哈拉尔的孙子克努特同时是丹麦和成熟得多的英格兰的国王,这一点很可能意味着丹麦从英格兰的治理架构中学到了一些东西③。尽管如此,要了解丹麦的治理架构,我们还须依靠年代晚得多的资料。在1085年的原始资料里有个职务为皇家总管或最高军务官的人;12世纪初期的资料提到一个司库;到了12世纪中叶,教士们则肯定担任了皇家书记员,而出现这一任职情况的时间很可能远早于此时④。这些事实表明,一个专业的中央管理机构正在形成,换言之,丹麦正在发展为一个典型的欧洲中世纪王国。

国王们通过引进垄断的、具有等级结构的宗教改变了其治下

---

① 位于梅拉伦湖畔,建于10世纪后期,是瑞典最早的城镇。——译者注

② Axel Christophersen, "Ports and Trade in Norway during the Transition to Historical Time," in *Aspects of Maritime Scandinavia AD 200 – 1200*: *Proceedings of the Nordic Seminar on Maritime Aspects of Archaeology*, *Roskilde*, *13th – 15th March*, *1989*, ed. Ole Crumlin-Pedersen (Roskilde, 1991), 168.

③ Bolton, *The Empire of Cnut the Great*.

④ Gelting, "Kingdom of Denmark," 93.

的社会运作方式,他们借助于基督教教士垄断了等级体制的权力。由于识文断字、识数能算并懂得比较复杂和先进的国家运作,教士凸显其作为皇家行政人员和顾问的重要性。他们帮助国王们构建依据法律和书面文件运转的政府,这样的政府强制臣民为国防(也针对反国王的敌手)提供人力,同时增强了国王的法律和法庭的判决效力。教会还为王权提供意识形态上的支撑:教士们教导大家说,国王的统治得到了上帝的认可,上帝委派他来推广基督教。正如世上只有一个上帝、一个教会,一国之内也只能有一个国王。

第12章 欧洲史中的斯堪的纳维亚

治欧洲中世纪史的史学家们往往把中世纪早期和盛期的欧洲基督教文化扩张视为一种原始的殖民活动①。如果说征服者和殖民者并没有走入蛮族世界去征服和殖民,那么至少是传教士们在把基督教带给异教徒、并由此把他们拉入欧洲文明的范围的进程中起了关键作用。许多学者把传教士视为推动力量,而异教徒则是被动的接受者;这样的观点使他们受制于强调这一角色分工的两条故事线索:一条是中世纪撰史者和传教士的传记作者讲述的故事;另一条是基督教对传道使命的传统理解,此类认识在19世纪的殖民活动中达到鼎盛②。斯堪的纳维亚地区皈依基督教的故事通常被讲述成一系列传教英雄的事迹,而作为历史学家,我们需要挣脱这一主导叙事的束缚,运用严苛的历史批判来清理中世纪的文献,清除掉一个个琐事、枝节。但这样做还不够,我们需要丢弃经年累月积聚起来的故事情节。

欧洲中部许多地方被基督徒征服或殖民,诸多边缘地带的拓展则是征服、殖民和传道活动的结果。然而,这种模式并不适用于

---

① 对这一观点的经典表达出自 Robert Bartlett 的 *The Making of Europe: Conquest, Colonization, and Cultural Change, 950–1350* (Princeton, 1993)。

② Stephen Neill, *A History of Christian Missions*, 2d ed., The Pelican History of the Church (Harmondsworth, 1986) 或许是这种解释的一个比较近期的代表。

北方的边远地区。斯堪的纳维亚是一个特例,那里的情况与欧洲其他几个地区相仿①。斯堪的纳维亚皈依的动力来自内部:强悍的斯堪的纳维亚人并非被迫接受欧洲文化,他们是看到了接受它的好处。他们皈依基督教的原因不是传教士登门,劝说他们接受了基督教的真理。传教士前来此地是因为当地的头领们看到自己需要他们以及他们带来的宗教。他们希望传教士来,而且因此请他们前来,瑞典国王比约恩(Björn)在820年代后期就是这样做的②;或者,国王们就在自己出国时把教士们带回来,这是奥拉夫·特里格瓦松在990年代以及奥拉夫·哈拉尔松在其后20年的引进方式。本书在考察斯堪的纳维亚地区的皈依情况时,坚持采用包括社会、政治和经济的大视野,理由是,我们不能仅从传教或宗教史的狭窄视角来理解人们皈依基督教的决定,而必须在斯堪的纳维亚人的政治、经济以及文化抱负和需要的语境中思考这一问题。采用了这样的宏大视角,我们便得以把宗教、特别是把宗教皈依视为斯堪的纳维亚的政治经济的构成要素,认识到宗教是那里的政治领袖们的工具箱里的工具。本书找到宗教文化与物质文化之间的相似之处,考察基督教的礼仪和习俗是如何在头领们与其追随者缔结至关重要的关系时,起到了类似珍奇、昂贵以及其他让人觊觎的商品的作用的。银子,刀剑,还有洗礼,它们都在流行于中世纪早期斯堪的纳维亚的礼物交换体制中充当了礼物,而礼物交换则是斯堪的纳维亚政治车轮的润滑剂。

有了这一背景,我们便没有理由相信以下说法:当埃博,安斯

---

① Berend, "Introduction," esp. 30–37.
② 根据里姆伯特的《安斯加传》,比约恩829年前后在位,正值安斯加第一次造访之时;他对传教士友好相待,但他本人并未皈依。——译者注

加,波帕,或哈康·阿达尔斯坦之养子①到来之时,斯堪的纳维亚整个地区还没有任何基督教习俗和观念。威德金特所述与我们的看法相同,即波帕见到的民众已经是基督徒,因此已经不太需要再引入基督教。当时的斯堪的纳维亚实际上已经有了基督教,或至少有了它的一些组成元素。

然而,传教士的确带来了某种此前当地不存在的东西,即基督教的皈依观念。根据这一观念,皈依是一个重大的转变,是在互不相容的选项中挑选一种。一个人除非接受基督教的全部习俗和信仰,否则接受单个、具体的习俗(如土葬、身上悬挂十字架、受洗礼)并无意义。皈依者需要变成一个新人,他必须"脱去从前行为上的旧人",并且"穿上新人"(《以弗所书》4:22—24)。除旧立新包括弃绝过去的神灵和旧的宗教习俗,皈依必须全面而彻底,而且最好在瞬间完成。中世纪的叙述者在描述斯堪的纳维亚皈依基督教的历史时采用的就是这一观点。

基督教关于皈依的概念也导致了组织化的教会的出现——拥有建筑物、教士、教区、礼仪、规章以及各种体制和机构。这种教会具有排他性,所有与之抗衡的宗教都必须彻底根除。皈依故事的讲述者可能认为,只有建立这样的教会才能有效地完成传道皈依民众的使命。不来梅的亚当因此以自己的方式把安斯加的传道活动书写为一种失败,这样的描述是有道理的。

由于传教士的目标是组织化的教会,他们便在斯堪的纳维亚地区找出有权势的人物,即有能力资助教堂、并帮助创建结构有序的体制的人物。安斯加从国王那里获准在海泽比及里伯建造教

---

① 参见本书第218页注①。——译者注

堂,国王很可能提供了建房用地①。奥拉夫·特里格瓦松手下的英格兰主教们说服他拿出他征服的土地为教会所用(虽然具体情况如何,我们不得而知)。就我们熟知的情况,斯堪的纳维亚大陆地带的主教座堂看来是由国王们建造的②。

在头领这一边,他们一心想接过基督教的某些方方面面用于构建以自己为中心的社群。传教士追求组织化的、排他的基督教教会形式,他们起先并无多少兴趣加入这样的教会。就诸国王和头领的目的而言,基督教是声誉卓著的送礼资本,拿到这一资本便达到了皈依的目的。他们利用这一资本与最重要的追随者建立私人关系,这一点说明诸如瑞典和丹麦的国王为什么欢迎安斯加,尽管他们并无意创建他期望的那种教会。

头领们争夺权力时,有些占了上风。结果,随着时间的流逝,在第一个千年里重要的角逐者越来越少,到了第二个千年初期,只剩下三个,即丹麦、挪威和瑞典的国王。此三人均为基督徒,这并非偶然。国王们需要基督教及其教会,原因是,他们的势力已经太大——治下的臣民过多,因而无法与追随者和臣民构建直接的关系。此时,斯堪的纳维亚的国王们便将手中的权力制度化,他们利用教会帮助自己构建起王国的格局,并将其合法化。维持王国凝聚力的就不仅仅是礼物交换的关系:教会提供了一个关于王权的思想体系,强调的问题之一就是,正如世界只有一个上帝、一个教会,国家也只能有一个国王。

---

① Rimbert, *Vita Anskari* 24 and 32, ed. Waitz, 52 and 64; trans. Robinson, 83 - 84 and 103.

② Stefan Brink, "Tidig kyrklig organisation i Norden—aktörerna i sockenbildningen," in *Kristnandet i Sverige*, ed. Nilsson.

国王们正是在这一时刻开始铲除除自己的基督教派以外的其他宗教,如蓝牙哈拉尔自960年代中期起采取的行动,以及挪威的两位奥拉夫在第二个千年的起始年间的措施。后来的叙事者们审视斯堪的纳维亚基督教化的漫长历程时,这也是他们的事后之见中的关键时刻。

在斯堪的纳维亚皈依基督教过程的尾声,三个基督徒国王统治着该地区的三个基督教王国。斯堪的纳维亚变成了欧洲文明的一部分——欧洲诸多王国中的三个。在欧洲的大格局中,北方的王国从来不是特别大,也总停留在其边缘。但教皇在1103年到1164年让这三个王国都有了各自的大主教,它们便由此获得了教廷承认的某种正规基督教国家的资格。

拉丁基督教世界往往直接被视为"欧洲",斯堪的纳维亚现在变成了欧洲文化和文明的一部分。在中世纪盛期,欧洲各地的人口、生产力以及财富增长相对较快,幅度很大,斯堪的纳维亚作为欧洲的一部分也经历了这一普遍的繁荣。这一时期的繁荣为欧洲在现代世界的优势地位打下了基础,这一情况背后的原因极其复杂,有关的论述很多。欧洲发展的根源在于,它在中世纪早期本质上是一个农业社会,领主(世俗的,还有教会的)和国王对收入的需求推动了本地以及长途商贸的市场,促进了农业进步,并引起了社会重组。欧洲是否在公元1000年前后的年代里经历了根本性的社会变迁("封建革命"),一种在时间上与斯堪的纳维亚的国王们皈依基督教完全契合的变迁?该变迁的进程是否相当缓慢、持续时间更长?过去几十年间关于这个问题多有争论[1]。近年来的许

---

[1] 相关的书目浩繁;近期的争论见 Dominique Barthélemy, *The Serf, the Knight and the Historian*, trans. Graham Robert Edwards (Ithaca, N.Y., 2009)。

多研究倾向于认为,欧洲社会和经济的发展缓慢,但源远流长,至少可以上溯至加洛林时期,维京时期波罗的海周边地区商贸激增就是例证①。

在公元1000年前后的几个世纪中,西部基督教世界的地理范围几乎扩大了一倍。欧洲的兴盛需要正反馈效应,而这一扩张就是确立该效应的背景条件。斯堪的纳维亚纳入了欧洲文化圈,对欧洲兴盛所必需的体量起了什么样的重要作用?这一点无法精确测量。然而,斯堪的纳维亚在欧洲的政治史和经济史的某些方面的确发挥了重要的作用。该地区在中世纪早期进入欧洲史,从而至少在两个方面改变了欧洲的运转方式:维京人的入侵迫使欧洲国王们更有效地组织防卫,并因此更有效地从其臣民身上获取更多的收入;此外,斯堪的纳维亚人把贵重金属引入流通领域,有助于欧洲商贸的起飞。

维京人初次进攻欧洲时,他们遇到的政府能力低下,不足以抵抗这一新的威胁。法兰克帝国的军队是具有威慑力的军事力量——这一点查理曼大帝的诸多邻国均有察觉。但是该军队行动迟缓,其结构和训练均不足以对抗维京人这样突然来袭且快速运动的敌人②。欧洲的统治者们被迫重新审视自己的军事策略,例如,查理曼的孙子秃头查理在其王国的河流上修建了带防御设施的桥梁,使相对小规模的守备力量也可以阻止维京船队沿河上溯至内地。阿尔弗雷德大王组织起一种武装民团来保卫西萨克森,这一行动奠定或重申了国王有权要求其国土内的普通居民服役、

---

① See, e.g., McCormick, *Origins of the European Economy* and McCormick, "New Light on the 'Dark Ages.'"

② Nelson, "The Frankish Empire."

效劳。此类义务可以、而且常常以实物或金钱折抵。

维京海盗勒索的钱财数额越来越大,当其时,与之谈判的统治者被迫向自己国内的人民敛钱。北欧人沿着塞纳河上溯到默伦(Melun)时,秃头查理拿出四千磅银子才把他们打发走。为了筹集这些银子,国王在全国征税,每个自耕农土地单位①须交 6 便士,农奴的份额减半。诸如教士、商贾和法兰克自由民等其他纳税人缴纳的税额不等②。为筹措付给维京人的丹麦金或支付他们守卫英格兰的工资这类大笔费用,英格兰的国王们开始向百姓征税。埃塞尔雷德于 1012 年雇用维京头领索凯尔③抵御其他维京人进攻英格兰,此时,他便开征一种名叫丹麦金的年度税。尽管后来索凯尔离去,英格兰的国王们仍在很长一段时期里继续征收这一税种④。大股维京团伙需要用金钱打发,这样的紧急形势成为征税的前提。但紧急状况结束后,捐税却续征了多年。维京人的活动迫使欧洲国王们改善其行政管理、征税机制,以及他们的武装力量,因而有助于更为强大的国家的崛起。对税收的需求也起到刺激生产力和商贸的作用。

在中世纪欧洲的商贸大变革中,斯堪的纳维亚人也起了促进作用。公元 800 年之前的几个世纪,缺乏硬币形式的贵金属——一种可以用作交换手段、便利货物流通的流动财富。早期中世纪的欧洲没有金矿,银矿也极为有限,因此几乎常年囤积贵金属。这些

---

① 参见本书第 76 页注①。——译者注
② *Annales Bertiniani*, s. a. 866, ed. Waitz, 81; trans. Nelson, 130. A mansus was a Frankish tax unit.
③ 参见本书第 294 页;此外,第 6 章"葡萄酒"一节最后提到烂醉行凶的维京人,他就是这些维京人的首领。——译者注
④ Lawson, "Collection of Danegeld and Heregeld."

贵金属被做成圣骨盒、圣餐杯以及其他圣物并锁在教堂的宝库里，大多未能在商贸活动中起作用。

早期中世纪欧洲的经济被困于以货易货的贸易体制，有诸多实际不便。以物易物得以施行的条件是出现"双重巧合的需求"，即两个人想要的东西和他们能提供的东西相互吻合。如果你有海象牙，且想要得到一柄法兰克剑，你就需要找到某个手里有剑而且想要海象牙的人。此事看似容易做起来难，而有了流动财富，解决这个问题便轻而易举了。你把海象牙卖给一个商人，换来一些银币——每个银币都有已经确认的价值，然后把银币付给另一个商人、得到自己想要的那把法兰克剑。一个经济体有了流动财富后，贸易和商业运作会更加有效，无疑也更为顺畅。

斯堪的纳维亚人至少通过两种途径弄到流动财富，一是榨干教堂和修道院的宝库里闲置的金银，二是把阿拉伯白银运入西欧。

在维京时期之初，西欧的教堂和修道院的宝库里藏着大量金银，其中有些直接被维京人盗走，但肯定更多的是被欧洲的国王们熔化做成硬币用以打发维京团伙。当时的历史记录常常提到的是，向维京人交贡金时，教堂的贡献很大，例如秃头查理为圣丹尼斯教堂的住持交付赎金时，"在查理的领土范围内，由国王下令，许多教堂都被榨干。"①教堂的宝库到底被榨得有多干，从994年遗留下来的一份文件有所显示。坎特伯雷大主教西格里克（Sigeric）②

---

① *Annales Bertiniani*, s. a. 858, ed. Waitz, 49; trans. Nelson, 86. Cf. above, ch. 2.

② 即 Sigeric the Serious,卒于994年,990—994年任坎特伯雷大主教。——译者注

从另一个主教手上借了 90 磅银子和 200 曼库斯①的黄金,当时的形势是:一帮维京人威胁要烧毁坎特伯雷的基督教堂,大主教需要这笔钱来打发他们,但自己教堂的银库里又拿不出②。

维京人至少把一部分弄到手的财富投入了欧洲的经济活动,并没有把它们全部带回斯堪的纳维亚去做成臂章、饰针和其他器物,或埋入地下。一个丰硕的抢掠季节过后,几股维京人开办起市场,还有几股在西欧居留下来,不论哪种情况,维京头领们都渴望把欧洲商贸城镇里出售的珍奇的、不然就是显赫的物品搞到手。所有这些情况都会造成一种结果:银库中闲置的金、银资本重新进入流通③。

斯堪的纳维亚与东部地区的商贸也起到了把银子引入西欧的流通领域的作用。由于阿拉伯人新近在阿富汗的群山中——即哈里发领地的最东端——发现了蕴藏量丰富的银矿,斯堪的纳维亚人与阿拉伯人做生意所得的银币、金币颇丰。阿拉伯经济因银致富,而斯堪的纳维亚人则靠售卖欧洲货物——特别是奴隶和毛皮——从他们那里弄到了一些银子。这种贸易也使贵金属在西欧流通起来,证据就是,9 世纪时,西欧的便士变成一种坚挺、极少贬值的货币,说明白银的供应稳定④。欧洲市场上的流通财富越来越

---

① 欧洲在中世纪早期使用的金钱单位,指 4.25 克重的金币(相当于穆斯林使用的一个第纳尔),具有 30 个银便士为一个单位的价值,相当于一个工匠一个月的工资。——译者注

② Lawson, "Collection of Danegeld and Heregeld," 728.

③ Georges Duby, *The Early Growth of the European Economy*: *Warriors and Peasants from the Seventh to the Twelfth Century*, World Economic History (Ithaca, N. Y., 1974).

④ Bolin, "Mohammed, Charlemagne and Rurik"; Hodges and Whitehouse, *Mohammed, Charlemagne, and the Origins of Europe*.

容易搞到,究其原因,不仅仅因为维京人抢掠教会宝藏,以及北方商贸有利可图;起了重要的作用的还有经由威尼斯及地中海的其他港口的奴隶贸易和其他货物的买卖,斯堪的纳维亚人很可能也积极卷入了奴隶贸易网络①。

在波罗的海周边地区发现了海量的阿拉伯硬币,但它们在西欧的中心地带却鲜有现身。这一情况并不令人感到意外,因为西欧的经济已经货币化了。换言之,当斯堪的纳维亚地区把白银用作交换媒介、依据所含的贵金属重量决定其价值之时,西欧已经在使用具有皇家规定的标准价值的硬币。在斯堪的纳维亚,阿拉伯迪拉姆的含银量就是它的价值;而在西欧,阿拉伯硬币则会被送进造币厂,国王的铸币者会提炼出里面所含的银,然后做成欧洲钱币②。

在西欧,获得流通财富的可能性增大,起到了刺激经济普遍增长——通常称作商业革命——的作用③。欧洲的贸易在加洛林时期缓慢兴起,到中世纪盛期则迅猛发展,特别是在两个主要的贸易中心——意大利北部诸城和低地国家的城市——的周边地区,以及这两个中心之间的地带。欧洲对世界经济的主宰一直延续至20世纪,而在此主宰背后则能见到中世纪盛期开发、形成的财富和习性。

脱离欧洲整体的背景,我们就无法理解斯堪的纳维亚的历史,

---

① McCormick, "New Light on the 'Dark Ages.'"
② Steuer, "Handel der Wikingerzeit."
③ Classical statements are Henri Pirenne, *Medieval Cities: Their Origins and the Revival of Trade*, trans. Frank D. Halsey (Princeton, 1925); Robert S. Lopez, *The Commercial Revolution of the Middle Ages, 950–1350* (Cambridge, 1976).

同样,不把斯堪的纳维亚纳入视野,我们也无法理解欧洲的历史。在北方和在欧洲,中世纪早期的政治经济以同样的基本方式运作,所不同的只是规模。统治者和头领们获得财富的途径是劫掠,以及向外部族群勒索贡金。哪里可以抢掠或勒索贡金,维京头领就会把手下的武士带去那里;与维京人的行径如出一辙,查理曼大帝几乎每年都把法兰克军队带出王国的边界。二者之间的区别是规模和组织:查理曼治下的是一个早期的国家,维京头领们鼓动、驱使的则是一群群追随者。

统治者开始向自己治下的人民征收税费,不再靠偷抢别人的财富来维持局面,这就是中世纪欧洲历史中的一个重要的里程标,斯堪的纳维亚之内和之外均适用。在斯堪的纳维亚的三个王国中,这一变迁显然都始于 11 世纪,而绝非一日之功。然而在公元 1000 年之后的几个世纪里,斯堪的纳维亚的诸王国继续抢掠尚未组织成型的地区,勒索贡金,例如波罗的海以东的地带,以及斯堪的纳维亚北部的萨米人①。

新近形成的国家需要新的统治技术。它们需要的是为皇家效劳的臣仆,而非有独立见解的权贵。臣仆肯于遵循国王的意愿,原

---

① Thomas Lindkvist, *Plundring, skatter och den feodala statens framväxt*: *Organisatoriska tendenser i Sverige under övergången från vikingatid till tidig medeltid*, 3d ed., Opuscula historica Upsaliensia 1 (Uppsala, 1993); Carl F. Hallencreutz, *När Sverige blev europeiskt*: *Till frågan om Sveriges kristnande*, Vitterhetsakademiens skriftserie om Europa (Stockholm, 1993); Thomas Lindkvist, "Early Political Organization: a) Introductory Survey," in *Cambridge History of Scandinavia*, ed. Helle; Berend, *Christianization and the Rise of Christian Monarchy*; Eric Christiansen, *The Northern Crusades*: *The Baltic and the Catholic Frontier, 1100 – 1525* (Minneapolis, 1980); Lars Ivar Hansen and Bjørnar Olsen, *Samenes historie fram til 1750* (Oslo, 2004), 151 – 155.

因是他们严格地受制于国王本人,只好从命。皇家法官和收费员可能也是中世纪国王麾下的贵族,而且他们有时思想独立,令人不安。不过,从根本上看,他们与国王之间是拿报酬的仆役与主人的关系,不是势力较小与势力较大的朋友、伙伴的关系。教士在国王的臣仆中占了一个特别的位置,实际上他们往往在这些刚刚形成的国家里担当了许多世俗的职责——从皇家大法官、皇家顾问,到地方税收员。他们识文断字,而且常常还识数、会做计算,因此特别适合担当这些工作。斯堪的纳维亚的国王们采取此类方式实现自己王国的"现代化",他们效仿的是欧洲统治者及其更先进的王国[1]。

如果说本书有助于我们理解欧洲历史中斯堪的纳维亚地区所起的重要作用,那么,可以说它也有助于我们了解欧洲的一些尚未形成国家的社会的运作方式。本书让我们深入了解那个由具备号召力的军事首脑和头领掌控的社会:这些头领们一向彼此警觉,为了去西欧抢掠,他们可以结成并不可靠的同盟,但最终还是彼此相争。他们会调动一切能够到手的资源,用于培植一支忠诚追随其后的武士队伍——这支队伍的军事威力帮助头领们攫取更多的资源和更大的权力。本书讲述了头领们的权力争夺如何导致了斯堪的纳维亚社会的变迁。人们以前就已知晓这个故事的组成部分,然而却从未有人讲述过完整的故事。如果我们想更好地领会欧洲历史的复杂性,这一故事需要有人讲述。

---

[1] *Christianization and the Rise of Christian Monarchy*, Berend, ed.,一书中关于斯堪的纳维亚诸王国的早期治理的种种评述有助于我们对这一问题的理解。

参考文献

Abels, Richard. "What Has Weland to Do with Christ? The Franks Casket and the Acculturation of Christianity in Early Anglo-Saxon England." *Speculum* 84 (2009): 549–581.
Abrams, Lesley. "The Anglo-Saxons and the Christianization of Scandinavia." *Anglo-Saxon England* 24 (1995): 213–250.
Acta sanctorum, Novembris 3. Edited by Carolus de Smedt, Franciscus van Ortroy, Hippolytus Delahaye, Albertus Poncelet, and Paulus Peeters. Brussels, 1910.
Adam, Hildegard. *Das Zollwesen im fränkischen Reich und das spätkarolingische Wirtschaftsleben: Ein Überblick über Zoll, Handel und Verkehr im 9. Jahrhundert*, Vierteljahrschrift für Sozial- und Wirtschaftsgeschichte, Beihefte 126. Stuttgart, 1996.
Adam of Bremen. *Hamburgische-Kirchengeschichte*. Edited by Bernhard Schmeidler, MGH SS rer. Germ. Hanover, 1917.
——. *History of the Archbishops of Hamburg-Bremen*. Translated with an introduction and notes by Francis J. Tschan, with a new introduction and selected bibliography by Timothy Reuter. Records of Western Civilization. New York, 2002.
Algazi, Gadi, Valentin Groebner, and Bernhard Jussen. *Negotiating the Gift: Pre-Modern Figurations of Exchange*, Veröffentlichungen des Max-Planck-Instituts für Geschichte 188. Göttingen, 2003.
Ambrosiani, Björn. "Birka: Its Waterways and Hinterland." In *Aspects of Maritime Scandinavia AD 200–1200: Proceedings of the Nordic Seminar on Maritime Aspects of Archaeology, Roskilde, 13th–15th March, 1989*, edited by Ole Crumlin-Pedersen, 99–104. Roskilde, Denmark, 1991.
——. "What Is Birka?" In *Investigations in the Black Earth*, vol. 1, *Early Investigations and Future Plans*, edited by Björn Ambrosiani and Helen Clarke, 10–22. Stockholm, 1992.
Andersson, Kent. "Intellektuell import eller romersk dona?" *Tor: Tidskrift för nordisk fornkunskap* 20 (1985).
——. *Romartida guldsmide i Norden*, Occasional Papers in Archaeology 6. Uppsala, 1993.
Andersson, Kent, and Frands Herschend. *Germanerna och Rom: The Germans and Rome*, Occasional Papers in Archaeology 13. Uppsala, 1997.

Andersson, Theodore M. "The Conversion of Norway according to Oddr Snorrason and Snorri Sturluson." *Mediaeval Scandinavia* 10 (1976): 83–95.

———. *The Growth of the Medieval Icelandic Sagas (1180–1280)*. Ithaca, 2006.

Andersson, Theodore M., and Kari Ellen Gade. *Morkinskinna: The Earliest Icelandic Chronicle of the Norwegian Kings (1030–1157)*, Islandica 51. Ithaca, N.Y., 2000.

Andersson, Thorsten. "Orts- und Personennamen als Aussagequelle für die altgermanische Religion." In *Germanische Religionsgeschichte: Quellen und Quellenprobleme*, edited by Heinrich Beck, Detlev Ellmers, and Kurt Schier, 508–540. Berlin, 1992.

Andræ, Carl Göran. *Kyrka och frälse i Sverige under äldre medeltid*. Stockholm, 1960.

Androschchuk, Fedir. "The Hvoshcheva Sword: An Example of Contacts between Britain and Scandinavia in the Late Viking Period." *Fornvännen* 98 (2003): 35–43.

Angenendt, Arnold. *Kaiserherrschaft und Königstaufe: Kaiser, Könige und Päpste als geistliche Patrone in der abendländischen Missionsgeschichte*, Arbeiten zur Frühmittelalterforschung 15. Berlin, 1984.

Annales Bertiniani. Edited by G. Waitz, MGH SS rer. Germ. Hanover, 1883.

Annales Fuldenses sive Annales Regni Francorum orientalis. Edited by Fridericus Kurze, MGH SS rer. Germ. Hanover, 1891.

Annales regni Francorum inde ab a. 741 usque ad a. 829, qui dicuntur Annales Laurissenses maiores et Einhardi. Edited by Fridericus Kurze, MGH SS rer. Germ. Hanover, 1895.

Annales Xantenses et Annales Vedastini. Edited by B. de Simson, MGH SS rer. Germ. Hanover, 1909.

Annerstedt, Claes, ed. *Scriptores rerum Suecicarum medii aevi* 3. Uppsala, 1871–1876.

Armstrong, Guyda, and Ian N. Wood. *Christianizing Peoples and Converting Individuals*, International Medieval Research 7. Turnhout, 2000.

Arne, T. J. "Den svenska runstenen från ön Berezanj utanför Dnjeprmynningen: Referat efter prof. F. Brauns redogörelse i Ryska arkeol. kommissionens meddelanden 1907." *Fornvännen* 9 (1914): 44–48.

Arwidsson, Greta, and Gösta Berg. *The Mästermyr Find: A Viking Age Tool Chest from Gotland*. Stockholm, 1983.

Asmussen, J. *De fontibus Adami Bremensis commentarius*. Kiel, 1834.

Bachrach, Bernard S., and Steven Fanning. *The Annals of Flodoard of Reims, 919–966*. Readings in Medieval Civilizations and Cultures 9. Peterborough, Ont., 2004.

Bagge, Sverre. "Ideologies and Mentalities." In *The Cambridge History of Scandinavia*, edited by Knut Helle, 1: 465–486. Cambridge, 2003.

Bagge, Sverre, and Sæbjørg Walaker Nordeide. "The Kingdom of Norway." In *Christianization and the Rise of Christian Monarchy: Scandinavia, Central Europe and Rus' c. 900–1200*, edited by Nora Berend, 121–166. Cambridge, 2007.

Barthélemy, Dominique. *The Serf, the Knight and the Historian*. Translated by Graham Robert Edwards. Ithaca, N.Y., 2009.

Bartlett, Robert. "From Paganism to Christianity in Medieval Europe." In *Christianization and the Rise of Christian Monarchy: Scandinavia, Central Europe and Rus' c. 900–1200*, edited by Nora Berend, 47–72. Cambridge, 2007.

———. *The Making of Europe: Conquest, Colonization, and Cultural Change, 950–1350.* Princeton, N.J., 1993.

———. *Trial by Fire and Water: The Medieval Judicial Ordeal.* Oxford, 1986.

Bately, Janet M., ed. *MS A.* Vol. 3 of *The Anglo-Saxon Chronicle: A Collaborative Edition*, edited by David Dumville and Simon Keynes. Cambridge, 1986.

Bately, Janet, and Anton Englert. *Ohthere's Voyages: A Late 9th-century Account of Voyages along the Coasts of Norway and Denmark and Its Cultural Context.* Roskilde, 2007.

Bazelmans, Jos. "Beyond Power: Ceremonial Exchanges in *Beowulf*." In *Rituals of Power: From Late Antiquity to the Early Middle Ages*, edited by Frans Theuws and Janet Nelson, 311–375. Leiden, 2000.

Behre, Karl-Ernst, and Hans Reichstein. *Untersuchungen des botanischen Materials der frühmittelalterlichen Siedlung Haithabu. (Ausgrabung 1963–1964.)*, Berichte über die Ausgrabungen in Haithabu, Bericht 2. Neumünster, 1969.

Benediktsson, Jakob. See Jakob Benediktsson.

Berend, Nora, ed. *Christianization and the Rise of Christian Monarchy: Scandinavia, Central Europe and Rus' c. 900–1200.* Cambridge, 2007.

———. "Introduction." In *Christianization and the Rise of Christian Monarchy: Scandinavia, Central Europe and Rus' c. 900–1200*, edited by Nora Berend, 1–46. Cambridge, 2007.

Berichte über die Ausgrabungen in Haithabu. Neumünster, 1969–.

Bertelsen, Henrik, ed. *Piðreks saga af Bern*, Samfund til udgivelse af gammel nordisk litteratur, Skrifter 34. Copenhagen, 1905–1911.

Bertsch, Karl, and Franz Bertsch. *Geschichte unserer Kulturpflanzen.* 2d ed. Stuttgart, 1949.

Birkebæk, Frank. *Vikingetiden i Danmark.* [Copenhagen], 2003.

Birkeland, Harris. *Nordens historie i middelalderen etter arabiske kilder.* Vol. 1954: 2, Skrifter utgitt av Det Norske Videnskaps-Akademi i Oslo, II. Hist.-Filos. Klasse. Oslo, 1954.

Bjarni Einarsson. *Ágrip af Nóregskonunga sǫgum: Fagrskinna = Nóregs konunga tal*, Íslenzk fornrit 29. Reykjavik, 1984.

Blake, E. O., ed. *Liber Eliensis*, Camden Third Series 92. London, 1962.

Blindheim, Charlotte, and Roar L. Tollnes. *Kaupang, vikingenes handelsplass.* Oslo, 1972.

Böhmer, Johann Friedrich, Engelbert Mühlbacher, and Johann Lechner. *Die Regesten des Kaiserreichs unter den Karolingern, 751–918.* 2d ed, Regesta imperii. Innsbruck, 1908.

Bolin, Sture. "Mohammed, Charlemagne and Rurik." *Scandinavian Economic History Review* 1 (1953): 5–39.

———. "Muhammed, Karl den store, och Rurik." *Scandia* 12 (1939): 181–222.

Bolton, Timothy. *The Empire of Cnut the Great: Conquest and the Consolidation of Power in Northern Europe in the Early Eleventh Century*, The Northern World: North Europe and the Baltic c. 400–1700 A.D.: Peoples, Economies and Cultures. Leiden, 2009.

Bonnaz, Yves. *Chroniques Asturiennes (fin IXe siècle)*. Paris, 1987.
Bourdieu, Pierre. *The Logic of Practice*. Translated by Richard Nice. Stanford, Calif., 1990.
Bowden, Georgina R., Patricia Balaresque, Turi E. King, Ziff Hansen, Andrew C. Lee, Giles Pergl-Wilson, Emma Hurley, Stephen J. Roberts, Patrick Waite, Judith Jesch, Abigail L. Jones, Mark G. Thomas, Stephen E. Harding, and Mark A. Jobling. "Excavating Past Population Structures by Surname-Based Sampling: The Genetic Legacy of the Vikings in Northwest England." *Molecular Biology and Evolution* 25 (2008): 301–309.
Brandt, Karl Heinz, and Margareta Nockert. *Ausgrabungen im Bremer St.-Petri-Dom 1974–76: Ein Vorbericht*, Bremer archäologische Blätter. Bremen, 1976.
Brate, Erik. *Östergötlands runinskrifter*, Sveriges runinskrifter 2. Stockholm, 1911.
Brate, Erik, and Elias Wessén. *Södermanlands runinskrifter*, Sveriges runinskrifter 3. Stockholm, 1924.
Breengaard, Carsten. *Muren om Israels hus: Regnum og sacerdotium i Danmark 1050–1170*, Kirkehistoriske studier. Copenhagen, 1982.
Brink, Stefan. *Sockenbildning och sockennamn: Studier i äldre territoriell indelning i Norden*. Uppsala, 1990.
———. "Tidig kyrklig organisation i Norden—aktörerna i sockenbildningen." In *Kristnandet i Sverige: Gamla källor och nya perspektiv*, edited by Bertil Nilsson, 269–290. Uppsala, 1996.
Brink, Stefan, ed. *The Viking World*. In collaboration with Neil Price. Routledge Worlds. London, 2008.
Brøgger, A. W., Hjalmar Falk, G. Gustafson, and Haakon Shetelig. *Osebergfundet*. Kristiania [Oslo], 1917.
Burenhult, Göran. *Arkeologi i Norden*. Stockholm, 1999.
Burström, Mats. *Arkeologisk samhällsavgränsning: En studie av vikingatida samhällsterritorier i Smålands inland*, Stockholm Studies in Archaeology 9. Stockholm, 1991.
Bynum, Caroline Walker. *The Resurrection of the Body in Western Christianity, 200–1336*, Lectures on the History of Religions, new series 15. New York, 1995.
Byock, Jesse L. *Feud in the Icelandic Saga*. Berkeley, 1982.
———. *Viking Age Iceland*. London, 2001.
Callmer, Johan. "Extinguished Solar Systems and Black Holes: Traces of Estates in the Scandinavian Late Iron Age." In *Uppåkra: Centrum och sammanhang*, edited by Birgitta Hårdh, 109–137. Lund, 2001.
Callmer, Johan, and Erik Rosengren. *"Gick Grendel att söka det höga huset": Arkeologiska källor till aristokratiska miljöer i Skandinavien under yngre järnålder: Rapport från ett seminarium i Falkenberg 16–17 november 1995*, Slöinge projektet 1. Halmstad, 1997.
Christensen, Tom. "Lejre and Roskilde." In *The Viking World*, edited by Stefan Brink, in collaboration with Neil Price, 121–125. London, 2008.
Christiansen, Eric. *The Norsemen in the Viking Age*, Peoples of Europe. Oxford, 2002.

———. *The Northern Crusades: The Baltic and the Catholic Frontier, 1100–1525.* Minneapolis, 1980.

Christophersen, Axel. "Ports and Trade in Norway during the Transition to Historical Time." In *Aspects of Maritime Scandinavia AD 200–1200: Proceedings of the Nordic Seminar on Maritime Aspects of Archaeology, Roskilde, 13th–15th March, 1989,* edited by Ole Crumlin-Pedersen, 159–170. Roskilde, 1991.

Clarke, Helen, and Björn Ambrosiani. *Towns in the Viking Age.* Leicester, 1991.

Cleasby, Richard, Guðbrandur Vigfússon, and William A. Craigie. *An Icelandic-English Dictionary.* 2d ed. Oxford, 1957.

Collins, Roger. *Early Medieval Spain: Unity in Diversity, 400–1000.* 2d ed. New York, 1995.

Cormack, Margaret. "Irish and Armenian Ecclesiastics in Medieval Iceland." In *West over Sea: Studies in Scandinavian Seaborne Expansion and Settlement: A Festschrift in Honour of Dr. Barbara E. Crawford,* edited by Beverley Ballin Smith, Simon Taylor, and Gareth Williams, 227–234. Leiden, 2007.

Coupland, Simon. "The Frankish Tribute Payments to the Vikings and Their Consequences." *Francia* 26 (1999): 57–75.

———. "From Poachers to Game-Keepers: Scandinavian Warlords and Carolingian Kings." *Early Medieval Europe* 7 (1998): 85–114.

———. "Trading Places: Quentovic and Dorestad Reassessed." *Early Medieval Europe* 11 (2002): 209–232.

Cramp, Rosemary. "The Hall in *Beowulf* and in Archeology." In *Heroic Poetry in the Anglo-Saxon Period: Studies in Honor of Jess B. Bessinger, Jr.,* edited by Helen Damico and John Leyerly, 331–346. Kalamazoo, Mich., 1993.

Crawford, B. E. *Scandinavian Scotland,* Studies in the Early History of Britain. [Leicester], 1987.

Cross, Samuel Hazzard, and Olgerd P. Sherbowitz-Wetzor, trans. *The Russian Primary Chronicle: Laurentian Text.* Cambridge, Mass., 1973.

Crumlin-Pedersen, Ole. "Vikingernes 'søvej' til Byzans—om betingelser for sejlads ad flodvejene fra Østersø till Sortehav." In *Beretning fra Ottonde tværfaglige vikingesymposium,* edited by Torben Kisbye and Else Roesdahl, 33–51. Højbjerg, 1989.

Cubbin, G. P., ed. *MS D.* Vol. 6 of *The Anglo-Saxon Chronicle: A Collaborative Edition,* edited by David Dumville and Simon Keynes. Cambridge, 1991.

Danielsson, Tommy. *Sagorna om Norges kungar: Från Magnús góði till Magnús Erlingsson.* [Hedemora], 2002.

Dehio, Georg. *Geschichte der Erzbistums Hamburg-Bremen bis zum Ausgang des Mission.* 2 vols. Berlin, 1877.

Delisle, Léopold. *Littérature latine et histoire du moyen âge,* Comité des travaux historiques et scientifiques: Section d'histoire et de philologie, Instructions aux correspondants. Paris, 1890.

Dennis, Andrew, Peter Godfrey Foote, and Richard Perkins, trans. *Laws of Early Iceland: The Codex Regius of Grágás with Material from Other Manuscripts,* University of Manitoba Icelandic Studies 3. Winnipeg, Man., 1980.

Diekamp, Wilhelm. *Die Vitae sancti Liudgeri,* Die Geschichtsquellen des Bisthums Münster 4. Münster, 1881.

Driscoll, Matthew James, trans. *Ágrip af Nóregskonungasǫgum: A Twelfth-Century Synoptic History of the Kings of Norway.* London, 1995.

Dronke, Ursula, ed. *The Poetic Edda.* Oxford, 1969–.

DuBois, Thomas A. *Nordic Religions in the Viking Age.* Philadelphia, 1999.

Duby, Georges. *The Early Growth of the European Economy: Warriors and Peasants from the Seventh to the Twelfth Century,* World Economic History. Ithaca, N.Y., 1974.

Durkheim, Emile. *The Elementary Forms of the Religious Life.* Translated by Karen E. Fields. New York, 1995.

Dutton, Paul Edward. *Carolingian Civilization: A Reader.* Peterborough, Ont., 1993.

Düwel, Klaus. *Das Opferfest von Lade: Quellenkritische Untersuchungen zur germanischen Religionsgeschichte,* Wiener Arbeiten zur germanischen Altertumskunde und Philologie 27. Vienna, 1985.

Edberg, Rune. "Med Aifur till Aifur: Slutrapport från en experimentell österledsfärd." *Fornvännen* 94 (1999): 1–12.

——. "Vikingar mot strömmen: Några synpunkter på möjliga och omöjliga skepp vid färder i hemmavatten och i österled." *Fornvännen* 91 (1996): 37–42.

Egilsson, Sveinbjörn. See Sveinbjörn Egilsson.

Einarsson, Bjarni. See Bjarni Einarsson.

Einhard. *Einhardi Vita Karoli magni.* Edited by G. Waitz. 6th ed., MGH SS rer. Germ. Hanover, 1911.

Ekenberg, Anders, Eva Odelman, Carl Fredrik Hallencreutz, and Tore Hållander. *Boken om Ansgar.* Stockholm, 1986.

Ekrem, Inger, Peter Fischer, and Lars Boje Mortensen, eds. and trans. *Historia Norwegie.* Copenhagen, 2003.

Ellmers, Detlev. "Die Archäologie der Binnenschiffahrt in Europa nördlich der Alpen." In *Der Verkehr, Verkehrswege, Verkehrsmittel, Organisation,* edited by Else Ebel, Herbert Jankuhn, and Wolfgang Kimmig, 291–350. Untersuchungen zu Handel und Verkehr der vor- und frühgeschichtlichen Zeit in Mittel- und Nordeuropa 5 = Abhandlungen der Akademie der Wissenschaften in Göttingen: Philologisch-historische Klasse, 3. Folge, 180. Göttingen, 1989.

The Encyclopaedia of Islam. New ed. Leiden, 1954–2002.

Engels, Odilo, and Stefan Weinfurter. *Series episcoporum Ecclesiae Catholicae occidentalis ab initio ad annum MCXCVIII* 5.1: *Archiepiscopatus Coloniensis.* Stuttgart, 1982.

——. *Series episcoporum Ecclesiae Catholicae occidentalis ab initio ad annum MCXCVIII* 5.2: *Archiepiscopatus Hammaburgensis sive Bremensis.* Stuttgart, 1984.

Enoksen, Lars Magnar. *Runor: Historia, tydning, tolkning.* Lund, 1998.

Enright, Michael J. *Lady with a Mead Cup: Ritual, Prophecy, and Lordship in the European Warband from La Tène to the Viking Age.* Blackrock, Ireland, 1996.

Eriksson, Jessica. "Bilden av Bödvild: Ett genusperspektiv på berättelserna om Völund."

In *Spaden och pennan: Ny humanistisk forskning i andan av Erik B Lundberg och Bengt G Söderberg*, edited by Thorsten Svensson, 157–166. Stockholm, 2009.

Ermoldus Nigellus. "In honorem Hludowici." In *Poème sur Louis le Pieux et Épîtres au roi Pépin*, edited and translated by Edmond Faral, Les classiques de l'histoire de France au moyen âge 14. Paris, 1932.

Ersgård, Lars. "Two Magnate's Farms and Their Landscape—a Postscript." In *Slöinge och Borg: Stormansgårdar i öst och väst*, edited by Lars Lundqvist, Anders Andersson, and Richard Hedvall, 116–122. Stockholm, 1996.

Fagerlie, Joan Marie. *Late Roman and Byzantine Solidi Found in Sweden and Denmark*, Numismatic Notes and Monographs 157. New York, 1967.

Fellows-Jenssen, Gillian. *The Vikings and Their Victims: The Evidence of the Names*. London, 1995.

Fenger, Ole. *"Kirker reses alle vegne": 1050–1250*, Gyldendal og Politikens Danmarkshistorie. Copenhagen, 1989.

Feveile, Claus. "The Latest News from Viking Age Ribe: Archaological Excavations 1993." In *Developments*, edited by Björn Ambrosiani and Helen Clarke, 91–99. Stockholm, 1993.

———. *Ribe studier*, Jysk Arkaeologisk Selskabs skrifter 51. Højbjerg, 2006.

Filipowiak, Władysław. "Handel und Handelsplätze an der Ostseeküste Westpommerns." *Bericht der römisch-germanischen Kommission* 69 (1988): 690–719.

———. "Wollin—ein frühmittelalterliche Zentrum an der Ostsee." In *Europas Mitte um 1000*, edited by Alfried Wieczorek and Hans-Martin Hinz, 152–155. Stuttgart, 2000.

Finnur Jónsson. *Austrfararvísur*. Oslo, 1932.

———. *Den norsk-islandske skjaldedigtning*. Copenhagen, 1912.

Fletcher, R. A. *The Conversion of Europe: From Paganism to Christianity 371–1386 AD*. London, 1997.

Flodoard of Rheims. *Les Annales de Flodoard, publiées d'après les manuscrits*. Edited and translated by Ph. Lauer. Collection de textes pour servir à l'étude et à l'enseignement de l'histoire 39. Paris, 1905.

———. *Die Geschichte der Rheimser Kirche*. Edited by Martina Stratmann, MGH SS 36. Hanover, 1998.

Forte, A. D. M., Richard D. Oram, and Frederik Pedersen. *Viking Empires*. Cambridge, 2005.

Frank, Roberta. *Old Norse Court Poetry: The Dróttkvætt Stanza*, Islandica 42. Ithaca, N.Y., 1978.

———. "A Scandal in Toronto: The Dating of 'Beowulf' a Quarter Century On." *Speculum* 82 (2007): 843–864.

Franklin, Simon, and Jonathan Shepard. *The Emergence of Rus: 750–1200*, Longman History of Russia. London, 1996.

Frye, Richard N. *Ibn Fadlan's Journey to Russia: A Tenth-Century Traveler from Baghdad to the Volga River*. Princeton, N.J., 2005.

Fulk, R. D., Robert E. Bjork, and John D. Niles. *Klaeber's Beowulf and the Fight at*

Finnsburg. Toronto, 2008.
Gade, Kari Ellen, ed. *Poetry from the Kings' Sagas, 2: From c. 1035 to c. 1300*. Skaldic Poetry of the Scandinavian Middle Ages 2. Turnhout, 2009.
Geijer, Agnes. *Die Textilfunde aus den Gräbern*, Birka: Untersuchungen und Studien 3. Stockholm, 1938.
Gelting, Michael H. "The Kingdom of Denmark." In *Christianization and the Rise of Christian Monarchy: Scandinavia, Central Europe and Rus' c. 900–1200*, edited by Nora Berend, 73–120. Cambridge, 2007.
Gil Fernández, Juan, José L. Moralejo, and Juan Ignacio Ruiz de la Peña. *Crónicas asturianas: Crónica de Alfonso III (Rotense y "A Sebastián"): Crónica albeldense (y "profética")*, Publicaciones del Departamento de Historia Medieval / Universidad de Oviedo 11. Oviedo, 1985.
Godman, Peter, ed. *Poetry of the Carolingian Renaissance*. Norman, Okla., 1985.
———. *Poets and Emperors: Frankish Politics and Carolingian Poetry*. Oxford, 1987.
Goffart, Walter. *The Narrators of Barbarian History (A.D. 550–800): Jordanes, Gregory of Tours, Bede, and Paul the Deacon*. 2d ed., Publications in Medieval Studies. Notre Dame, Ind., 2005.
Golden, Peter B. "The Peoples of the Russian Forest Belt." In *The Cambridge History of Early Inner Asia*, edited by Denis Sinor, 229–255. Cambridge, 1990.
Goodacre, S., A. Helgason, J. Nicholson, L. Southam, L. Ferguson, E. Hickey, E. Vega, K. Stefánsson, R. Ward, and B. Sykes. "Genetic Evidence for a Family-based Scandinavian Settlement of Shetland and Orkney during the Viking Periods." *Heredity* 95 (2005): 129–135.
Götherström, Anders. *Acquired or Inherited Prestige? Molecular Studies of Family Structures and Local Horses in Central Svealand during the Early Medieval Period*, Theses and Papers in Scientific Archaeology 4. Stockholm, 2001.
Graham-Campbell, James. *Viking Artefacts: Select Catalogue*. London, 1980.
Gräslund, Anne-Sofie. "Arkeologin och kristnandet." In *Kristnandet i Sverige: Gamla källor och nya perspektiv*, edited by Bertil Nilsson, 19–44. Uppsala, 1996.
———. *The Burial Customs: A Study of the Graves on Björkö*, Birka: Untersuchungen und Studien 4. Stockholm, 1980.
———. "Charonsmynt i vikingatida gravar?" *Tor: Tidskrift för nordisk fornkunskap* 11 (1967).
———. "Den tidiga missionen i arkeologisk belysning—problem och synpunkter." *Tor: Tidskrift för nordisk fornkunskap* 20 (1985): 291–313.
———. "Kreuzanhänger, Kruzifix und Reliquiar-Anhänger." In *Birka*, edited by Greta Arwidsson, 111–118. Stockholm, 1984.
———. "The Material Culture of Old Norse Religion." In *The Viking World*, edited by Stefan Brink, in collaboration with Neil Price. London, 2008.
———. "New Perspectives on an Old Problem: Uppsala and the Christianization of Sweden." In *Christianizing Peoples and Converting Individuals*, edited by Gyuda Armstrong and Ian N. Wood. Turnhout, 2000.

---. "Tor eller Vite Krist? Några reflektioner med anledning av Lugnås-hammaren." *Västergötlands fornminnesförenings tidskrift 1983–1984* (1983): 229–235.

---. "Var Mammen-mannen kristen?" In *Mammen: Grav, kunst og samfund i vikingetid*, edited by Mette Iversen, 205–210. Viborg, 1991.

Gregory of Tours. *Gregorii episcopi Turonensis Libri Historiarum X*. Edited by Bruno Krusch and Wilhelmus Levison, SS rer. Merov. 1. Hanover, 1950.

---. *The History of the Franks*. Translated by Lewis Thorpe, Penguin Classics. Harmondsworth, 1974.

Grierson, Philip. "Commerce in the Dark Ages: A Critique of the Evidence." *Transactions of the Royal Historical Society, Fifth Series* 9 (1959): 123–140.

Grønlie, Siân, trans. *Íslendingabók = The Book of the Icelanders: Kristni Saga = The Story of the Conversion*, Viking Society for Northern Research: Text Series 18. London, 2006.

Guhnfeldt, Cato. "Nazijakt på et skjult sverd." *Aftenposten*, 12 (April 2003).

Gunnes, Erik. *Erkebiskop Øystein: Statsmann og kirkebygger*. Oslo, 1996.

---. *Rikssamling og kristning: 800–1177*. Vol. 2 of *Norges historie*. Oslo, 1976.

Gustafson, Gabriel, Sune Lindqvist, and Fredrik Nordin. *Gotlands Bildsteine*. Stockholm, 1941.

Gustavson, Helmer. *Gamla och nya runor: Artiklar 1982–2001*, Runica et mediaevalia: Opuscula 9. Stockholm, 2003.

---. "Runmonumentet i Rytterne." In *Nya anteckningar om Rytterns socken: Medeltidsstudier tillägnade Göran Dahlbäck*, edited by Olle Ferm, Agneta Paulsson, and Krister Ström, 145–153. Västerås, 2002.

Gustavson, Helmer, Thorgunn Snædal, and Marit Åhlén. "Runfynd 1989 och 1990." *Fornvännen* 87 (1992).

Gustin, Ingrid. "Means of Payment and the Use of Coins in the Viking Age Town of Birka in Sweden: Preliminary Results." *Current Swedish Archaeology* 6 (1998): 73–83.

Hagberg, Ulf Erik. "Offren i Skedemosse på Öland och handeln med romarriket." In *Arkeologi i Norden*, by Göran Burenhult, 274–277. Stockholm, 1999.

Hagberg, Ulf Erik, Margareta Beskow-Sjöberg, Joachim Boessneck, Nils Gustaf Gejvall, and Angela von den Driesch Karpf. *The Archaeology of Skedemosse*. Stockholm, 1967.

Häger, Olle, and Hans Villius. *Rök: Gåtornas sten*. Stockholm, 1976.

Hägg, Inga. "Birkas orientaliska praktplagg." *Fornvännen* 78 (1983): 204–223.

---. *Die Textilfunde aus der Siedlung und aus den Gräbern von Haithabu: Beschreibung und Gliederung*, Berichte über die Ausgrabungen in Haithabu 29. Neumünster, 1991.

Hägg, Inga, Gertrud Grenander Nyberg, and Helmut Schweppe. *Die Textilfunde aus dem Hafen von Haithabu*, Berichte über die Ausgrabungen in Haithabu 20. Neumünster, 1984.

Halldórsson, Ólafur. See Ólafur Halldórsson.

Hallencreutz, Carl F. *När Sverige blev europeiskt: Till frågan om Sveriges kristnande*, Vitterhetsakademiens skriftserie om Europa. Stockholm, 1993.

Hansen, Lars Ivar, and Bjørnar Olsen. *Samenes historie fram til 1750*. Oslo, 2004.

Hårdh, Birgitta. "Viking Age Uppåkra and Lund." In *The Viking World*, edited by Stefan Brink, in collaboration with Neil Price, 145-149. London, 2008.

Hårdh, Birgitta, and Lars Larsson. *Uppåkra—Lund före Lund*, Föreningen Gamla Lund: Årsbok. Lund, 2007.

Harthausen, Hartmut. *Die Normanneneinfälle im Elb- und Wesermündungsgebiet mit besonderer Berücksichtigung der Schlacht von 880*, Quellen und Darstellungen zur Geschichte Niedersachsens 68. Hildesheim, 1966.

Heather, Peter. *Empires and Barbarians: The Fall of Rome and the Birth of Europe.* New York, 2010.

Hedberg, Britt. *Uppsala stifts herdaminne: Från missionstid till år 1366*, Uppsala stifts herdaminne 4:1. Uppsala, 2007.

Helgason, Agnar, Eileen Hickey, Sara Goodacre, Vidar Bosnes, Kári Stefánsson, Ryk Ward, and Bryan Sykes. "mtDNA and the Islands of the North Atlantic: Estimating the Proportions of Norse and Gaelic Ancestry." *American Journal of Human Genetics* 68 (2001): 723-737.

Helgason, Agnar, Sigrún Sigurðardóttir, Jayne Nicholson, Bryan Sykes, Emmeline W. Hill, Daniel G. Bradley, Vidar Bosnes, Jeffery R. Gulcher, Ryk Ward, and Kári Stefánsson. "Estimating Scandinavian and Gaelic Ancestry in the Male Settlers of Iceland." *American Journal of Human Genetics* 67 (2000): 697-717.

Helle, Knut, ed. *The Cambridge History of Scandinavia.* Cambridge, 2003.

———. "The Organisation of the Twelfth-Century Norwegian Church." In *St. Magnus Cathedral and Orkney's Twelfth-Century Renaissance*, edited by B. Crawford. Aberdeen, 1988.

Hellström, Jan Arvid. *Vägar till Sveriges kristnande.* Stockholm, 1996.

Herschend, Frands. "Hus på Helgö." *Fornvännen* 90 (1995): 221-228.

———. *Livet i hallen: Tre fallstudier i den yngre järnålderns aristokrati*, Occasional Papers in Archaeology 14. Uppsala, 1997.

Hines, J. "På tvers av Nordsjøen: Britiske perspektiver på Skandinaviens senere jernalder." *Universitetets Oldsaksamlings Årbok 1991-1992*, 1993, 103-124.

Hinschius, Paul. *System des katholischen Kirchenrechts mit besonderen Rücksicht auf Deutschland.* Berlin, 1869-1897.

Hjelmqvist, Hakon. "Frön och frukter från det äldsta Lund." In *Thulegrävningen 1961*, edited by Ragnar Blomqvist and Anders W. Mårtensson, 233-267. Lund, 1963.

Hodges, Richard, and David Whitehouse. *Mohammed, Charlemagne, and the Origins of Europe: Archaeology and the Pirenne Thesis.* London, 1983.

Hoffmann, Dietrich. *Hollingstedt: Untersuchungen zum Nordseehafen von Haithabu/Schleswig*, Berichte über die Ausgrabungen in Haithabu 25. Neumünster, 1987.

Holmboe, Jens. "Nytteplanter og ugræs i Osebergfundet." In *Osebergfundet*, edited by A. W. Brøgger and Haakon Shetelig, 5.1-78. Oslo, 1927.

Holmqvist, Wilhelm. *Excavations at Helgö.* Stockholm, 1961-1997.

Horn Fuglesang, Signe. "The Axehead from Mammen and the Mammen Style." In

Mammen: Grav, kunst og samfund i vikingetid, edited by Mette Iversen, 83–108. Højbjerg, 1991.

Hudson, Benjamin T. *Viking Pirates and Christian Princes: Dynasty, Religion, and Empire in the North Atlantic.* Oxford, 2005.

Hultgård, Anders. "The Religion of the Vikings." In *The Viking World*, edited by Stefan Brink, in collaboration with Neil Price, 212–218. London, 2008.

Hyenstrand, Åke. *Järn och bebyggelse: Studier i Dalarnas äldre kolonisationshistoria*, Dalarnas hembygdsbok 1974. Falun, 1974.

———. *Lejonet, draken och korset: Sverige 500–1000.* Lund, 1996.

Ianin, V. L. *Otechestvennaia istoriia: istoriia Roccii c drevneyshikh vremen do 1917 goda.* Moscow, 1994.

Iregren, Elisabeth. "Under Frösö kyrka—ben från en vikingatida offerlund?" In *Arkeologi och religion: Rapport från arkeologidagarna 16–18 januari 1989*, edited by Lars Larsson and Bożena Wyszomirska, 119–133. Lund, 1989.

Iversen, Mette, ed. *Mammen: Grav, kunst og samfund i vikingetid*, Jysk Arkaeologisk Selskabs skrifter 28. Højbjerg, 1991.

Jacob, Georg. *Arabische Berichte von Gesandten an germanische Fürstenhöfe aus dem 9. und 10. Jahrhundert ins Deutsche übertragen und mit Fussnoten versehen.* Berlin, 1927.

Jaffé, Philipp. *Regesta pontificum Romanorum.* 2d ed. Leipzig, 1885–1888.

Jagodziński, Marek F. "Truso—Siedlung und Hafen im slawisch-estnischen Grenzgebiet." In *Europas Mitte um 1000: Handbuch zur Ausstellung*, edited by Alfried Wieczorek and Hans-Martin Hinz, 170–174. Stuttgart, 2000.

Jagodziński, Marek F., and Maria Kasprzycka. "The Early Medieval Craft and Commercial Center at Janów Pomorski near Elblag on the South Baltic Coast." *Antiquity* 65 (1991): 696–715.

Jakob Benediktsson, ed. *Íslendingabók: Landnámabók*, Íslenzk fornrit 1. Reykjavik, 1968.

Janin, Vladimir L. "Das frühe Novgorod." *Bericht der römisch-germanischen Kommission* 69 (1988): 338–343.

Jankuhn, Herbert. *Haithabu: Ein Handelsplatz der Wikingerzeit.* 3d ed. Neumünster, 1956.

Janson, Henrik. *Templum nobilissimum: Adam av Bremen, Uppsalatemplet och konfliktlinjerna i Europa kring år 1075*, Avhandlingar från Historiska institutionen i Göteborg 21. Göteborg, 1998.

Jansson, Ingmar. "Communications between Scandinavia and Eastern Europe in the Viking Age." In *Der Handel der Karolinger- und Wikingerzeit: Bericht über die Kolloquien der Kommission für die Altertumskunde Mittel- und Nordeuropas in den Jahren 1980 bis 1983*, edited by Klaus Düwel, 773–807. Untersuchungen zu Handel und Verkehr der vor- und frühgeschichtlichen Zeit in Mittel- und Nordeuropa 4 = Abhandlungen der Akademie der Wissenschaften in Göttingen: Philologisch-historische Klasse, 3. Folge, 156. Göttingen, 1987.

Jansson, Sven B. F. "Några okända uppländska runinskrifter." *Fornvännen* 41 (1946):

257-280.

———. *Runes in Sweden*. [Stockholm], 1987.

———. *Runinskrifter i Sverige*. 3d ed. Stockholm, 1984.

———. *Västmanlands runinskrifter*, Sveriges runinskrifter 13. Stockholm, 1964.

Jensen, Jørgen. *The Prehistory of Denmark*. London, 1982.

Jensen, Stig. "Det ældste Ribe—og vikingetidens begyndelse." In *Femte tværfaglige vikingesymposium Aarhus Universitet 1986*, edited by Torben Kisbye and Else Roesdahl, 7–22. Højbjerg, 1986.

Jochens, Jenny. "Late and Peaceful: Iceland's Conversion through Arbitration in 1000." *Speculum* 74 (1999): 621–655.

Johanek, Peter. "Der fränkische Handel der Karolingerzeit im Spiegel der Schriftquellen." In *Der Handel der Karolinger- und Wikingerzeit: Bericht über die Kolloquien der Kommission für die Altertumskunde Mittel- und Nordeuropas in den Jahren 1980 bis 1983*, edited by Klaus Düwel, 7–68. Untersuchungen zu Handel und Verkehr der vor- und frühgeschichtlichen Zeit in Mittel- und Nordeuropa 4 = Abhandlungen der Akademie der Wissenschaften in Göttingen: Philologisch-historische Klasse, 3. Folge, 156. Göttingen, 1987.

Johnsen, Arne Odd. *Studier vedrørende kardinal Nicolaus Brekespears legasjon til Norden*. Oslo, 1945.

Jón Viðar Sigurðsson. *Det norrøne samfunnet: Vikingen, kongen, erkebiskopen og bonden*. Oslo, 2008.

———. *Kristninga i Norden 750-1200*, Utsyn & innsikt. Oslo, 2003.

———. *Norsk historie 800-1300*, Samlagets Norsk historie 800-2000. Oslo, 1999.

Jones, Gwyn. *A History of the Vikings*. London, 1968.

Jónsson, Finnur. See Finnur Jónsson.

Joranson, Einar. *The Danegeld in France*. Rock Island, Ill., 1923.

Jordanes. *Jordanis Romana et Getica*. Edited by Theodor Mommsen, MGH Auctores antiquissimi 5. Berlin, 1882.

Jørgensen, Lars, Birger Storgaard, and Lone Gebauer Thomsen. *The Spoils of Victory: The North in the Shadow of the Roman Empire*. [Copenhagen], 2003.

Jungner, Hugo, and Elisabeth Svärdström. *Västergötlands runinskrifter*, Sveriges runinskrifter 5. Stockholm, 1958-1970.

Kerner, Robert J. *The Urge to the Sea: The Course of Russian History: The Role of Rivers, Portages, Ostrogs, Monasteries, and Furs*. Berkeley, 1942.

Keynes, Simon. "The Vikings in England, c. 790–1016." In *The Oxford Illustrated History of the Vikings*, edited by Peter Sawyer, 48–82. Oxford, 1997.

Kinander, Ragnar. *Smålands runinskrifter*, Sveriges runinskrifter 4. Stockholm, 1935.

Kirpichnikov, A. N. "Connections between Russia and Scandinavia in the 9th and 10th Centuries, as Illustrated by Weapons Finds." In *Varangian Problems*, edited by Knud Hannestad, 57–61. Copenhagen, 1970.

Kirpičnikov, Anatol N. "Staraja Ladoga/Alt-Ladoga und seine überregionalen Beziehungen im 8.–10. Jahrhundert: Anmerkungen zur Verbreitung von Dirhems im eurasischen Handel." *Bericht der römisch-germanischen Kommission* 69 (1988): 307–337, 1988.

Klindt-Jensen, Ole, and David M. Wilson. *Viking Art.* 2d ed., Nordic series 6. Minneapolis, 1980.

Kluger, Helmuth, Odilo Engels, Tore Nyberg, and Stefan Weinfurter. *Series episcoporum Ecclesiae Catholicae occidentalis ab initio ad annum MCXCVIII 6.2: Archiepiscopatus Lundensis.* Stuttgart, 1992.

Knibbs, Eric. "The Origins of the Archdiocese of Hamburg-Bremen." PhD diss., Yale University, 2009.

———. *Ansgar, Rimbert and the Forged Foundations of Hamburg-Bremen, Church, Faith and Culture in the Medieval West.* Farnham, U.K., 2011.

Knirk, James E. "Arbeidet ved Runearkivet, Oslo." *Nytt om runer* 2 (1987).

Kovalev, Roman K., and Alexis C. Kaelin. "Circulation of Arab Silver in Medieval Afro-Eurasia: Preliminary Observations." *History Compass*, no. 2 (2007). http://www.blackwell-synergy.com/doi/abs/10.1111/j.1478-0542.2006.00376.x.

Krag, Claus. *Norges historie fram til 1319.* Oslo, 2000.

Krogh, Knud J. *Gåden om Kong Gorms grav: Historien om Nordhøjen i Jelling,* Vikingekongernes monumenter i Jelling 1. Copenhagen, 1993.

Kulturhistoriskt lexikon för nordisk medeltid från vikingatid till reformationstid. 22 vols. Malmö, 1956–1982.

Kunz, Keneva. *The Vinland Sagas: The Icelandic Sagas about the First Documented Voyages across the North Atlantic,* Penguin Classics. London, 2008.

Kværness, Gunhild. *Blote kan ein gjere om det berre skjer i løynd: Kristenrettane i Gulatingslova og Grágás og forholdet mellom dei,* KULTs skriftserie 65. Oslo, 1996.

Kyhlberg, Ola. "Vågar och viktlod: Diskussion kring frågor om precision och noggrannhet." *Fornvännen* 70 (1975): 156–165.

———. *Vikt och värde: Arkeologiska studier i värdemätning, betalningsmedel och metrologi under yngre järnålder: 1. Helgö, 2. Birka,* Stockholm Studies in Archaeology 1. Stockholm, 1980.

Lamm, C. J. *Oriental Glass of Mediaeval Date Found in Sweden and the Early History of Lustre-Painting.* Stockholm, 1941.

Landro, Torgeir. "Kristenrett og kyrkjerett: Borgartingskristenretten i eit komparativt perspektiv." PhD diss., University of Bergen (Norway), 2010.

Lappenberg, J. M. "Von den Quellen, Handschriften und Bearbeitungen des Adam von Bremen." *Archiv der Gesellschaft für ältere deutsche Geschichtskunde* 6 (1838): 766–892.

Larsen, Nicolai Garhøj. "Virtual Reconstruction: The Viking Hall at Lejre." In *Beowulf and Lejre*, edited by John D. Niles, Tom Christensen, and Marijane Osborn, 159–166. Tempe, Ariz., 2007.

Larsson, Annika. "Vikingar begravda i kinesiskt siden." *Valör* (2008): 33–43.

Larsson, Lars, and Birgitta Hårdh. "Kulthuset i Uppåkra." In *Odens öga—mellan människor och makter i det förkristna Norden,* edited by Anders Andrén and Peter Carelli,

176–183, 309–311. Helsingborg, 2006.

Lawson, M. K. "The Collection of Danegeld and Heregeld in the Reigns of Aethelred II and Cnut." *English Historical Review* 99 (1984): 721–738.

Lehtosalo-Hilander, Pirko-Liisa. "Le Viking finnois." *Finskt museum* (1990): 55–72.

Leisi, Ernst. "Gold und Manneswert im Beowulf." *Anglia* n.s. 59 = 71 (1953): 259–273.

Leth-Larsen, Bodil. "Mammenlyset." In *Mammen: Grav, kunst og samfund i vikingetid*, edited by Mette Iversen, 109–121. Viborg, 1991.

Levd liv: En utstilling om skjelettene fra Oseberg og Gokstad. [Oslo], 2008.

Lexikon des Mittelalters 5. Zürich, 1991.

Lind, Lennart. *Roman Denarii Found in Sweden*, Stockholm Studies in Classical Archaeology 11. Stockholm, 1981.

Lindkvist, Thomas. "Early Political Organization: a) Introductory Survey." In *The Cambridge History of Scandinavia*, edited by Knut Helle, 160–167. Cambridge, 2003.

———. "Med Sankt Erik konung mot hedningar och schismatiker. Korståg och korstågsideologi i svensk medeltida östpolitik." In *Väst möter öst. Norden och Ryssland genom tiderna*, edited by Max Engman, 13–33. Stockholm, 1996.

———. "Ny tro i nya riken: Kristnandet som en del av den politiska historien." In *Kyrka—samhälle—stat: Från kristnande till etablerad kyrka*, edited by Göran Dahlbäck, 37–58. Helsinki, 1997.

———. *Plundring, skatter och den feodala statens framväxt: Organisatoriska tendenser i Sverige under övergången från vikingatid till tidig medeltid*. 3d ed, Opuscula historica Upsaliensia 1. Uppsala, 1993.

Lindow, John. "Thor's 'hamarr.'" *Journal of Germanic and English Philology* 93 (1994): 485–503.

Liuzza, R. M. *Beowulf: A New Verse Translation*, Broadview Literary Texts. Peterborough, Ont., 2000.

Löfving, Carl. *Gothia som dansk/engelskt skattland: Ett exempel på heterarki omkring år 1000*. New ed., GOTARC, series B: Gothenburg Archaeological Theses 16. Göteborg, 2001.

Lønborg, Bjarne. *Vikingetidens metalbearbejdning*, Fynske studier 17. Odense, 1998.

Lönnroth, Lars. "Hövdingahallen i fornnordisk myt och saga: Ett mentalitetshistoriskt bidrag till förståelsen av Slöingefyndet." In *"Gick Grendel att söka det höga huset"*, edited by Callmer and Rosengren, 31–37.

———. "Studier i Olaf Tryggvasons saga." *Samlaren* 84 (1963): 54–94.

Lopez, Robert S. *The Commercial Revolution of the Middle Ages, 950–1350*. Cambridge, 1976.

Löwe, Heinz. *Die karolingische Reichsgründung und der Südosten: Studien zum Werden des Deutschtums und seiner Auseinandersetzung mit Rom*, Forschungen zur Kirchen- und Geistesgeschichte 13. Stuttgart, 1937.

———. "Studien zu den Annales Xantenses." *Deutsche Archiv für Erforschung des Mittelalters* 8 (1951): 59–99.

Lund, Niels. *Kristendommen i Danmark før 1050: Et symposium i Roskilde den 5.-7. februar 2003*. [Roskilde], 2004.
Lund, Niels, Ole Crumlin-Pedersen, P. H. Sawyer, and Christine E. Fell. *Two Voyagers at the Court of King Alfred: The Ventures of Ohthere and Wulfstan, together with the Description of Northern Europe from the Old English Orosius*. York, U.K., 1984.
Lund Hansen, Ulla. *Römischer Import im Norden: Warenaustausch zwischen dem Römischen Reich und dem freien Germanien während der Kaiserzeit unter besonderer Berücksichtigung Nordeuropas*, Nordiske fortidsminder. Serie B—in quarto 10. Copenhagen, 1987.
Lundqvist, Lars. *Slöinge 1992-1996: Undersökningar av en boplats från yngre järnålder*, GOTARC, series C: Arkeologiska skrifter. Göteborg, 2003.
Lundström, Agneta, ed. *Thirteen Studies on Helgö*. Stockholm, 1988.
Lundström, Inga, Claes Theliander, and Pirjo Lahtiperä. *Såntorp: Ett gravfält i Västergötland från förromersk järnålder till tidig medeltid: anläggningsbeskrivningar, dokumentation och analyser*, GOTARC, series C: Arkeologiska skrifter 49. Göteborg, 2004.
Lynch, Joseph H. *Christianizing Kinship: Ritual Sponsorship in Anglo-Saxon England*. Ithaca, N.Y., 1998.
———. *Godparents and Kinship in Early Medieval Europe*. Princeton, N.J., 1986.
Mac Airt, Seán, ed. and trans. *The Annals of Inisfallen MS. Rawlinson B503*. Dublin, 1951.
Mac Airt, Seán, and Gearóid Mac Niocaill, eds. and trans. *The Annals of Ulster (to A.D. 1131)*. [Dublin], 1983.
MacLean, Simon. *History and Politics in Late Carolingian and Ottonian Europe: The Chronicle of Regino of Prüm and Adalbert of Magdeburg*, Manchester Medieval Sources Series. Manchester, 2009.
Martin, Janet. *Treasure of the Land of Darkness: The Fur Trade and Its Significance for Medieval Russia*. Cambridge, 1986.
Mastana, S. S., and R. J. Sokol. "Genetic Variation in the East Midlands." *Annals of Human Biology* 25 (1998): 43–68.
Maund, K. L. "'A Turmoil of Warring Princes': Political Leadership in Ninth-century Denmark." *Haskins Society Journal: Studies in Medieval History* 6 (1994): 29–47.
Maurer, Konrad von. *Die Bekehrung des norwegischen Stammes zum Christenthume in ihrem geschichtlichen Verlaufe quellenmässig geschildert*. Munich, 1855–56. Reprint, Osnabrück, 1965.
Mauss, Marcel. *The Gift: The Form and Reason for Exchange in Archaic Societies*. Translated by W. D. Halls. London, 1990.
McCormick, Michael. "New Light on the 'Dark Ages': How the Slave Trade Fuelled the Carolingian Economy." *Past and Present* (2002): 17–54.
———. *Origins of the European Economy: Communications and Commerce A.D. 300–900*. Cambridge, 2001.

McEvoy, Brian, Claire Brady, Laoise T. Moore, and Daniel G. Bradley. "The Scale and Nature of Viking Settlement in Ireland from Y-chromosome Admixture Analysis." *European Journal of Human Genetics* 14 (2006): 1288–1294.

McKeithen, James E. "The Risalah of Ibn Fadlan: An Annotated Translation with Introduction." PhD diss., Indiana University, 1979.

Mierow, Charles C., trans. *Jordanes, The Origin and Deeds of the Goths, in English Version*. Princeton, N.J., 1908.

Miquel, André. "L'Europe occidentale dans la relation arabe d'Ibrâhîm b. Ya'qûb (Xe s.)." *Annales Économies, Sociétés, Civilisations* 21 (1966): 1048–1064.

Moltke, Erik, and Lis Jacobsen. *Danmarks runeindskrifter*. Copenhagen, 1941–1942.

Montgomery, James E. "Ibn Fadlan and the Russiyah." *Journal of Arabic and Islamic Studies* 3 (2000): 1–25.

Monumenta Germaniae Historica: Capitularia regum Francorum 1–2. Hanover, 1883–1897.

Monumenta Germaniae Historica: Epistulae 4–6. Berlin, 1895–1925.

Monumenta Germaniae Historica: Poetae 1. Berlin, 1881.

Monumenta Germaniae Historica: Scriptores 3, 19. Hanover, 1839, 1866.

Monumenta Germaniae Historica: Scriptores rerum Merovingicarum 7. Edited by Bruno Krusch and Wilhelm Levison. Hanover, 1919–1920.

Morgan, David. *The Mongols*. Oxford, 1990.

Mühle, Eduard. *Die städtischen Handelszentren der nordwestlichen Rus: Anfänge und frühe Entwicklung altrussischer Städte (bis gegen Ende des 12. Jahrhunderts)*, Quellen und Studien zur Geschichte des östlichen Europa 32. Stuttgart, 1991.

———. "Review of Srednevekovaia Ladoga." *Jahrbücher für Geschichte Osteuropas* 35 (1987): 585–590.

Müller-Wille, Michael. *Das wikingerzeitliche Gräberfeld von Thumby-Bienebek (Kr. Rendsburg-Eckernförde)*, 1, Offa-Bücher 36. Neumünster, 1976.

Näsman, Ulf. "Sea Trade during the Scandinavian Iron Age: Its Character, Commodities and Routes." In *Aspects of Maritime Scandinavia AD 200–1200: Proceedings of the Nordic Seminar on Maritime Aspects of Archaeology, Roskilde, 13th-15th March, 1989*, edited by Ole Crumlin-Pedersen, 23–40. Roskilde, 1991.

Neff, Karl. *Die Gedichte des Paulus Diaconus: Kritische und erklärende Ausgabe*, Quellen und Untersuchungen zur lateinischen Philologie des Mittelalters 3:2. Munich, 1908.

Neill, Stephen. *A History of Christian Missions*. 2d ed., Pelican History of the Church. Harmondsworth, 1986.

Nelson, Janet. *The Annals of St-Bertin*, Ninth-Century Histories 1. Manchester, 1991.

———. "England and the Continent in the Ninth Century: II, The Vikings and Others." *Transactions of the Royal Historical Society, Fifth Series* 13 (2003): 1–28.

———. "The Frankish Empire." In *The Oxford Illustrated History of the Vikings*, edited by Peter Sawyer, 19–47. Oxford, 1997.

Niles, John D. "Beowulf's Great Hall." *History Today* 56 (2006): 40–46.

Niles, John D., Tom Christensen, and Marijane Osborn, eds. *Beowulf and Lejre*, Medieval and Renaissance Texts and Studies 323. Tempe, Ariz., 2007.

Nilsson, Bertil, ed. *Kristnandet i Sverige: Gamla källor och nya perspektiv*, Publikationer Projektet Sveriges kristnande 5. Uppsala, 1996.

———. *Missionstid och tidig medeltid*, Sveriges kyrkohistoria 1. Stockholm, 1998.

Noonan, Thomas S. "European Russia, c. 500–c.1050." In *The New Cambridge Medieval History*, vol. 3, *c. 900-c. 1024*, edited by Timothy Reuter, 487–513. Cambridge, 1999.

———. "The Impact of the Silver Crisis in Islam upon Novgorod's Trade with the Baltic." *Bericht der römisch-germanischen Kommission* 69 (1988): 411–447.

———. *The Islamic World, Russia and the Vikings, 750–900: The Numismatic Evidence*. Aldershot, U.K., 1998.

———. "The Vikings in the East: Coins and Commerce." In *Developments Around the Baltic and the North Sea in the Viking Age*, edited by Björn Ambrosiani and Helen Clarke, 215–236. Stockholm, 1994.

———. "Why the Vikings First Came to Russia." *Jahrbücher für Geschichte Osteuropas* 34 (1986): 321–348.

Nyberg, Tore. *Die Kirche in Skandinavien: Mitteleuropäischer und englischer Einfluss im 11. und 12. Jahrhundert: Anfänge der Domkapitel Børglum und Odense in Dänemark*, Beiträge zur Geschichte und Quellenkunde des Mittelalters 10. Sigmaringen, 1986.

Nylén, Erik. *Vikingaskepp mot Miklagård: Krampmacken i Österled*. Stockholm, 1987.

Nylén, Erik, and Jan Peder Lamm. *Bildstenar*. 3d ed. Stockholm, 2003.

O'Brien O'Keeffe, Katherine, ed. *MS C*. Vol. 5 of *The Anglo-Saxon Chronicle: A Collaborative Edition*, edited by David Dumville and Simon Keynes. Cambridge, 2000.

Ó Corráin, Donnchadh. "Ireland, Wales, Man, and the Hebrides." In *The Oxford Illustrated History of the Vikings*, edited by Peter Sawyer, 83–109. Oxford, 1997.

———. "The Vikings & Ireland." Corpus of Electronic Texts (CELT), [ca. 1991]. http://www.ucc.ie/celt/General%20Vikings%20in%20Ireland.pdf.

Oddr Snorrason. *The Saga of Olaf Tryggvason*. Translated by Theodore M. Andersson. Ithaca, N.Y., 2003.

Ólafur Halldórsson, ed. *Færeyinga saga: Ólafs saga Tryggvasonar eptir Odd munk Snorrason*, Íslenzk fornrit 25. Reykjavik, 2006.

Olsen, Magnus, and Aslak Liestøl. *Norges innskrifter med de yngre runer*. Norges indskrifter indtil reformationen, afd 2. Oslo, 1941–.

Olsen, Olaf. *Hørg, hov og kirke: Historiske og arkæologiske vikingetidsstudier*. Copenhagen, 1966.

Orrman, Eljas. "Church and Society." In *The Cambridge History of Scandinavia*, edited by Knut Helle, 421–462. Cambridge, 2003.

Osborn, Marijane. "Legends of Lejre, Home of Kings." In *Beowulf and Lejre*, edited by John D. Niles, Tom Christensen, and Marijane Osborn, 235–254. Tempe, Ariz., 2007.

Østergård, Else. "Textilfragmenterne fra Mammengraven." In *Mammen: Grav, kunst og samfund i vikingetid*, 123–138. Viborg, 1991.

Padberg, Lutz von. *Christianisierung im Mittelalter.* Stuttgart, 2006.
Page, R. I. *Chronicles of the Vikings: Records, Memorials, and Myths.* Toronto, 1995.
Palm, Rune. *Vikingarnas språk 750–1100.* Stockholm, 2004.
Peirce, Ian G. *Swords of the Viking Age.* Rochester, N.Y., 2002.
Perez de Urbel, Justo, and Atilano Gonzales Ruiz-Zorrilla, eds. *Historia Silense,* Consejo superior de investigaciones cientificas, Escuela de estudios medievales: Textos 30. Madrid, 1959.
Perkow, Ursula. "Wasserweihe, Taufe und Patenschaft bei den Nordgermanen." PhD diss., Hamburg University, 1972.
Phelpstead, Carl, and Devra Levingson Kunin, trans. *A History of Norway, and the Passion and Miracles of Blessed Óláfr.* London, 2001.
Pirenne, Henri. *Medieval Cities: Their Origins and the Revival of Trade.* Translated by Frank D. Halsey. Princeton, N.J., 1925.
Poole, Russell. "Claiming Kin Skaldic Style." In *Verbal Encounters: Anglo-Saxon and Old Norse Studies for Roberta Frank,* edited by Russell Poole and Antonina Harbus, 269–285. Toronto, 2005.
———. "The 'Conversion Verses' of Hallfreðr vandræðaskáld." *Maal og minne* (2002): 15–37.
Price, Neil S. *The Viking Way: Religion and War in Late Iron Age Scandinavia.* Uppsala, 2002.
Pulsiano, Phillip, and Kirsten Wolf, eds. *Medieval Scandinavia: An Encyclopedia.* New York, 1993.
Radhe, Birgitta, ed. *Klenoder i Gotlands Fornsal,* Gotländskt arkiv 75. Visby, 2003.
Raffel, Burton. *Beowulf.* New York, 2008.
Ralph, Bo. "Gåtan som lösning—Ett bidrag till förståelsen av Rökstenens runinskrift." *Maal og minne* (2007): 133–157.
Raudvere, Catharina. "Popular Religion in the Viking Age." In *The Viking World,* edited by Stefan Brink, in collaboration with Neil Price, 235–243. London, 2008.
Rausing, Gad. "Barbarian Mercenaries or Roman citizens?" *Fornvännen* 82 (1987): 126–131.
Reallexikon der germanischen Altertumskunde. 2d ed. Berlin, 1967–2007.
Regesta pontificum Romanorum: Germania pontificia 6. Göttingen, 1981.
Regino of Prüm. *Reginonis abbatis Prumensis Chronicon cum continuatione Treverensi.* Edited by Fridericus Kurze, MGH SS rer. Germ. Hanover, 1890.
Reuter, Timothy. *The Annals of Fulda,* Ninth-Century Histories 2. Manchester, 1992.
———. "Plunder and Tribute in the Carolingian Empire." *Transactions of the Royal Historical Society* 35 (1985): 75–94.
Riché, Pierre. *The Carolingians: A Family Who Forged Europe.* Translated by Michael Idomir Allen, Middle Ages Series. Philadelphia, 1993.
Rimbert. *Vita Anskarii auctore Rimberto: Accedit Vita Rimberti.* Edited by G. Waitz, MGH SS rer. Germ. Hanover, 1884.
———. *Anskar, the Apostle of the North 801–865.* Translated by Charles H. Robinson,

Lives of Early and Mediæval Missionaries. [London], 1921.
Roesdahl, Else. "Dendrochronology in Denmark, with a Note on the Beginning of the Viking Age." In *Developments around the Baltic and the North Sea in the Viking Age*, edited by Björn Ambrosiani and Helen Clarke. Stockholm, 1994.
———. *The Vikings*. 2d ed. London, 1998.
Rosenwein, Barbara H. *Reading the Middle Ages: Sources from Europe, Byzantium, and the Islamic World*. Peterborough, Ont., 2006.
Russell, James C. *The Germanization of Early Medieval Christianity: A Sociohistorical Approach to Religious Transformation*. New York, 1994.
"Samnordisk runtextdatabas." Uppsala University, 2009. http://www.nordiska.uu.se/forskn/samnord.htm.
Samson, Ross. "Fighting with Silver: Rethinking Trading, Raiding, and Hoarding." In *Social Approaches to Viking Studies*, edited by Ross Samson. Glasgow, 1991.
Sandwall, Ann, and Björn Ambrosiani. *Vendeltid*, Historia i fickformat. Stockholm, 1980.
Sanmark, Alexandra. *Power and Conversion: A Comparative Study of Christianization in Scandinavia*, Occasional Papers in Archaeology 34. Uppsala, 2004.
Sauer, Jonathan D. *Historical Geography of Crop Plants: A Select Roster*. Boca Raton, Fla., 1993.
Sawyer, Birgit. *The Viking-Age Rune-Stones: Custom and Commemoration in Early Medieval Scandinavia*. Oxford, 2000.
Sawyer, Birgit, and Peter Sawyer. "Scandinavia Enters Christian Europe." In *Cambridge History of Scandinavia*, edited by Knut Helle, 147–159. Cambridge, 2003.
Sawyer, Birgit, Peter Sawyer, and Ian Wood, eds. *The Christianization of Scandinavia: Report of a Symposium Held at Kungälv, Sweden 4–9 August 1985*. Alingsås, Sweden, 1987.
Sawyer, P. H. "Kings and Merchants." In *Early Medieval Kingship*, edited by P. H. Sawyer and I. N. Wood, 139–158. Leeds, 1977.
———. *Kings and Vikings: Scandinavia and Europe, A.D. 700–1100*. London, 1982.
Sawyer, Peter. *Da Danmark blev Danmark: fra ca. år 700 til ca. 1050*. Translated by Marie Hvidt. Vol. 3, *Gyldendal-Politikens Danmarkshistorie*. Copenhagen, 1988.
———, ed. *The Oxford Illustrated History of the Vikings*. Oxford, 1997.
———. "The Process of Scandinavian Christianization in the Tenth and Eleventh Centuries." In *The Christianization of Scandinavia: Report of a Symposium Held at Kungälv, Sweden 4–9 August 1985*, edited by Birgit Sawyer, Peter Sawyer, and Ian Wood, 68–87. Alingsås, Sweden, 1987.
Saxo Grammaticus. *Saxonis Gesta Danorum*. Edited by Jørgen Olrik and Hans Raeder. Copenhagen, 1931.
Schneider, Gerhard. *Erzbischof Fulco von Reims (883–900) und das Frankenreich*, Münchener Beiträge zur Mediävistik und Renaissance-Forschung 14. Munich, 1973.
Scholz, Bernhard W., and Barbara Rogers. *Carolingian Chronicles: Royal Frankish Annals and Nithard's Histories*. Ann Arbor, Mich., 1970.

Schön, Volkmar. *Die Mühlsteine von Haithabu und Schleswig: Ein Beitrag zur Entwicklungsgeschichte des mittelalterlichen Mühlenwesens in Nordwesteuropa,* Berichte über die Ausgrabungen in Haithabu 31. Neumünster, 1995.
Schücking, Levin L. "Wann entstand der Beowulf? Glossen, Zweifel, und Fragen." *Beiträge zur Geschichte der deutschen Sprache und Literatur* 42 (1917): 347-410.
Seaver, Kirsten A. *Maps, Myths, and Men: The Story of the Vinland Map.* Stanford, Calif., 2004.
Seegrün, Wolfgang. *Das Papsttum und Skandinavien bis zur Vollendung der nordischen Kirchenorganisation,* Quellen und Forschungen zur Geschichte Schleswig-Holsteins 51. Neumünster, 1967.
Sigurðsson, Jón Viðar. See Jón Viðar Sigurðsson.
Sjøvold, Thorleif. *Vikingeskipene i Oslo.* Oslo, 1985.
Skree, Dagfinn. "Missionary Activity in Early Medieval Norway: Strategy, Organization, and the Course of Events." *Scandinavian History Review* 23 (1998): 1-19.
Smedt, C., ed. "Translatio sancti Germani Parisiensis secundum primaevam narrationem." *Analecta Bollandiana* 2 (1883): 69-98.
Smyth, Alfred P. *Scandinavian Kings in the British Isles, 850-880,* Oxford Historical Monographs. Oxford, 1977.
———. *Scandinavian York and Dublin: The History and Archaeology of Two Related Viking Kingdoms.* Dublin, 1987.
Snorrason, Oddr. See Oddr Snorrason.
Snorri Sturluson. *Heimskringla.* Edited by Bjarni Aðalbjarnarson, Íslenzk fornrit, 26-28. Reykjavik, 1941.
———. *Heimskringla: History of the Kings of Norway.* Translated by Lee M. Hollander. Austin, Tex., 1964.
Söderberg, Sven, and Erik Brate. *Ölands runinskrifter,* Sveriges runinskrifter 1. Stockholm, 1900.
Solli, Brit. "Narratives of Encountering Religions: On the Christianization of the Norse around AD 900-1000." *Norwegian Archaeological Review* 29 (1996): 89-114.
Somerville, Angus A., and R. Andrew McDonald. *The Viking Age: A Reader.* Toronto, 2010.
Spurkland, Terje. *I begynnelsen var fuþark: Norske runer og runeinnskrifter,* LNUs skriftserie. Oslo, 2001.
Squatriti, Paolo. "Digging Ditches in Early Medieval Europe." *Past and Present* 176 (2002): 11-65.
Staecker, Jörn. "Jelling—Mythen und Realität." In *Der Ostseeraum und Kontinentaleuropa 1100-1600: Einflußnahme—Rezeption—Wandel,* 77-102. Schwerin, 2004.
Stefánsson, Jón. "The Vikings in Spain: From Arabic (Moorish) and Spanish Sources." *Saga-Book of the Viking Club* 6 (1908-1909): 31-46.
Steuer, Heiko. "Der Handel der Wikingerzeit zwischen Nord- und Westeuropa aufgrund archäologischer Zeugnisse." In *Der Handel der Karolinger- und Wikingerzeit: Bericht*

über die Kolloquien der Kommission für die Altertumskunde Mittel- und Nordeuropas in den Jahren 1980 bis 1983, edited by Klaus Düwel, 113–197. Untersuchungen zu Handel und Verkehr der vor- und frühgeschichtlichen Zeit in Mittel- und Nordeuropa 4 = Abhandlungen der Akademie der Wissenschaften in Göttingen: Philologisch-historische Klasse, 3. Folge, 156. Göttingen, 1987.

———. "Eine dreieckige Bronzeschale aus Haithabu bei Schleswig." *Archäologisches Korrespondenzblatt* 3 (1975): 89–93.

Stjernquist, Berta. "Offerplatsen och samhällsstrukturen." In *Uppåkra: Centrum och sammanhang*, edited by Birgitta Hårdh, 3–28. Lund, 2001.

Storm, Gustav. *Monumenta historica Norvegiae: Latinske kildeskrifter til Norges historie i middelalderen*, Skrifter utg. for Kjeldeskriftfondet. Kristiania, 1880. Reprint, Oslo, 1973.

Ström, Jonas. "Världens största vikingatida silverskatt." Historiska museet, 2002. http://www.historiska.se/historia/manadensforemal/2002/mfjuni2002/.

Strömbäck, Dag. *The Conversion of Iceland: A Survey*. Translated by Peter G. Foote. [London], 1975.

Strömberg, Märta. *Untersuchungen zur jüngeren Eisenzeit in Schonen: Völkerwanderungszeit, Wikingerzeit*. Bonn, 1961.

Sturluson, Snorri. See Snorri Sturluson.

Sullivan, Richard E. *Christian Missionary Activity in the Early Middle Ages*, Variorum Reprints: Collected Studies Series 431. Aldershot, U.K., 1994.

Sundqvist, Olof. "Cult Leaders, Rulers and Religion." In *The Viking World*, edited by Stefan Brink, in collaboration with Neil Price, 223–226. London, 2008.

Sveinbjörn Egilsson, and Finnur Jónsson. *Lexicon poeticum antiquæ linguæ Septentrionalis: Ordbog over det norsk-islandske skjaldesprog*. 2d ed. Copenhagen, 1931.

Svenskt biografiskt lexikon 33. Stockholm, 2009.

Swanton, Michael, trans. *The Anglo-Saxon Chronicle*. London, 1996.

———. *Anglo-Saxon Prose*, Everyman's Library. London, 1993.

Talbot, Charles H. *The Anglo-Saxon Missionaries in Germany; being the Lives of SS. Willibrord, Boniface, Sturm, Leoba, and Lebuin, together with the Hodoeporicon of St. Willibald and a Selection from the Correspondence of St. Boniface*. New York, 1954.

Theliander, Claes. *Västergötlands kristnande: Religionsskifte och gravskickets förändring 700–1200*. New ed., GOTARC, series B: Gothenburg archaeological theses 41. Göteborg, 2005.

Theodoricus. *Historia de antiquitate regum Norwagiensium: An Account of the Ancient History of the Norwegian Kings*. Translated by David McDougall and Ian McDougall, Viking Society for Northern Research: Text series 11. London, 1998.

Thietmar of Merseburg. *Die Chronik des Bischofs Thietmar von Merseburg und ihre Korveier Überarbeitung*. Edited by Robert Holtzmann, MGH SS rer. Germ. NS 9. Berlin, 1935.

Todd, J. H. *War of the Gaedhil with the Gaill, or, The Invasions of Ireland by the Danes*

and Other Norsemen, Rerum Britannicarum medii aevi scriptores 48. London, 1867.
Togan, Ahmed Zeki Velidi. *Ibn Fadlan's Reisebericht*, Islamic geography 168. Frankfurt am Main, 1994.
———. *Ibn Fadlan's Reisebericht*, Abhandlungen für die Kunde des Morgenlandes, 24.3. Leipzig, 1939.
Turville-Petre, Gabriel, and Christopher Tolkien, eds. *Hervarar saga ok Heiðreks*, Viking Society for Northern Research: Text series. London, 1976.
Udolph, Jürgen. "'Handel' und 'Verkehr' in slavischen Ortsnamen." In *Der Handel der Karolinger-und Wikingerzeit: Bericht über die Kolloquien der Kommission für die Altertumskunde Mittel- und Nordeuropas in den Jahren 1980 bis 1983*, edited by Klaus Düwel, 570–615. Untersuchungen zu Handel und Verkehr der vor- und frühgeschichtlichen Zeit in Mittel- und Nordeuropa 4 = Abhandlungen der Akademie der Wissenschaften in Göttingen: Philologisch-historische Klasse, 3. Folge, 156. Göttingen, 1987.
Van Houts, Elisabeth M. C. *The "Gesta Normannorum ducum" of William of Jumièges, Orderic Vitalis, and Robert of Torigni*, Oxford Medieval Texts. Oxford, 1992–1995.
Vésteinsson, Orri. *The Christianization of Iceland: Priests, Power, and Social Change, 1000–1300*. Oxford, 2000.
Vogel, Walther. *Die Normannen und das fränkische Reich bis zur Gründung der Normandie (799–911)*, Heidelberger Abhandlungen zur mittleren und neueren Geschichte 14. Heidelberg, 1906.
Wallace, Birgitta L. *Westward Vikings: The Saga of L'Anse aux Meadows*. St. John's, NF, 2006.
Wamers, Egon. "Kristne gjenstander i tidligvikingtidens Danmark." In *Kristendommen i Danmark før 1050*, edited by Niels Lund, 43–59. [Roskilde], 2004.
Wamers, Egon, and Michael Brandt. *Die Macht des Silbers: Karolingische Schätze im Norden*. Regensburg, 2005.
Warner, David. *Ottonian Germany: The Chronicon of Thietmar of Merseburg*, Manchester Medieval Sources Series. Manchester, 2001.
Weber, B. "Norwegian Reindeer Antler Export to Orkney: An Analysis of Combs from Pictish/Early Norse sites." *Universitetets Oldsaksamlings Årbok 1991–1992*, 1993, 197–205.
Webster, Leslie. "Archaeology and *Beowulf*." In *Beowulf: An Edition with Relevant Shorter Texts*, edited by Bruce Mitchell and Fred C. Robinson, 186–187. Oxford, 1998.
Webster, Leslie, and Michelle P. Brown. *The Transformation of the Roman World AD 400–900*. London, 1997.
Weibull, Lauritz. "Ansgarius." *Scandia* 14 (1942).
———. "Den skånska kyrkans älsta historia." In *Nordisk historia: Forskningar och undersökningar*, 2:1–130. Stockholm, 1948.
———. *Historisk-kritisk metod och nordisk medeltidsforskning*. Lund, 1913.
———. *Kritiska undersökningar i Nordens historia omkring år 1000*. Lund, 1911.

———. *Nordisk historia: Forskningar och undersökningar*. Lund, 1948.
———. "Skånes kyrka från älsta tid till Jacob Erlandsens död 1274." In *Lunds domkyrkas historia*, edited by Ernst Newman, 141–356. Stockholm, 1946.
———. "Upptäckten av den skandinaviska Norden." *Scandia* 7 (1934).
Welinder, Stig. *Sveriges historia 13000 f.Kr.–600 e.Kr.*, Norstedts Sveriges historia. Stockholm, 2009.
Wessén, Elias. *Runstenen vid Röks kyrka*, Kungl. Vitterhets-, historie-och antikvitetsakademiens handlingar: Filologisk-filosofiska serien, 5. Stockholm, 1958.
Wessén, Elias, and Sven B. F. Jansson. *Upplands runinskrifter*. Vol. 3, Sveriges runinskrifter 8. Stockholm, 1949.
———. *Upplands runinskrifter*. Vol. 2, Sveriges runinskrifter 7. Stockholm, 1943.
Whaley, Diana. "The 'Conversion Verses' in Hallfreðar Saga: Authentic Voice of a Reluctant Christian?" In *Old Norse Myths, Literature and Society*, edited by Margaret Clunies Ross, 234–257. Odense, 2003.
———. *Heimskringla: An Introduction*, Viking Society for Northern Research: Text series 8. London, 1991.
———. *The Poetry of Arnórr Jarlaskáld: An Edition and Study*, Westfield Publications in Medieval Studies 8. Turnhout, 1998.
———. *Sagas of Warrior-Poets*, World of the Sagas. London, 2002.
Whitelock, Dorothy. *The Anglo-Saxon Chronicle: A Revised Translation*. New Brunswick, N.J., 1962.
———. *English Historical Documents*. Vol. 1, c. 500–1042. London, 1979.
Wickham, Chris. *Framing the Early Middle Ages: Europe and the Mediterranean, 400–800*. Oxford, 2005.
Widukind of Corvey. *Die Sachsengeschichte des Widukind von Corvey*, edited by Paul Hirsch and Hans-Eberhard Lohmann, MGH SS rer. Germ. Hanover, 1935.
Williams, Gareth. "Raiding and Warfare." In *The Viking World*, edited by Stefan Brink, in collaboration with Neil Price, 193–203. London, 2008.
Williams, Henrik. "Runjämtskan på Frösöstenen och Östmans bro." In *Jämtlands kristnande*. Uppsala, 1996.
———. "Vad säger runstenarna om Sveriges kristnande?" In *Kristnandet i Sverige: Gamla källor och nya perspektiv*, 45–83. Uppsala, 1996.
Wilson, David M. *Vikingatidens konst*. Translated by Henrika Ringbom, Signums svenska konsthistoria. Lund, 1995.
Winroth, Anders. "Christianity Comes to Denmark." In *Reading the Middle Ages*, by Barbara Rosenwein, 166–167. Peterborough, Ont., 2006.
Wood, Ian. "Christians and Pagans in Ninth-Century Scandinavia." In *The Christianization of Scandinavia: Report of a Symposium Held at Kungälv, Sweden 4–9 August 1985*, edited by Birgit Sawyer, Peter Sawyer, and Ian Wood, 36–67. Alingsås, Sweden, 1987.
———. *The Missionary Life: Saints and the Evangelisation of Europe, 400–1050*. Harlow, U.K., 2001.
Wormald, C. Patrick. "Viking Studies: Whence and Whither?" In *The Vikings*, edited by

R. T. Farrell, 128-153. London, 1980.

Zettel, Horst. *Das Bild der Normannen und der Normanneneinfälle in westfränkischen, ostfränkischen und angelsächsischen Quellen des 8. bis 11. Jahrhunderts*. Munich, 1977.

图书在版编目(CIP)数据

斯堪的纳维亚的皈依:北欧再造中的维京人、商人和传教士/(瑞典)安德斯·温罗特著;吴芬译.—北京:商务印书馆,2021
ISBN 978-7-100-19249-1

Ⅰ.①斯… Ⅱ.①安… ②吴… Ⅲ.①基督教史—研究—北欧—中世纪 Ⅳ.①B979.53

中国版本图书馆 CIP 数据核字(2020)第 257077 号

权利保留,侵权必究。

斯堪的纳维亚的皈依
——**北欧再造中的维京人、商人和传教士**
〔瑞典〕安德斯·温罗特 著
吴 芬 译

商 务 印 书 馆 出 版
(北京王府井大街36号 邮政编码100710)
商 务 印 书 馆 发 行
北京通州皇家印刷厂印刷
ISBN 978-7-100-19249-1

2021年3月第1版	开本 850×1168 1/32
2021年3月北京第1次印刷	印张 10⅜

定价:58.00元